Adrian Plass
Ein Lächeln auf dem Gesicht Gottes

W0052678

Adrian Plass

# Ein Lächeln auf dem Gesicht Gottes

## Das ungewöhnliche Leben des Philip Ilott

Aus dem Englischen
von Holger Schmitt

Die Deutsche Bibliothek – CIP-Einheitsaufnahme
Ein Titeldatensatz für diese Publikation ist
bei Der Deutschen Bibliothek erhältlich.

Edition C, C 571
ISBN 3-87067-858-5
© 2001 by Brendow Verlag, D-47443 Moers
Originalausgabe: "A smile on the face of God"
Copyright © 2000 by Adrian Plass
First published by Hodder & Stoughton, 1990
Einbandgestaltung: Kortüm + Georg, Agentur für Kommunikation, Münster
Satz: Convertex, Aachen
Druck und Bindung: Clausen & Bosse, Leck
Printed in Germany

# Inhalt

Vorwort     7

1. Kriegsfolgen – ein missbrauchtes Kind (1936-1945)     11

2. Kirche, Kaufhaus und „Nellie aus der Mietwohnung"
(1945-1954)     27

3. Durchbruch in Deutschland – Die Bekehrung des
Gefreiten Ilott (1954-1956)     41

4. London – eine andere Armee (1956-1958)     63

5. Margaret ziert sich     81

6. Cornwall – Persönlichkeiten (1958-1959)     97

7. Ashford – Ein Fahrrad, eine Braut und ein Baby
(1959-1962)     105

8. Leavesden – Ein Ruf, ein dunkles Geheimnis und
eine Gabe Gottes (1962-1971)     122

9. Isle of Wight – Härten und Heilung (1971-1978)     145

10. Isle of Wight – Wunder     178

11. Isle of Wight – Erinnerungen     195

12. Die „Filymead-Erfahrung" (1978-1981)     207

13. Bexhill – Durch die Tür des Leids (1981-1989)     237

14. Ein unerwartetes Nachwort     268

# Vorwort

Bevor ich mit dem Schreiben anfing, rief ich einmal einen Mann an, der seit Jahren im Buchgeschäft war, und fragte ihn, wie man ein erfolgreicher Schriftsteller werden könne. Er sagte, mehr als alles andere bräuchte ich dafür ein „großartiges Thema". Bezogen auf eine Biographie, nehme ich an, sollte das bedeuten, dass die zentrale Figur möglichst berühmt oder von großem öffentlichen Interesse sein sollte.

Philip Ilott ist keine berühmte Person. Kaum jemand hat von ihm gehört. Viele Leute haben mich gefragt, warum ich über solch eine unbekannte Figur schreiben würde und wie ich erwarten könne, dass überhaupt jemand diese Geschichte lesen wolle. Der Titel dieses Buchs gibt einen Hinweis auf die Antwort. Mehr als in jedem anderen, den ich getroffen habe, sehe ich in Philip die lebendige Verkörperung jenes mitfühlenden Lächelns, mit dem Gott seine leidenden Kinder betrachtet. Vom ersten Tag an, an dem ich diesem ungewöhnlichen anglo-katholischen Priester begegnete, fesselten mich seine Vorgeschichte und seine Entwicklung. Hatte er schon immer so gestrahlt und gefunkelt wie jetzt? Wenn nicht, was war passiert? Wie wurde er zu etwas so Besonderem?

Lange, bevor wir zum ersten Mal über das Buchprojekt redeten, hatte ich schon den Wunsch gehabt, über Philips Leben zu schreiben. Als er mir eines Tages erzählte, dass er die Bitte eines Verlegers, eine Autobiographie zu schreiben, aus gesundheitlichen Gründen abgelehnt hatte, deutete ich vorsichtig an, dass ich es ja für ihn tun könnte. Seine begeisterte Reaktion war der erste Schritt zur Vollendung dieses Buchs.

Philips Lebensweg war sehr schwierig und an einigen Stellen erscheint er nicht gerade in einem guten Licht. Aber wir beide sind der Meinung, dass dies wichtig ist. Es gibt schon genug glänzende, glatte Lebensberichte. Dies ist eine Geschichte über die Art und Weise, wie ein Mann und sein Dienst Seite an Seite von Gott geformt werden, wie zwei gerade parallele Linien, die dazu bestimmt sind, sich auf wundersame Weise eines Tages zu treffen. Ich hoffe, dass sie uns zeigt, wie falsch wir liegen, wenn wir annehmen, wir müssten erst bestimmte Mindestanforderungen in Sachen Tugendhaftigkeit erreichen, bevor Gott uns gebrauchen kann. Ich hoffe auch, dass sie deutlich macht, wie belanglos konfessionelle Unterschiede sind, wenn der Heilige Geist liebevoll und mächtig durch Menschen wie Philip wirkt.

Seit *Ein Lächeln auf dem Gesicht Gottes* in England in der ersten Auflage erschienen ist, habe ich viele positive und ermutigende Leserbriefe erhalten. Ein paar Leute haben jedoch ihrer Besorgnis oder Verwunderung Ausdruck verliehen, was Philips Erinnerungen an verschiedene seiner Lebensabschnitte angeht.

„Es war nicht ganz so", schreiben sie.

Merkwürdigerweise hat es andererseits oft Kommentare von Leuten gegeben, die sagen: „*Genau so* war es!", die sich auf exakt den gleichen Zeitabschnitt oder die gleichen Begebenheiten beziehen. Ich vermute, dass jeder Versuch, etwas so Komplexes wie das Leben eines anderen Menschen zu beschreiben, unweigerlich mit solchen Problemen behaftet ist. Aber in unserem Fall gibt es noch andere Gründe.

Erstens ist das Buch die Geschichte von Philips eigener Wahrnehmung seines Lebens, nicht diese Art hologrammartiges Bild, das entsteht, wenn verschiedene unabhängige Sichtweisen vom selben Ereignis vereint werden. Demnach mögen Leute, die Philip Ilott in einer bestimmten Phase seines Lebens kannten, ihn als froh und zufrieden in Erinnerung haben, während er innerlich Qualen der Unzulänglichkeit und der Traurigkeit litt. Es sind also Philips Augen, durch die wir diese Ereignisse betrachten.

Zweitens haben emotionale und physische Behinderungen Philip sein ganzes Leben lang verfolgt. Einige der bedeutenden Geschehnisse sind nur durch den Dunst des Schmerzes oder der Depression, die sie begleiteten, sichtbar. Auch hier sehen wir mit Philip die Umrisse seiner eigenen Vergangenheit, wie *er* sie sieht und erkennt.

Jedem Splitter ungewollter Ungenauigkeit, der in Philips Bericht entdeckt werden mag, steht ein Balken ehrlicher Absicht gegenüber, der die Geschichte trägt.

Philip ist ein ganz besonderer Mensch. Ich freue mich, und es ist mir eine Ehre, ihn Ihnen vorstellen zu können.

*Adrian Plass.*

# 1. Kapitel

# Kriegsfolgen –
# ein missbrauchtes Kind
## (1936-1945)

Klein-Philip hasste Adolf Hitler. Nicht, weil er einer anderen politischen Ideologie angehangen hätte; noch nicht einmal deshalb, weil der wahnsinnige Diktator drohte, einen Großteil der freien westlichen Welt zu besetzen und zu unterdrücken. Nichts so Triviales war der Grund für den tiefen Zorn, den der Sechsjährige für den Führer Nazideutschlands empfand. Philip Ilott hasste Hitler, weil Papa seinetwegen nicht mehr die ganze Zeit zu Hause sein konnte. Papa war als Soldat im Krieg. Aber Philip brauchte ihn gerade jetzt, weil merkwürdige und schreckliche Sachen passierten. Sie geschahen nachts und sie machten ihm Angst.

Es gab nur zwei Dinge, die sie aufhalten konnten.

Das eine waren Adolf Hitlers Flugzeuge, die kamen, um Newcastle zu bombardieren. Wenn das geschah, heulte eine Sirene, und jeder musste schnell nach unten in die Luftschutzräume, um dort die Nacht zu verbringen. Philip hatte keine Angst vor den Bomben. Lieber wäre er in die Luft gejagt worden, als die Nacht in seinem eigenen Haus verbringen zu müssen – viel lieber. Manchmal, wenn das Licht des Tages langsam verblasste, saß er ordentlich in seinem ordentlichen Schlafzimmer und bat Gott, dass Herr Hitler doch seine Bomber zum Angriff auf Newcastle schicken möge. Es wäre ihm auch egal gewesen, wenn eine Bombe auf sein Haus gefallen wäre, während er drin war. Dann wäre alles zu Ende, das wäre gut!

Die andere Sache, die die Furcht einflößenden Nächte abwenden konnte, war, dass Papa nach Hause kam. Das war aufregend.

Philip kriegte so ein lustiges, ungewöhnlich warmes Gefühl im Bauch, wenn er sah, wie ein „Ich hab dich lieb – ich bin so froh, dich zu sehen" aus Papas Augen kam. Aber das hielt nicht lange an, weil als Nächstes die Streitereien wieder losgingen und – wenn sie einmal angefangen hatten – Papa nicht mehr richtig mit Philip zusammen sein durfte. Er durfte ihn dann nur noch anlächeln und ihn fragen, ob es ihm gut ginge. Aber diese Zeiten, wenn Papa nach Hause kam, waren wunderbar, besonders, wenn er ihn ganz fest in den Arm nahm und sagte: „Hallo, mein Käfer!" Das war Papas Name nur für ihn. Niemand sonst nannte ihn Käfer – niemand. Aber das Beste an Papas Rückkehr, das, was die Sorge, die ihn sonst den ganzen Tag begleitet hatte, und die furchtbare Angst nachts wegnahm, war, dass, solange Papa Heimaturlaub hatte, Philip in seinem eigenen Bett und in seinem eigenen Schlafzimmer schlafen konnte – und nicht bei Mama ...

Er hatte es einfach nicht verstehen können. Am Anfang, als Papa in den Krieg zog, war er froh, dass Mama ihn zu sich in ihr großes Bett holte, auf die Seite, wo Papa normalerweise lag. Er war froh, weil er dachte, dass das vielleicht bedeutete, dass Mama ihn doch lieb hatte.

Er gab sich große Mühe, Mama zu gefallen, *ganz* große Mühe. Im Haus ging er nur äußerst vorsichtig umher, passte auf, dass er keinen der wertvollen Gegenstände kaputt machte, und gab sein Bestes, so sauber und gepflegt zu sein wie sie. Mama war eine *sehr* gepflegte Lady mit glänzendem Haar, die tote Füchse trug und Schuhe mit großen, langen Absätzen. Sie rauchte vornehme Zigaretten an einem langen, dünnen, schwarzen Röhrchen, und ihre Fingernägel waren leuchtend rot, als ob sie sie in eine Schüssel voller Blut getaucht hätte.

Er wusste, wie wichtig es für Mama war, dass alles gut *aussah,* und er versuchte ihr immer dabei zu helfen. Aber wie leicht machte er etwas falsch! Dann schrie sie ihn an oder sagte etwas, sodass er sich klein und dumm vorkam, oder sie schloss ihn in sein Zimmer ein oder in den Schrank unter der Treppe ohne Licht, bis er seine Lektion gelernt hatte. Das war das Schlimmste; wie eine Statue in der Dunkelheit zu stehen – mit weit aufgerissenen Augen, unfähig, etwas zu sehen – und zu ängstlich, sich zu bewegen, weil er dann etwas umstoßen könnte und sie wieder wütend wurde, wenn sie zurückkam.

Er hasste das.

Manchmal dachte er, dass er einmal vor langer Zeit seiner Mama etwas so Schlimmes, etwas so furchtbar Unrechtes getan haben musste, dass sie ihn für immer bestrafen würde, indem sie ihn nicht wichtig sein ließ; indem sie ihn immer im Weg oder eine Plage sein ließ. Er fragte sich, was das wohl gewesen sein mochte.

Vielleicht das, was er damals im Kinderwagen gesagt hatte. Er wurde innerlich immer ganz blass, wenn er an diesen schrecklichen Tag zurückdachte – das Erste, woran er sich überhaupt erinnern konnte.

Er war ein ganz kleiner Junge gewesen, der in seinem Kinderwagen in der Sonne vor dem Haus gesessen hatte. Eine Dame kam auf dem Bürgersteig entlangspaziert. Er beobachtete sie, während sie immer näher kam. Sie hatte eine große Hakennase und ein hervorstehendes Kinn, so wie die Hexen in seinen Bilderbüchern. Er mochte sie nicht. Als sie auf der Höhe seines Hauses war, blieb sie stehen und beugte sich über den Kinderwagen. Sie sagte: „Hallo, mein Schatz, du bist aber ein süßes kleines Baby, was?"

Philip wollte, dass die Frau wieder ginge, und so sagte er das Erste, was ihm einfiel: „Zieh Leine!"

Die Gesichtszüge der Hexe verhärteten sich. Sie klopfte an die Haustüre und Mama kam raus. Sie entschuldigte sich und versuchte einen kleinen unechten Lacher, als die Hexe ihr erzählte, was passiert war. Danach, drinnen, war Mama sehr böse gewesen, aber er konnte sich nicht mehr erinnern, was sie gesagt hatte. Er fragte sich, woher er dieses schlimme Wort kannte. Er war doch immer nur bei Mama gewesen.

Vielleicht war das ja das furchtbare Unrecht, das Mama ihm nie vergeben hatte. Aber er glaubte es eigentlich nicht.

Es gab noch etwas anderes, etwas, das sogar noch früher passiert war. Er konnte sich nur nicht daran erinnern, aber manchmal, wenn er in den Spiegel sah, um zu kontrollieren, ob er für Mama in Ordnung war, fühlte er mit seinen Fingerspitzen eine komische kleine Beule an der Wange, und dann war es so, als ob er sich wieder daran erinnerte. Aber nur fast.

Vielleicht hatte es ja damit etwas zu tun. Vielleicht ... Vielleicht auch nicht.

Und es gab da noch etwas, noch tiefer und weiter zurück, etwas, das er nicht mit seinen Augen oder seinem Gedächtnis sehen konnte. Nach einem wirklich schlimmen Tag konnte er es nachts fühlen, wenn er in der Dunkelheit wach lag – eine tiefere Dunkelheit in ihm, angefüllt mit einem verlorenen, hoffnungslosen Schluchzen, das niemals an die Oberfläche kam und niemals richtig Mut fasste. Es hatte was mit Zugehörigkeit zu tun, oder, besser gesagt, mit Nichtzugehörigkeit. Etwas ganz am Anfang ...

Wenn er neben Mama schlief, schien es, als ob schließlich doch alles wieder in Ordnung kommen würde. Vielleicht könnte er ja hier wieder glücklich werden. Vielleicht würde Mama ihn wieder beachten und sich erneut mit ihm beschäftigen. Es würde so sein, wie es sein sollte zwischen einer Mama und ihrem kleinen Jungen. Aber nach einer Zeit schienen die Dinge, die passierten – die Sachen, die Mama machte –, falsch und schlimm zu sein. Seine Stirn legte sich in sorgenvolle Falten, wenn er daran dachte. Er wollte nicht Mamas Teddybär sein.

Warum musste es am Ende eines jeden Tages eine Nacht geben? Warum konnte der Krieg nicht zu Ende sein und Papa für immer nach Hause kommen?

Später, als er anfing, in die Schule zu gehen, und Mama einen Job bekam, zu dem sie jeden Tag ging, gab es etwas Neues, an das er sich gewöhnen musste: den Schuppen.

Mamas Haus war mit Sicherheit das Wichtigste überhaupt in der Welt. Sie putzte es und wischte Staub und stellte alles genau so, wie sie es haben wollte. Manchmal schob sie einen Gegenstand mit der Spitze eines ihrer roten Fingernägel ein ganz, ganz kleines Stückchen weiter auf dem Kaminsims, bis er sich genau an der richtigen Stelle befand.

Es schien sie nicht besonders glücklich zu machen, alles so sauber und ordentlich zu haben, aber wenn irgendetwas bewegt oder dreckig gemacht wurde, dann war das schlimmer als alles, was

Mister Hitler tun konnte. Sie sagte Philip oft, wie schwierig und lästig es wäre, einen kleinen Jungen zu haben, der immer darauf bestünde, die Stühle zu zerknittern, indem er sich draufsetzte, oder der Wände oder die Tischplatte oder Türgriffe mit Fingern anfassen wollte, die möglicherweise nicht so sauber waren, wie sie eigentlich sein konnten. Manchmal dachte er, dass sie ihn am liebsten morgens in der Mitte des Wohnzimmerteppichs abstellen und ihn dann bis zur Schlafenszeit dort stehen lassen würde, wo sie schließlich eine Verwendung für ihn hatte.

Nun, da sie zur Arbeit ging, sagte Mama Philip, dass sie ihn nach der Schule unmöglich ins Haus lassen könne. Er müsse in die Gartenlaube gehen und dort warten, bis sie abends nach Hause käme. Auf diese Weise könne dem Haus kein Schaden zugefügt oder es in ihrer Abwesenheit in Unordnung gebracht werden. Er solle sich selbst Zugang zu dem Schuppen verschaffen mit einem Schlüssel, den sie ihm geben wolle, sich dann mitten auf den Boden an den kleinen Tisch setzen und ein paar Brote mit Marmelade schmieren, die sie ihm bereitstellen würde. Und wenn Papa zum nächsten Heimaturlaub aus dem Krieg zurückkommen würde, dürfe Philip ihm nichts davon sagen, dass er jeden Tag in den Schuppen ginge; und er dürfe ihm nicht sagen, was mit Mami und ihm nachts passierte; und er dürfe ihm nicht sagen, dass Mami die Haustüre immer zuschließt, sodass Philip nicht auf dem weißen Klavier mit seinen möglicherweise nicht ganz sauberen Fingern üben könnte; und er dürfe ihm nicht sagen, dass seine Spielsachen – besonders das Fort und das Marionettentheater, das Papa extra für ihn gemacht hatte – weggeräumt wurden, sobald Papa wieder in den Krieg zog; und ganz besonders dürfe er ihm nicht erzählen, wie traurig und einsam er sich fühlte, weil das etwas von Papas Freundlichkeit aufbrauchen würde, denn Papas ganze Freundlichkeit gehörte Mama und sonst niemandem.

Am Anfang war es schlimm im Schuppen. Es war Winter und deshalb schon ziemlich dunkel, wenn Philip nach der Schule nach Hause kam. Nachdem er die Schuppentür aufgeschlossen hatte, schlich er immer ängstlich in die Dunkelheit und suchte mit seinem Fuß nach dem Tisch. Dann tastete er mit seiner Hand auf der flachen Tischplatte nach der Streichholzschachtel, die sich immer dort befand. Es war eine riesige Erleichterung, wenn er sie gefunden hatte, sie in die Hand nahm und die Streichhölzer rascheln hörte. Dann gab es immer eine kleine blendende Explosion, wenn er den Streichholzkopf an der rauen gelben Fläche an der Seite der Schachtel entlanggerieben hatte. Es zischte ein bisschen, wenn er die Flamme an den Docht seines Kerzenstummels hielt. Er wedelte das Streichholz aus und legte es vorsichtig auf den Boden des Kerzenständers.

Dann war es Zeit für das Brot und die Marmelade. Das Schneiden, das Bestreichen und das Essen – alles musste sehr vorsichtig geschehen.

Während er in dem kleinen Lichtkegel saß, den die Kerze warf, langsam sein Brot mampfte und das Hüpfen und Tanzen der Schatten an den Wänden beobachtete, war Philip sich bewusst, dass Mama später den Boden nach Krümeln absuchen würde. (Der Schuppen war innen fast genauso penibel sauber wie das Innere des Hauses.) Wenn er seinen Mund vorsichtig abgeputzt hatte, während er sich über den Teller beugte, stand er auf, nahm den Kerzenständer in die Hand und kontrollierte jeden Quadratzentimeter unter und um den Tisch, damit Mama bloß keinen Grund hätte, sich zu beschweren.

Schließlich setzte er sich wieder auf seinen Stuhl, nahm Sebby in seine Arme und wartete darauf, dass Mama nach Hause kommen würde. Sebby war ein Panda, der ihn liebte und der nie etwas sagte. Eigentlich hieß er Sebastian. Philip hatte einmal eine Geschichte über ein Pferd namens Sebastian gelesen. Der Name hatte ihm gefallen.

Erst nachdem Philip eine ganze Zeit regelmäßig den Schuppen aufgesucht hatte, bemerkte er, dass er nicht nur traurig war, sondern langsam auch wütend wurde. Das Gefühl war zunächst ganz klein, wie ein Kitzeln im Hals, bevor man husten muss, aber dann wurde es immer größer, bis es schließlich irgendwie rausmusste.

Er war wütend auf Papa, weil er sich Mama gegenüber nie behauptete, wenn sie ihre Launen hatte. Als Papa das letzte Mal zu Hause gewesen war, war er in Philips Schlafzimmer gekommen.

Weil er dachte, dass Philip schlafen würde, kniete er sich an sein Bett und weinte und weinte, wie ein kleines Baby. Warum hatte er das getan? Warum konnte er nicht stark und souverän sein, so wie Papas das sein sollten?

Philip war auch auf sich selbst wütend, weil er sich gegenüber Mama ebenfalls nicht behaupten konnte. Er wurde immer zu Wackelpudding, wenn er vor seiner Mutter stand und versuchte, das zu sagen oder zu tun oder zu sein, was er wollte. Sie war stark und groß, wie ein Riese. Er war klein und dumm und zählte eigentlich gar nicht.

Am meisten war er wütend auf Mama – wütend, weil sie ihn nicht lieb hatte, nicht merkte, wie sehr er sich Mühe gab, ihn immer nur so sein ließ, wie sie ihn haben wollte, und auch Papa daran hinderte, ihn richtig lieb zu haben; weil er sich immer innerlich verkrampfte, wenn er an die Nächte dachte, wo sie ihn wie eine Puppe benutzte, ohne etwas zu fühlen …

Er beschloss, sie zu feuern.

Manchmal, samstagabends, saßen er und Mama vor dem Radio und hörten sich das Saturday Night Theatre an. Philip verstand nicht immer, worum es ging, aber das war auch nicht so wichtig. Es war eines der ganz wenigen Male, wo er das Gefühl hatte, dass er und Mama tatsächlich etwas zusammen taten, selbst wenn sie dabei noch nicht einmal redeten. Eines der Stücke handelte von jemandem, der seinen Job verloren hatte und jemandem erzählte, dass sein furchtbarer Chef ihn „gefeuert" hatte.

Philip wurde zum furchtbaren Chef des Schuppens. Jeden Abend, wenn er das Marmeladenbrot aufgegessen und den Boden nach Krümeln abgesucht hatte, saß er kerzengerade auf seinem Stuhl hinter dem Schreibtisch und stellte Mama zur Rede. Mama kroch durch die Tür, ganz blass und zitternd, kniete vor seinem Schreibtisch und flehte, doch bleiben zu dürfen.

„Nein!", schrie der furchtbare Chef. „Sie sind gefeuert! Ich feuere Sie, weil Sie nicht gut waren! Verstanden? Sie sind gefeuert! Gefeuert! Gefeuert! Raus hier!"

Das Gefühl, Mama zu feuern, war wunderbar. Es kam tief aus seinem Bauch und schoss aus seinem Mund wie das Öl, das auf diesen Bildern aus dem Boden sprudelt. Er liebte es, Mama zu beobachten, wenn sie aus der Schuppentür hinaus in die Dunkelheit taumelte, gebeugt und traurig wegen der Sachen, die er ihr gesagt hatte. Manchmal blieb sie an der Tür stehen, drehte sich um und fragte, ob er heute Nacht zu ihr ins Bett käme, um die Sachen zu machen, die ihm solche Angst bereiteten.

„Heute nicht, Mama – heute nicht! Raus hier! Raus!"

Mama war nicht die Einzige, die gefeuert wurde. Diverse Lehrer schlichen auf Zehenspitzen in den Schuppen und wurden schnell wieder in die große weite Welt geschickt, ohne Job, aber mit einem erstaunten Ausdruck auf ihren Gesichtern, weil sie nicht gewusst hatten, dass der kleine Philip Ilott, der in der Schule so blass und still an seinem Tisch saß, einer der wichtigsten und mächtigsten Leute in Newcastle war. Er machte es ihnen klar.

Auch Papa. Papa wurde auch manchmal gefeuert. Aber mit Papa war das schwieriger, weil Mama ihn sowieso ständig feuerte. Eigentlich hätte ja Papa das Feuern erledigen sollen, dann hätte Philip das nicht tun müssen. Oh, Papa ...

Nun, da Philip die Verantwortung für das Innere des Schuppens übernommen hatte, dachte er, dass es doch schön wäre, neben den Leuten, die jeden Tag gefeuert werden mussten, ein paar Freunde zu haben, mit denen er reden konnte. Natürlich, da gab es Sebby. An den meisten Tagen musste er in den Schuppen geschmuggelt werden, denn Mama war der Meinung, dass er auf jeden Fall in dem Zimmer, wo Philip schlief, bleiben sollte. Er wollte es nicht sein Schlafzimmer nennen, denn es war nicht seines und ein Schlafzimmer war es auch nicht. Es war eine von Mamas perfekten Stätten, wo er schlafen durfte, wenn Papa zu Hause war. Sebby war das Einzige in dem Zimmer, was wirklich ihm gehörte. Deshalb mochte er es, wenn Sebby bei ihm im Schuppen war.

Aber es gab dort jetzt noch jemand anderen; jemand, den man nicht sehen konnte, der aber genauso real war wie Sebby. Jemand, den er durch Oma kennen gelernt hatte.

Oma.

Oma war Mamas Mama, und Philip liebte sie mit jeder Faser, weil sie all das war, was Mama nie gewesen war. Er konnte ihr

Geheimnisse erzählen und mit ihr kuscheln, wenn er sie in der Wohnung besuchen durfte, in der sie mit Opa wohnte. Der war schon ziemlich taub und man musste ihn anschreien. Es war das Beste auf der ganzen Welt, sich gemütlich an Omas weichen Körper zu schmiegen, das Gesicht an ihrem rot-schwarz-weiß karierten Kleid, das sie oft trug, und zum wiederholten Male zu fragen (obwohl er die Antwort eigentlich kannte), aus was ihre hüpfende Damenbrosche gemacht war. Er mochte diese Wörter einfach.

„Elfenbein und Marmor, mein Kleiner", antwortete sie sanft. „Elfenbein und Marmor."

Einmal in der Woche durfte er Oma besuchen, normalerweise samstags nachmittags. Aber zuerst musste er Mamas Einkäufe erledigen. Mama wollte nicht in die Läden gehen, weil sie dort gewöhnlichen Leuten aus den nahe gelegenen Sozialwohnungen begegnen konnte. Also machte sich Philip jeden Samstagmorgen auf, in der Hand die Tragetasche, die fast so groß war wie er selbst, und immer wieder kamen die Wörter leise über seine Lippen: „Sechs-vier-fünf, sechs-vier-fünf ..." Das war ihre spezielle Schecknummer bei Co-op, und wenn man dort etwas kaufen wollte, musste man sie kennen.

Manchmal schickte ihn Mama auch in bestimmte Läden, in denen er nach Sachen fragen sollte, die unter dem Ladentisch waren. Es war ja Krieg. Sachen wie Eier und Tomaten. Philip mochte das nicht besonders, aber mit Mama diskutierte man nicht.

Nachmittags begann dann die Welt wie ein Diamant zu erstrahlen, wenn er den Bus bestieg und sich auf den Weg durch die Stadt machte bis zu dem Ort, an dem Oma wohnte.

Omas Haustür befand sich hinter zwei sehr hohen Stufen und hatte einen langen, schwarzen, gebogenen Türklopfer aus Eisen, den er so grade eben erreichen konnte, wenn er sich mit einer Hand an der Türlinke festhielt und die andere weit ausstreckte.

Bald saß er auf Omas Schoß, hörte, wie der Teekessel auf der Ofenplatte fröhlich sang, und erzählte Oma all die persönlichen Sachen, die seit dem letzten Mal passiert waren. Er fühlte sich geborgen, wenn er dort an der Gaslampe saß und in die Flammen des Kaminfeuers starrte, das immer unter dem langen steinernen

Sims brannte, auf dem so ein grünes Band mit Quasten an den Enden lag.

An beiden Seiten des Feuers standen große, alte Backöfen, die aber nicht mehr zum Kochen verwendet wurden. Philip wusste, dass Oma einen von ihnen benutzte, um ihr Nachthemd aufzuwärmen, bevor sie ins Bett ging. Er mochte diesen Gedanken – Oma kochte ihr Nachthemd.

Er blieb samstags immer zum Tee. Es gab selbst gebackenes Brot, das wunderbar roch, und Kuchen und Süßes und vor allem das herrliche Gefühl, zu Hause zu sein, etwas, das er in Mamas Haus nie hatte.

Nach dem Tee spielte er manchmal Bagatelle auf dem wunderschönen Brett, das Opa gefertigt hatte. Opa hatte auch die Nägel gemacht, an denen die Bälle zurückprallten, weil er früher in einer so genannten „Eisengießerei" gearbeitet hatte, wo man so etwas herstellen konnte.

Philip genoss es sogar, bei Oma auf die Toilette zu gehen. Man ging durch die Spülküche, wo der Abwasch in einem riesigen Kupferkessel gemacht wurde, und hinaus in den Hof, wo der kleine Schuppen mit der Toilette war.

Bei Oma musste man auch nicht die ganze Zeit still an einem Ort bleiben. Man konnte aufstehen und sich bewegen und sich wieder hinsetzen und einfach reden und man musste nicht die ganze Zeit vorsichtig sein. Oma schimpfte auch nicht, wenn er mal krümelte. Es war einfach nur schön.

Aber das Beste waren die Geschichten.

Oma konnte sehr gut Geschichten erzählen. Alle möglichen Geschichten. Die besten waren die aus der Bibel. Philips Lieblingsgeschichte war die von David und Goliath.

Er kuschelte sich an Oma, roch ihren frischen, sauberen Omageruch und versuchte, Bilder in den glühenden Kohlen zu sehen, während er nicht müde wurde zu hören, wie der junge David, weder durch eine Rüstung noch durch ein Schild oder einen Speer oder ein Schwert geschützt, allein mit einer Schleuder bewaffnet, aufbrach, den riesigen Philister-Champion herauszufordern. Er mochte besonders die Stelle, als Goliath über den mutigen jungen

Schafhirten lachte und die Israeliten verhöhnte, weil sie solch einen schwächlichen Gegner in den Kampf geschickt hatten.

Goliath, das war Mama, und David, das war Philip. Philip konnte das alles im Feuer sehen.

Da stand Mama auf der einen Seite des Tals, riesengroß und stark, überzeugt, dass sie niemals geschlagen werden könnte. Dann, als sie Philip auf der anderen Seite des Tals entdeckten, fingen Mama und die ganze Philisterarmee, die hinter ihr vom Hügel aus zuschauten, an zu lachen. Sie lachten und lachten über seinen albernen, mädchenhaften Lendenschurz und die armselige kleine Schleuder, die von seiner Hand baumelte. Sie lachten immer noch, als er den Hügel hinuntertrottete, um einen flachen weißen Stein aus dem Bett des Flusses, der durch das Tal floss, aufzuheben; und sie lachten sogar noch mehr, als er die Schleuder über seinem Kopf rotieren ließ, immer schneller, bis der richtige Moment gekommen war, den Stein wie einen winzigen weißen Pfeil fliegen zu lassen, genau auf Mamas Kopf zu.

Wie schnell das Lachen aufhörte, als das Geschoss sein Ziel fand! Mama taumelte langsam hinunter in seine Richtung, einen Ausdruck der Überraschung auf ihrem Gesicht. Sie war so groß, dass ihr Kopf, als sie auf dem Boden landete, direkt neben Philip aufschlug.

Und plötzlich war er größer als sie. Die nächste Szene war auch gut: Die Israeliten drängten sich um ihn, klopften ihm auf die Schulter und sagten: „Gut gemacht, Philip! Du bist ein Held, echt wahr..."

Als Philip Oma fragte, woher sie diese aufregenden Bibelgeschichten kannte, sagte sie, sie wäre Christ, und Christen läsen gerne in der Bibel, weil sie von Gott und seinem Sohn Jesus handelte und von einigen Menschen, die an Jesus glaubten und von ihm erzählt hatten, nachdem er von den römischen Soldaten getötet worden war. Er hatte nämlich gesagt, er sei der König.

Philip dachte sich: Wenn Oma Christ ist, dann mag ich Christen. Er fragte sie, ob es auch Geschichten von Menschen gäbe, die an Jesus geglaubt hatten, die geschehen waren, nachdem die Bibel zu Ende geschrieben worden war. Da hörte Philip zum ersten Mal von der Person, die sein bester Freund im stillen Halbdunkel des Schuppens werden sollte: der heilige Alban.

Alban war Offizier in der römischen Armee zu der Zeit, als die Römer in Britannien noch das Sagen hatten. Er wohnte in einer der Hauptstädte, einem Ort namens Verulamium. Philip konnte das Wort nicht besonders gut aussprechen, aber ihm machten die rollenden Laute in seinem Mund Spaß, wenn er versuchte, es richtig hinzubekommen. Oma sagte, dass man nicht ganz sicher sei, wann genau Alban gelebt habe, aber wahrscheinlich war es etwa zweihundert Jahre, nachdem Jesus gestorben war.

Eines Tages bekam Alban Besuch von jemandem, den er noch nie zuvor gesehen hatte. Er hieß Amphibalus. Er suchte nach einem Versteck, weil ein Soldat ihn verhaften wollte. Alban fand den Mann interessant. Anstatt ihn gefangen zu nehmen, fragte er ihn, welches Verbrechen er begangen habe.

„Ich bin ein christlicher Priester", sagte Amphibalus. „Du hast wahrscheinlich davon gehört, dass ein Gesetz von dem großen Kaiser Diokletian in Rom erlassen worden ist, dass man jetzt nicht mehr Jesus nachfolgen darf. Wenn ich also gefangen werde, verurteilt man mich zum Tode und wird mich köpfen, wenn ich nicht aufhöre, Christ zu sein. Und das werde ich niemals tun."

Amphibalus hatte etwas an sich, was ihn anders machte als all die Menschen, denen Alban bisher begegnet war. Er hatte eine Stärke und eine Sanftheit und eine Überzeugtheit, die er selbst gerne gehabt hätte. Den ganzen Abend lang stellte Alban seinem Gast Fragen zu diesem Jesus Christus, dem er folgte. Als es Zeit war, ins Bett zu gehen, war er selbst fast auch so weit zu glauben.

In dieser Nacht, als er im Dunkeln wach lag, redete Gott zu Alban. Er sagte ihm, dass Jesus auch für ihn gestorben war, sodass seine Sünden vergeben und sein Leben verändert werden könnte. Als der Morgen kam, wusste Alban, dass Jesus wieder lebendig geworden war, nachdem man ihn gekreuzigt und in ein Grab gelegt hatte. Er war jetzt auch ein Christ.

Alban ließ sich taufen. Dann bat er Amphibalus, seinen Umhang dazulassen, und schickte den christlichen Priester in ein sicheres

Versteck. Als kurze Zeit später der Soldat, der Amphibalus suchte und der dessen Spur zu Albans Haus verfolgt hatte, kam, war nur noch Alban da – mit dem Umhang, den der Priester zurückgelassen hatte.

„Der Mann, den du suchst, ist weg", sagte Alban und zog den Umhang enger. „Aber ich bin auch Christ. Du kannst mich an seiner Stelle verhaften."

Nichts konnte ihn umstimmen. Die anderen Römer gaben ihr Bestes, sie drohten ihm, sie versuchten ihn zu überreden, seinen neuen Glauben aufzugeben und den römischen Göttern Opfer darzubringen. Aber Alban wollte weder das eine noch das andere. Er wurde zum Tode verurteilt, auf einen Hügel geführt – wo, wie Oma erzählte, heute ein Turm stand in der Stadt St. Albans – und vom römischen Scharfrichter enthauptet. Alban war ein Märtyrer. Er war für das gestorben, woran er geglaubt hatte.

Die Geschichte von Alban gefiel Philip sogar noch besser als die von David und Goliath. Er saß zusammengerollt wie ein Baby auf Omas Schoß und war sich fast sicher, dass er das Gleiche getan hätte wie Alban. Er konnte auch mutig und stark sein und sein Leben für jemanden geben, der Hilfe brauchte, so wie Amphibalus. Draußen in der Kälte oder wieder zurück in Mamas Haus war er sich dann nicht mehr ganz so sicher. Es war schwer, mutig zu sein, wenn man sich nicht geliebt fühlte.

Das Beste an Albans Geschichte war, dass er einen neuen Freund für den Schuppen gefunden hatte. Alban war ja in dem Glauben gestorben, dass er wieder lebendig werden und bei Jesus sein würde. Also war er eigentlich gar nicht tot, selbst wenn man ihn nicht sehen konnte.

Mit Alban zu reden wurde das Wichtigste im Schuppen nach der Schule. Es war anders, als mit Sebby zu reden, denn der war ja eigentlich nur ein Spielzeug aus Stoff mit einer Füllung und mit Glasperlen als Augen. Es war eher wie eine geheime Freundschaft mit einem echten Menschen, der so etwas wie ein älterer Bruder war. Ein Bruder, der sich um einen kümmerte und bei einem war, wenn es Dinge gab, die einen traurig machten, und sich mit einem freute, wenn etwas Gutes passierte. Alban, mutig und treu, war kein Spielzeug. Er war wirklich da. Und Philip war sich ganz sicher, dass er immer da sein würde.

Außer Geschichten wusste Oma aber auch noch andere Dinge. Sie wusste, was mit Philip geschehen war, als er ganz, ganz klein gewesen war. Vielleicht wusste sie sogar, was das Furchtbare war, was er Mama angetan hatte. Als er eines Tages wieder wie immer auf ihrem Schoß saß, fragte er sie: „Oma, wie habe ich die kleine Beule an meiner Backe gekriegt?"

Oma antwortete eine ganze Zeit lang nicht. Dann sagte sie: „Ich erzähle dir das später einmal, Philip. Du brauchst das jetzt noch nicht zu wissen, mein Kleiner."

Eines Tages fragte er sie wieder. Und wieder und wieder. Aber sie antwortete immer auf die gleiche Weise: „Später einmal ... Brauchst du jetzt noch nicht zu wissen ... Einige Dinge lässt man besser ..."

„Ich will es jetzt wissen, Oma!", sagte er schließlich. „Erzähl es mir jetzt!"

Sie hatte es ihm immer noch nicht erzählen wollen, aber er gab keine Ruhe. Oma versuchte, es wie eine Art Unfall klingen zu lassen, aber durch die Art und Weise, wie sie es erzählte, wusste er, was wirklich passiert war. Es war Mama gewesen, die ihn im Gesicht verletzt hatte. Sie hatte ihn mit einem glühend heißen Feuerhaken berührt, weil er nicht getan hatte, was er tun sollte.

Er musste damals sehr, sehr klein gewesen sein, denn er konnte sich an nichts mehr erinnern. An nichts. Er fragte sich, was er denn nicht habe tun wollen, aber das wusste Oma nicht.

Philip wurde wütender als je zuvor. Als er das nächste Mal im Schuppen war, feuerte er Mama, sobald sie durch die Tür kam. Aber das reichte nicht. Er ging hinaus in den Garten und verprügelte etliche von Mamas Pflanzen mit einem Rohrstock. Als Mama am nächsten Tag die zerstörten Pflanzen sah, sagte er, da müsse wohl ein Sturm gewesen sein letzte Nacht oder während sie bei der Arbeit war. Er konnte sehen, dass Mama verwirrt war. Sie glaubte zu wissen, dass der kleine „Kann-keiner-Fliege-was-zuleide-tun"-Philip sich so etwas niemals trauen würde ...

„Vielleicht war da tatsächlich irgend so ein verrückter Sturm",
sagte sie, mehr zu sich selbst als zu ihrem Sohn.

Philip lächelte innerlich. Einmal hatte er gewonnen …

Mama gewann meistens und der Krieg schien Ewigkeiten zu
dauern. Oma und Alban waren immer noch seine einzigen echten
Freunde. Inzwischen durfte Papa kaum noch mit ihm spielen oder
überhaupt irgendetwas mit ihm machen, wenn er auf Heimaturlaub war.

Philip erzählte Alban oft, wie sehr er sich wünschte, er würde
entdecken, dass man ihn adoptiert hatte, dass alles nur ein großer
Fehler war. Mama, die keine Notiz von ihm nahm und sich
wünschte, es gäbe ihn gar nicht, war nicht wirklich seine Mutter:
Das war der Grund, warum bisher alles schief gelaufen war.

Einmal, als Papa auf Urlaub war und er und Mama den Vormittag über außer Haus waren, machte Philip etwas sehr Gefährliches.
Er stöberte im Schreibtisch, in dem Mama und Papa ihre persönlichen Papiere aufbewahrten, in der Hoffnung, etwas zu finden, das
seine Adoption bescheinigte. Er traute sich kaum zu atmen, als er
sich durch Berge von Briefen, Rechnungen und anderen Druck-
sachen, die er nicht verstand, wühlte. Jedes einzelne Schriftstück
legte er an exakt die gleiche Stelle zurück, an der es gelegen hatte.
Seine Haare standen fast zu Berge aus lauter Angst, Mama könnte
zurückkommen und ihn bei einem furchtbaren Verbrechen erwi-
schen.

Er fand gar nichts, keine Spur eines Briefs, wie er sich ihn so oft
voller Hoffnung vorgestellt hatte:

*Sehr geehrte Frau Ilott,*
*vielen Dank, dass Sie sich bereit erklärt haben, Philip zu adoptieren.*
*Seine wirkliche Mutter wird ihn sehr vermissen …*

Vielleicht würde der Krieg ja für immer weitergehen. Vielleicht
würde sich niemals etwas ändern. Vielleicht müsste er ja den
Schuppen in Brand setzen, bevor ihn irgendjemand bemerkte. Er
wusste nie, welche Peinlichkeit Mama als Nächstes von ihm verlangte. Er fühlte, während er neben dem sorgfältig aufgeräumten
Schreibtisch stand, wie seine Wangen rot wurden, als er daran
dachte, wie Mama ihn neulich gezwungen hatte, mit Eimer und

Schaufel Dunghaufen einzusammeln, nachdem ein Pferd vorbeigelaufen war. Er war sich so albern vorgekommen, als er mitten auf der Straße mit der Schaufel hantierte, nur weil Mama nicht wollte, dass die Nachbarn sie dabei sahen. Wahrscheinlich standen sie alle hinter ihren Gardinen und schauten zu und machten sich über ihn lustig, wünschten sich aber insgeheim, selbst etwas von diesem ekligen Zeug aufsammeln zu können für ihren Garten. Warum hatte ihn Mama bloß dazu gezwungen, wo sie ihn doch sonst noch nicht einmal auf der Straße spielen ließ, weil das zu gewöhnlich war?

Inzwischen ging er am Ende des Tages recht gern in seinen Schuppen, obwohl ihm dies erst jetzt bewusst geworden war. Abgesehen von Omas Wohnung war das der einzige Ort, an dem er für kurze Zeit das Sagen hatte. Sebby war da, die Leute, die er feuerte, seine Gedanken an Oma – und natürlich Alban, der Bruder, nach dem er sich immer so gesehnt hatte, der ihn nie wegstieß und der immer gerne zuhörte. Das war das Beste.

Der Schuppen war der Ort, wo Philip Ilott ein Star sein konnte und nicht der kleinste, unbedeutendste Statist in der Menge. Es war eine kleine Welt, aber lange Zeit war sie alles, was er hatte.

## 2. Kapitel

# Kirche, Kaufhaus und
# „Nellie aus der Mietwohnung"
## (1945-1954)

Der Krieg ging zu Ende und das Leben änderte sich radikal. Die meisten Veränderungen waren gut, einige sogar sehr gut.

Das Wichtigste: Papa verließ die Armee und war nun für immer zu Hause. Das bedeutete keinen Schuppen mehr nach der Schule, und vor allen Dingen, es bedeutete keine Nächte mehr mit Mama im großen Doppelbett.

Die Streitereien zwischen Mama und Papa allerdings änderten sich nicht. Sie waren genauso schlimm wie immer, oder nein, noch schlimmer, jetzt, wo Philip älter war und Papa nicht mehr fort musste.

Papa arbeitete jeden Tag in einer Anwaltskanzlei in der Stadt, aber da blieben immer noch die Abende und die Wochenenden für Auseinandersetzungen und Streitereien. Manchmal, wenn es richtig schlimm wurde, meinte Philip, Mama und Papa könnten sich gegenseitig umbringen. Manchmal meinte er auch, sie würden ihn umbringen, aber nur, wenn sie aufeinander losgingen und er ihnen dabei in die Quere kam. In der übrigen Zeit wurde er kaum wahrgenommen.

Er wusste, dass Papa gerne mehr mit ihm unternommen, ihn vielleicht sogar richtig lieb gehabt hätte, aber Mama war zu gierig und zu clever. Er begann das jetzt zu verstehen. Wenn Papa seine Ruhe haben wollte, musste er Mama dafür bezahlen, indem er ihr das meiste und Beste von allem gab. Da blieb für Philip nicht viel übrig.

Eine der sehr guten Veränderungen hatte mit dem Domchor zu tun.

Philip war schon zur Sonntagsschule gegangen, als er noch sehr klein war. Man schickte ihn jeden Sonntagnachmittag dahin. Mama kam nie mit und ging auch selbst nicht in die Kirche. Es kam Philip immer so vor, als habe sie einfach eine Möglichkeit gefunden, ihn jeden Sonntag eine Zeit lang loszuwerden. Aber es machte ihm Spaß, besonders, als er schließlich Mitglied des Kirchenchors werden durfte.

Singen war etwas, das er gut konnte. Man fühlte sich gut, wenn man zusammen mit den anderen laut sang. Aber das wirklich Aufregende passierte, als Philip neun Jahre alt und der Krieg gerade zu Ende war: Er bestand eine Gesangsprüfung und wurde in den Domchor aufgenommen.

Es hatte mit einer Anzeige in der örtlichen Zeitung begonnen, in der alle Interessierten aufgefordert worden waren, in den Dom zu kommen, um zu schauen, ob sie gut genug für den Chor wären. Philip war nicht sehr hoffnungsvoll gewesen, aber er hatte so gut gesungen, wie er nur konnte. Als er dann hörte, dass er die Prüfung bestanden hatte und nun regelmäßig im Dom singen durfte, konnte er es kaum glauben.

Es war eine der ganz wenigen Gelegenheiten seines bisherigen Lebens, in der Mama sich über etwas, das er getan hatte, freute. Sie sagte, sie sei „ganz begeistert" von der Neuigkeit und stolz auf ihn, weil er etwas so Wichtiges geschafft habe. Ihr Lob sickerte in eine kleine Ecke von seinem inneren Fass ohne Boden, das schon so lange leer war, und löste eine Reihe von Phantasien aus, in denen Mama ganz hingerissen in der großen, kühlen Kathedrale saß und verzückt dem Klang der Stimme ihres Sohnes lauschte, die durch die festliche Weite des herrlichen Gebäudes drang.

Und tatsächlich, es war die reine Freude, in den Chor einzutreten. Es war wie die Aufnahme in eine neue Familie, voll von Jungen seines Alters oder ein bisschen älter; Jungen, die sich normal verhielten, die normal redeten und sich normal rauften. Sein Atem stockte, wenn er daran dachte, dass er Teil dessen sein könnte, was ihm als eine so wunderbar glückliche Schar schien. Selbst die inoffiziellen Aufnahmezeremonien machten ihm nicht allzu viel aus, auch wenn sie etwas seltsam waren. Zuerst wurde man entbuxt. So nannte man das, wenn einem die Hose mit Gewalt ausgezogen wurde. Dann wurde der Kopf ins Klosett gesteckt und an der Kette gezogen. Zuletzt wurde man dann noch in einen stacheligen Dornbusch geworfen.

Philip wäre liebend gerne durch weit Schlimmeres gegangen, wenn er sich dadurch die Freundschaft der Leute, die ihn da einführten, hätte verdienen können. Sein ganzes Leben lang hatte er sich nach einem Bruder gesehnt. Alban war der erste gewesen und jetzt waren da all diese neuen Freunde. Insgeheim stellte er sich vor, sie seien seine wirklichen Brüder, Teil seiner selbst, so wie er Teil ihres Lebens war. Er liebte sie auf eine Weise, die sie, hätten sie davon gewusst, sicherlich überrascht hätte.

Philips Leben war dank des Chors nicht wiederzuerkennen. Jeden Tag nach der Schule lief er direkt hinunter zum Dom und trank mit den anderen Jungen im Domkapitel seinen Tee. Dann war es Zeit für die Chorstunde. Schließlich wurde jeden Abend – außer samstags – im Gottesdienst das Abendgebet gesungen. Hinzu kamen natürlich noch die ganzen Sonntagsgottesdienste und ein wenig später der regelmäßige Kommunionunterricht während der Woche. Papa brachte ihn dorthin. Mama nie, aber Philip hatte insgeheim die glühende Hoffnung, dass sie bei seiner Kommunion dabei sein würde, um zu sehen, wie der Bischof ihm die Hände auflegte.

Die Sonntagsgottesdienste waren aufregend und geheimnisvoll. Das Gebäude war ein so genannter anglo-katholischer Dom. Das bedeutete, dass es dort viel mehr zu sehen gab als in der Kirche, in die Philip früher in die Sonntagsschule gegangen war. Da waren wundervolle Prozessionen, reich an Farben und Geräuschen; Priester mit kunstvoll geschmückten Roben; brennende Kerzen und klingelnde Glöckchen. Der süße Geruch von Weihrauch erfüllte das Innere des Gebäudes, bis es schien, dass die Luft selbst sich mit dem stechenden Duft schmückte. Der ganze Ort war erfüllt von einer Gott empfangenden Geschäftigkeit, und Philip, auserwählt, Teil des Ganzen zu sein, fing an, sich inmitten dieses feierlichen, aber blendenden Rituals mehr zu Hause zu fühlen als je zuvor.

Er liebte seine Choruniform – schwarz und weiß für die normalen Gelegenheiten, rot und manchmal sogar violett für die besonderen Gottesdienste. Sie bereitete ihm eine immense Freude. Eine Uniform anzuziehen hatte etwas, was ihn tief innen berührte. Es bedeutete, dass die Leute sehen konnten, wer er war, einfach, indem sie ihn anschauten. Sie wussten dann, dass er irgendwohin gehörte, an einen Ort, wo die Leute so etwas wie: „Oh gut, Philip ist hier!" sagen würden oder: „Philip ist hier! Jetzt können wir anfangen ..." Er fühlte sich lebendiger in seiner Uniform und viel sicherer.

Manchmal, während der Gottesdienste im Dom, starrte er auf das leuchtend blaue, rote und goldene Messgewand des Priesters und fragte sich, wie es wohl wäre, solch eine herrliche Uniform zu tragen und den Leuten Jesus in Form dieser winzigen Oblate und eines Schlucks heiligen Weins zu geben. Das erschien ihm seltsam und wunderbar.

Es war fast unmöglich, sich vorzustellen, so wichtig zu sein, so viel Macht zu haben. Er versuchte, sich selbst in der Rolle vorzustellen. Und das war nicht einfach.

Etwas anderes, das er liebte, waren die Freizeiten mit dem Domchor. Zum ersten Mal war er weg von zu Hause. Alle Jungen schliefen in einem großen, glockenförmigen Zelt. Sie wurden beaufsichtigt von Mr. Malcolmson, dem Chorleiter, der dafür sorgen sollte, dass ihnen nichts passierte und sie sich keine Streiche spielten. Philip mochte das Kochen – über einem echten Feuer – am liebsten. Das ganze Gemüse musste von den Chorknaben gewaschen und zubereitet werden. Das war seine absolute Lieblingsaufgabe, besonders, weil er dabei ab und zu einen ganzen Oxowürfel essen konnte, wenn irgendwo einer übrig blieb. Philip liebte diese Oxowürfel über alles.

Chorfreizeiten waren wesentlich angenehmer als Schule, aber da war immer noch diese quälende Angst vor Schmutz, außen oder innen. Natürlich, wenn man campte, konnte man ein bisschen Dreck nicht vermeiden. Dennoch, Philip fand es sehr schwer, dreckig zu sein. Selbst wenn er einen Augenblick lang glaubte, dass ihm ein wenig Matsch an den Knien oder ein schmutziges Gesicht nichts ausmachte, kam ihm doch sehr leicht Mama wieder in den Sinn, wie sie zwischen den Bäumen hervortrat und ihn ansah, als wäre er etwas Ekel erregendes.

Diese Angst vor Schmutz gehörte zu den Dingen, die ihm die Schule zu keinem besonders schönen Ort machten. Zum Beispiel Geländespiele. Philip war durchaus brauchbar bei Geländespielen und er genoss es, querfeldein zu rennen und dabei das Wetter, die anderen und die Bodenverhältnisse zu besiegen. Es war der gleiche Grund, warum er das Singen genoss. Es bedeutete, mit den Beinen und der Lunge zu jauchzen. Das war ein gutes Gefühl. Aber man wurde dreckig dabei. Das Gleiche galt auch für Rugby. Man wurde dreckig. Und das wiederum hatte zwei Dinge zur Folge, vor denen man sich fürchten musste:

Erstens musste man den Trainingsanzug oder die Rugbyhose und das Oberteil nach Hause zu Mama bringen. Sie betrachtete sich die Stücke und ihren Sohn dann immer so, als ob er etwas wäre, was der Hund gemacht hätte. Dann wurde sie wütend und schrie ihn an, weil er ihr Arbeit verursachte.

Die zweite Sache, die ihm Sorgen bereitete, war, dass er nach einem Sportnachmittag mit den anderen Jungs unter die Dusche musste. Philip hasste es, dass die anderen Jungen ihn ohne Kleidung sehen konnten, und es war ihm ebenso peinlich, sie zu sehen. Denn trotz dem, was geschehen war, als Papa im Krieg war, redete Mama über den Körper im Allgemeinen und über Geschlechtsteile im Besonderen, als ob sie gerade ihre Hand in etwas übel riechendes und Ekel erregendes gesteckt hätte. Philip war verblüfft, wie einfach die anderen Jungs sich auszogen und sich den Freuden einer heißen Dusche hingaben. Für ihn war es ein wöchentlicher Albtraum. Er schämte sich seiner Männlichkeit zutiefst.

Als er elf war, wurde Philip zusammen mit einigen anderen Jungen gleichen Alters im Dom gefirmt. Nun, da der Chor und der Dom die wichtigsten Dinge seines Lebens geworden waren, schien es nur natürlich, durch dieses Ritual auch offiziell in die Familie der Kirche aufgenommen zu werden.

Für Philip war es auch der Beginn eines neuen Gottesverständnisses.

Gott als solcher hatte in seinem bisherigen Leben keine große Rolle gespielt. Mama ging nie in die Kirche und redete auch nie über derartige Sachen, und Papa war zu sehr damit beschäftigt, Wege zu finden, wie er Mama davon abhalten könnte, ihn anzuschreien, als dass es ihn sonderlich interessiert hätte, wer die Welt gemacht hatte und sie am Laufen hielt.

Philip hatte Gott im Schuppen noch nie gefeuert. Das hätte er sich auch niemals getraut. Abgesehen davon, dass er ihn gelegentlich bat, Mister Hitler doch Newcastle bombardieren zu lassen, hatte er praktisch nie mit ihm gesprochen. Auf der anderen Seite gab es Oma, die Gott liebte und die Geschichten über ihn in der Bibel las. Er hatte oft den Gedanken gehabt, dass diese Liebe, die Oma umgab, möglicherweise etwas mit Gott zu tun haben könnte. Und dann gab es ja auch noch Alban, der wie ein mutiges Lamm in den Tod gegangen war, nur weil ihm die Loyalität gegenüber Gottes Sohn wichtiger gewesen war als sein eigenes Leben. Oma und Alban waren ziemlich gute Werbung für Gott, fand Philip. Aber er hatte noch nie gespürt, dass Gott da war wie ein Mensch neben ihm.

Die zwei Jahre im Dom hatten dieses Gefühl ein wenig verändert. Umgeben von seinen Chorbrüdern, eingetaucht in den Reichtum und das Geheimnisvolle der Gottesdienste, hatte er begonnen, eine unwahrscheinlich große Gegenwart zu empfinden. Sie war stark und mächtig – nicht wie sein eigener Vater – und sie war voller Frieden – auch nicht wie sein Vater.

Jetzt, bei seiner Firmung, geschah etwas Neues. In einer außergewöhnlichen Art und Weise fühlte er, dass Gott ihn zu einem seiner Kinder machte – dass es jetzt in Ordnung war, zu Gott „Vater" zu sagen. Er verstand nicht ganz, was dort geschah, aber er wusste, dass der wichtigste Teil seiner selbst einen Schritt vorwärts gekommen war. Stück um Stück schaffte er sich eine neue Familie an Stelle der alten, die ihn so sehr enttäuscht hatte. Alban und die Chorknaben waren seine Brüder, Gott war sein Vater und der Dom war sein Zuhause. Er fragte sich, ob die Familie noch größer werden könnte. Eine neue Mutter würde es doch nicht auch noch geben, oder?

Wie wurden Philips Phantasien, in denen Mama ihn bei diesen wichtigen Momenten im Dom beobachtete, enttäuscht! Oma, Opa und Papa waren da, aber Mama kam nicht ein einziges Mal, um ihn singen zu hören oder zu sehen, wie der Bischof ihm die Hände auflegte, oder aus sonst irgendeinem Grund ...

Als Philip zwölf war, gab Papa ihm einen Schlüssel für die Haustüre. Einerseits deshalb, weil er fand, dass Philip einen Schlüssel haben sollte, zum anderen, weil der Junge einen brauchte, um nach der Schule ins Haus zu kommen. Aber auch, damit er in den Ferien Feuer machen und den Tee zubereiten und zwei Paar Hausschuhe für Mama und Papa ans Feuer stellen konnte, wenn sie von der Arbeit nach Hause kamen.

Philip genoss es, in den Ferien im Haus zu sein, wenn Mama und Papa auf der Arbeit waren. Dieses sichere Alleinsein war ein wundervolles Gefühl.

Einmal lud er in einem Anflug von Kühnheit einen Schulfreund nach Hause ein, während seine Eltern weg waren, und schlug vor, mit Hilfe der Trittleiter auf den Speicher zu klettern, um dort Erkundungen anzustellen. Philip wusste nichts von Speichern. Er war noch nie auf einem gewesen. Sein erster Schritt ging durch den Fußboden. Es stellte sich heraus, dass das Loch im Speicherboden auch ein Loch in der Badezimmerdecke war, ganz in der Nähe, wo sich der Spülkasten der Toilette befand. Philip hatte fürchterliche Angst. Was um Himmels Willen würde Mama sagen?

Wieder einmal war es jedoch sein Ruf als stiller, artiger Junge, der ihn rettete. Zu seiner Überraschung und ohne das Anzeichen eines Zweifels schluckte Mama seine schwächlich vorgetragene Geschichte von dem Geräusch der Spülung, das die Decke aufgerissen hatte. Philip hatte keinerlei Schuldgefühle. Es passierte zu selten, dass er gewann – und es war zu befriedigend.

Es war das Gleiche mit Mamas schwarzer Satintasche, dieser hocheleganten Tasche, die sie nur dann trug, wenn sie besonders schick aussehen wollte. Eines Tages im Spätsommer, als Philip dreizehn war, hatte Mama etwas gesagt oder getan, das all die schlummernde Wut in ihm wieder hoch kochen ließ. Es war, wie wenn man an Gefühlen zu ersticken drohte – man musste etwas tun, damit man wieder Luft bekam. Als alle weg waren, schlich er nach oben, sah Mamas Satintasche, versteckte sie unter seinem Pullover und rannte dann aus dem Haus in ein nahe gelegenes Feld, in dem Brombeeren wuchsen.

Während er sich in der warmen Septembersonne seinen Weg durch die Brombeersträucher bahnte, pflückte er die größten, reifsten, fruchtigsten Beeren, die er finden konnte, bis die schwarze Tasche voll mit Früchten war. Er setzte sich neben die Büsche ins Gras und aß jede einzelne Brombeere, bis die Tasche wieder leer war. Dann besah er sich das Innere des kleinen Stoffbehälters. Es war voll von Saft und Brombeerstückchen, verschmiert und dreckig und ruiniert. Nicht mehr sauber und schick und nicht mehr zu gebrauchen. Er hatte es getan und sie sollte es nie herausbekommen. So warf er die Tasche weg und ging nach Hause, voller Frieden und Brombeeren.

Mama hat das Verschwinden der Tasche nie mit Philip in Verbindung gebracht, aber es muss ihr doch ein Rätsel gewesen sein.

Philip fand einen anderen Weg, wie er, außer durch Geländespiele und Chorgesang und Besuche bei Oma und Aktionen hinter Mamas Rücken und Gespräche mit Alban, seinen Ärger und seine Anspannung loswerden konnte. Es war etwas, das während der Gottesdienste im Dom passierte, während dem, was er nun „Anbetung" nannte. Seit seiner Firmung begann er zu lernen, dass außerhalb seiner selbst jemand zuhörte, nicht nur den Lauten, die er in den Liedern oder im Gebet von sich gab, sondern auch den viel tieferen und umfassenderen Lauten seiner echten Gefühle und Bedürfnisse in ihm. Während der Gottesdienste, besonders vielleicht dann, wenn bestimmte Psalmen verlesen wurden, die sehr laut und deutlich die Verletzungen in seinem Herzen widerhallten, war es manchmal so, als ob die Rohheit und die Spannung aus ihm entwichen, genau so, wie der Psalmist fast immer seinen Weg aus der Dunkelheit nach oben ins Licht des Lobpreises fand.

\* \* \*

Philip glänzte nicht gerade mit seinen schulischen Leistungen. Die häufigen kritischen Hinweise, dass sein Platz an der Dame Allen-Schule jedes Schulhalbjahr eine Menge Geld kostete, halfen auch nicht weiter. Ebenso wenig die ständigen Konflikte zu Hause.

Abgesehen von seinen Erfolgen beim Geländelauf gab es für Philip nur wenig Bestätigung. Malen, Zeichnen und Musik waren Talente, die langsam in Erscheinung traten, aber aus diesen Fähigkeiten eine Berufsperspektive abzuleiten war schwierig. Außerdem war ja der Militärdienst das unausweichliche Schicksal eines jeden jungen Mannes, der das Alter von achtzehn Jahren erreichte. Eine Zeit lang hegte er sogar den geheimen und recht leidenschaftlichen Wunsch, Schauspieler oder Entertainer zu werden.

Seit seinem fünfzehnten Lebensjahr ging Philip alleine aus, meist ins Theater. Viele Inszenierungen, die im Londoner West End gezeigt werden sollten, wurden zunächst vor einem Publikum in Newcastle getestet, bevor sie in den Süden gingen. Philip sah Leute wie Vivien Leigh, Laurence Olivier, Richard Burton und Eric Portman, große Namen, denen die Newcastler, die das Königliche Theater jede Woche füllten, wie verrückt applaudierten und zujubelten. Theaterstücke, Opern und Ballett – sie alle faszinierten den romantischen Teenager, der vorne auf dem Balkon saß und seinen Kopf gegen das Messinggeländer drückte.

Ein solcher Star zu sein, dort unten auf der Bühne zu stehen, im Zentrum der Aufmerksamkeit, herrlich kostümiert und dramatisch angestrahlt, jede einzelne der Zuschauerreihen in der Hand halten zu können, fähig, sie zum Lachen oder zum Weinen zu bringen oder was auch immer man wollte, einfach durch die Art und Weise, wie man sich bewegte oder sang oder seine Stimme änderte. Herrlich!

Noch nie hatte er solch eine Mischung aus Begeisterung und Entspannung erlebt, noch nicht einmal im Dom. Manchmal gab er sein Autogrammbuch hinter die Bühne und wartete dann darauf, dass die göttlichen Wesen aus dem Bühnenausgang kamen und es ihm im Vorbeigehen zurückgaben. Einmal berührte er Anna Neagles Biberfellmantel mit seiner Hand. Er war ganz weich und wunderschön. Sie war seine Lieblingsschauspielerin. Er konnte es kaum fassen, als sie ihn bemerkte, lächelte, sein Buch nahm und ihm ein Autogramm gab.

Manchmal stellte er sich vor, wie es wohl wäre, Teil dieser Glitzerwelt zu sein. Er mochte diese Vorstellung, doch er fürchtete, nicht gut genug im Auswendiglernen von Texten zu sein, um am Theater Schauspieler werden zu können. Aber im Kino – das war etwas anderes. Er hatte gehört, dass man da immer nur kurze Stückchen lernen musste, weil jede Szene einzeln gedreht wurde. Er könnte so sein wie Van Johnson, äußerst attraktiv und von Horden wunderschöner Frauen umgeben.

Eines Tages ...

Auch die Royals begeisterten ihn. Kurz bevor er die Schule verließ, kaufte er sich ein Ticket, um in einem Laden die Krönung von Königin Elizabeth in einem riesigen Schwarzweißfernseher anzusehen. Philip fand, dass die neue Königin das Schönste war, was er je gesehen hatte. Er war so beeindruckt von ihrer Schönheit und der Würde ihres Amts, dass er anfing, Briefe an den Buckingham-Palast zu schreiben, in denen er seine Wertschätzung für die Monarchie im Allgemeinen und für Königin Elizabeth im Besonderen ausdrückte. Die Antwortbriefe, die er empfing, waren von dem Sekretär der Königin unterzeichnet, der die Dankbarkeit Ihrer Königlichen Hoheit für Philips freundliche Worte weitergab. Diese Briefe waren von großer Bedeutung für Philips Selbstbewusstsein. Er war jemand, der (jedenfalls beinahe) mit der Königin von England korrespondierte. Noch bedeutender konnte man wohl kaum sein.

Das Schicksal schlug zu, als Philip sechzehn war. Er kam in den Stimmbruch. Das bedeutete das Aus für das Singen im Chor, für die Bruderschaft mit den Chorknaben und für das beglückende Gefühl, das er hatte, wenn er Hymnen oder Psalmen schmetterte. Er ging sonntagmorgens noch in den Gottesdienst, und Gott war auch noch da, so wie Alban nie aufgehört hatte, ihm ein guter und unerlässlicher Freund zu sein, aber es war doch sehr traurig, fast wie bei einem Trauerfall.

Für Trübsal blieb allerdings kaum Zeit, weil Philip auf seinen siebzehnten Geburtstag zuging und sich entscheiden musste, was er in dem Jahr zwischen der Schule und dem Militär machen würde. Es gab Überlegungen, nach denen er eine Ausbildung als Architekt beginnen sollte, aber Philip selbst hatte Zweifel an seinen akademischen Fähigkeiten und sah der Aussicht, das Elternhaus verlassen zu können, in jedem Fall mit größerer Freude entgegen, als sich für eine Berufslaufbahn entscheiden zu müssen.

Letzten Endes entschied er sich für einen Beruf, der seine Mutter in Angst und Schrecken versetzte. Vermutlich in dem Bewusstsein, dass sie es schrecklich finden würde, bewarb er sich um eine Stelle als Verkäufer im örtlichen Woolworth-Kaufhaus. Unerwartete Unterstützung kam von seinem Vater, der darauf hinwies, dass es ja nur ein Übergangsjob sei und Philip wahrscheinlich ganz andere berufliche Vorstellungen haben würde, wenn er vom Militär zurückkam.

Was auch immer der wahre Grund für die provokative Wahl des Arbeitsplatzes gewesen sein mochte, Philip hatte ausreichend Grund, sie um seiner selbst willen zu bereuen. Er hasste die Arbeit im Lager, er hasste es, Vorräte nach oben zu bringen und auf die Regale zu verteilen; am meisten hasste er diesen furchtbar nichtssagenden Overall, den er an seinem ersten Arbeitstag bekommen hatte. Sein Erscheinungsbild und seine niedrige Stellung waren ihm so peinlich, dass er seine Brille abnahm, sobald er das Kaufhaus betrat, um bloß niemanden seiner Bekannten zu erkennen. Seine Perspektiven als Lagerleiter wurden durch diese Abwehrhaltung kaum verbessert. Philip war sehr kurzsichtig. Wenn er durch den Laden stolperte und Ware in falsche Regale legte, dann war das kaum dazu angetan, das höhere Management zu beeindrucken.

Aber Philip entdeckte eine Attraktion bei Woolworth. Sie hieß Nellie und arbeitete am Stand für Süßigkeiten. Nellie wohnte in Sutton Dwellings, einer als „das Mietsviertel" bezeichneten Gegend.

Nellie aus dem Mietsviertel war ein freundliches, lockeres Mädchen. Sie willigte freudig ein, Philip bei einem seiner Theaterbesuche zu begleiten, und stand am folgenden Freitagabend pünktlich vor dem Empire Theatre.

Philip hatte sich nicht getraut, seinen Eltern zu erzählen, dass er ein Mädchen ausführte. Im Moment war es ohnehin nur Freundschaft, aber er war ziemlich sicher, dass seine Mutter gegen alle Mädchen etwas haben würde, egal, wie gut sie zu ihm passten, und ganz besonders natürlich gegen Nellie wegen ihrer niederen „Mietsviertel"-Herkunft. Es war sehr schön, eine Begleitung zu haben, mit der man zusammen seiner Lieblingsbeschäftigung nachgehen konnte. Er hatte es immer genossen, alleine ins Theater oder ins Kino zu gehen, aber diese Träume verblassten langsam etwas, und Nellie war angenehm real.

Kurz nachdem sie ihre Mäntel zusammengelegt und sich gesetzt hatten, warf Philip einen flüchtigen Blick nach hinten. Dort, drei oder vier Reihen hinter ihnen, saßen seine Mutter und sein Vater, ihre Gesichter erstarrt vor Schreck und Missbilligung.

Später zu Hause war die Auseinandersetzung laut und vorhersehbar. Philips Mutter raste vor Wut. Warum hatte er ein Mädchen ins Theater ausgeführt, ohne ihnen etwas davon zu sagen? Wer ist sie? Wo hat er sie kennen gelernt? Woolworth! Das hätte sie sich ja denken können. Wo wohnt sie? Sutton Dwellings! Wie konnte er nur! Sie drohte ihn zu ohrfeigen und verbat ihm, mit dieser niederen kleinen Person jemals wieder auszugehen. Er hätte sowieso kein Recht, mit jemandem auszugehen, dazu wäre er noch viel zu jung ...

Philip ging auch weiterhin von Zeit zu Zeit mit Nellie aus, trotz der Missbilligung seiner Mutter. Sie war einfach ein guter Freund und ein Trost zugleich, aber ihre Beziehung wurde nie besonders tief.

Die wichtigste und bedeutendste Person in seinem Leben war immer noch Suzannah, seine Großmutter. Nun, da er auf seinen achtzehnten Geburtstag und den Militärdienst zuging, war sie bereit, ihm mehr von den Hintergründen seiner schwierigen Kindheit zu erzählen.

Philip erfuhr, dass seine Mutter die meiste Zeit ihres Lebens verbissen versucht hatte, ihrer Herkunft zu entkommen. Sie stammte aus einer Arbeiterfamilie, die nahe dem Stadtzentrum von Newcastle upon Tyne gewohnt hatte. Sie wuchs in einer kleinen Wohnung in einer ziemlich schäbigen Häuserzeile auf, in der ihre Eltern auch bis zum Ende ihres Lebens blieben. Mit der stumpfsinnigen Gleichgültigkeit ihrer Eltern wurde sie auch zunehmend unzufrieden.

Jeden Tag um sechs Uhr kam Philips Großvater nach einem harten Arbeitstag in der Eisengießerei nach Hause. Er setzte sich in seinem kragenlosen Hemd an den schweren hölzernen Küchentisch, statt einer Krawatte ein Halstuch um seinen Hals, und trank dank- und hörbar seinen Tee aus einem riesigen Porzellanbecher. Mit den Jahren beeinträchtigte die Arbeit in der Gießerei sein Gehör so stark, dass jeder, der ihm etwas mitteilen wollte, ihn anschreien und anbrüllen musste, um sich verständlich zu machen.

All diese Merkmale eines bedrückenden, ehrgeizlosen Arbeiterlebens machten Philips Mutter rasend. Sie wollte etwas Besseres sein und machen und sie verabscheute ihre soziale Herkunft.

Schließlich lernte sie Philips Vater bei einem Abendessen kennen, das in der örtlichen presbyterianischen Kirche gegeben wurde. Nachdem sie erfahren hatte, dass er in einer Anwaltskanzlei auf der Karriereleiter vorwärts zu kommen hoffte, muss sie geglaubt haben, einen Weg gefunden zu haben, ihre Vergangenheit hinter sich zu lassen. Die eher undynamische Art ihres Mannes und die Unterbrechung seiner Karriere durch den Krieg ließen sie jedoch zunehmend bitter und enttäuscht werden. Sie konnte sich nur noch an die dürftigen Zeugnisse ihres Aufstiegs klammern, die sie hatte ansammeln können: das Haus, ihre Kleidungsstücke, den Garten und ihren Schmuck.

Philip war ein Schock, ein Unfall. Schlimmer noch – er war ein Junge. Wenn sie schon ein Kind haben musste, dann hätte es wenigstens ein Mädchen sein sollen, ein Mädchen, das sie schick machen und als zusätzliche Zierde benutzen konnte, etwas Hübsches und Zartes zum Vorzeigen.

Als Philip am 28. Mai 1936 in einer Privatklinik geboren wurde, wollte ihn seine Mutter weder im Arm halten noch überhaupt sehen. Mehrere Wochen lang wurde er von einer bezahlten Krankenschwester versorgt, die all die Aufgaben erledigte, die seine Mutter für entschieden zu unangenehm hielt. Der Hautkontakt und die Nähe, die üblicherweise die Verbindung zwischen Mutter und neugeborenem Baby herstellen, fehlten schlicht. Als sie schließlich doch begann, ihn zu füttern, anzuziehen und sauber zu machen, war sie immer noch nicht in der Lage, sein Geschlecht zu akzeptieren. Wenn er sich alte Fotografien ansah, fiel Philip auf, wie er angezogen und wie seine Haare gemacht waren. Er hätte leicht als kleines Mädchen durchgehen können.

Endlich wusste er, was das Furchtbare gewesen war, das er Mama angetan hatte. Er war geboren worden – und er war ein Junge. Sie hatte ihn überhaupt nicht gewollt, sie hatte keine Verwendung für ihn. All diese Gefühle, die er als Heranwachsender gehabt hatte, hatte er wegen ihr gehabt. Er hatte sich oft schwach, schmutzig und machtlos gefühlt. Wenn er daran dachte, hatte er diese Gefühle noch immer. Er glaubte, er würde für immer in den Klauen seiner Mutter bleiben, egal was auch passierte. Glücklicherweise – Gott sei Dank, vielleicht – hatte es Oma gegeben und Alban und die Jungs aus dem Chor.

Eigentlich, dachte er, hätte er seine Mutter hassen müssen. Und vielleicht tat er das ja in gewisser Weise auch. In ihm brannte ein wilder, wütender Groll, wenn er zurücksah auf seine Kindheit und Jugend. Es war einfach nicht fair. Ja, er hasste sie – er hasste sie!

Aber – er liebte sie auch. Egal, was sie getan, egal, wie unfair sie ihn behandelt hatte, in der Tiefe seines Herzens sehnte er sich immer noch danach, dass sie ihn liebte und stolz auf ihn war. Seine größte Furcht war bis heute, dass sie ihn endgültig ablehnen würde. Und jetzt musste er dieses Bündel aus Hass und Liebe und Angst dorthin mitnehmen, wohin ihn die Armee auch schicken würde. Wenn nicht eines Tages etwas vollkommen anderes und Dramatisches passierte, fürchtete er, würde diese Last ihn vielleicht für den Rest seines Lebens beeinträchtigen.

# 3. Kapitel

# Durchbruch in Deutschland –
# Die Bekehrung des Gefreiten Ilott
## (1954-1956)

1954 wurde die Woolworth-Zweigstelle in Newcastle endlich von
Philip Ilott mit Hilfe der Königlichen Armee erlöst, die ihn zur
Grundausbildung nach Devizes, einer Kleinstadt im Süden Eng-
lands, schickte.

In seinem ganzen Leben hatte er noch nie so hart gearbeitet.
Und noch nie war er so früh und abrupt jeden Morgen aus dem
Bett aufgestanden. Die Uniform war etwas weniger elegant und
engelhaft als seine Choruniform, die er so geliebt hatte, und Soldat
zu sein war auch nicht gerade seine Stärke, aber das Ganze hatte
auch seine positiven Seiten. Es war gut, den Ernst des Lebens kennen zu lernen, zusammen mit anderen jungen Männern seines Alters, und es war besonders gut zu wissen, dass jeder Tag, den er
wild schreiend über das Übungsgelände hetzte oder endlos auf
dem Paradeplatz exerzierte, ein Schritt weg von der Dominanz seiner Mutter hin zu einer Art echten Erwachsenseins war.

Oft sagte er zu sich selbst: „Ich will herausfinden, wer ich bin."
Der Oberfeldwebel von Philips Kompanie hatte diesbezüglich
eine klare Meinung. Für ihn war der Rekrut Ilott ein „erbärmlicher, dummer, kleiner Mann", hauptsächlich wegen eines Vorfalls
zu Beginn von Philips Militärlaufbahn, bei dem eine vereiste Stelle
eine Rolle spielte.

Besagter Feldwebel vereinigte drei wichtige Eigenschaften auf
sich. Erstens: Er war Richard Burtons Bruder. Er hatte einen aus-
geprägten walisischen Akzent und spiegelte einen gewissen Zauber
wider, besonders in Philips von Stars so beeindruckten Augen.

Zweitens: Er hatte ein Glasauge, das größer zu werden und sich fast zu drehen schien, wenn seine dritte Eigenschaft zum Vorschein kam: sein cholerisches Wesen. Innerhalb von Sekunden konnte er die jungen Soldaten in Pudding verwandeln.

Seine Meinung von Philip bildete er sich an einem frostigen Morgen, als Hunderte von Rekruten unterschiedlichster Gestalt auf dem Exerzierplatz in einer Reihe aufgestellt wurden, um eine eher außergewöhnliche Parade einzuüben, die ein paar Tage später von irgendeinem hohen Tier abgenommen werden sollte. Selbst unter optimalen Bedingungen wäre dies noch schwierig genug gewesen. Die Koordination und Abstimmung der Schritte waren keine leichte Aufgabe. Der Feldwebel wusste, was ihn da erwartete, deshalb ging er seine Sache mit der gewohnt energischen Entschlossenheit an, bis die riesige Menschenmenge einigermaßen synchron auf die Kommandos reagierte – alle bis auf einen.

Ein kleiner, besorgt dreinblickender Soldat in der Mitte der khakifarbenen Menge schien ein Problem zu haben. Jedes Mal, wenn ein neuer Befehl über den Exerzierplatz gebellt wurde, führte er auf seinem Platz einen wilden kleinen Tanz auf. Mit den Armen wedelte er verzweifelt, während er mit seinen Beinen eine Reihe merkwürdiger, fremdartiger Bewegungen durchführte. Aus Sicht des Oberfeldwebels machte das alles überhaupt keinen Sinn. Er schleuderte der Kompanie noch einmal ein „Achtung!" entgegen, ließ sie sich dann wieder „rühren" und forderte schließlich noch einmal „Achtung!". Jedes Mal schmückte der kleine Individualist mit der dicken Brille die in der Theorie ganz einfachen Bewegungen mit seinen bizarr choreographierten Kriegstänzen aus.

Der Feldwebel, übermäßig angestachelt durch diese offensichtlich absichtliche exhibitionistische Zurschaustellung, ließ seine Stimme wütend über die Köpfe der Männer hallen.

„WAS IST DENN LOS MIT DIESEM BLÖDEN KLEINEN MANN DA IN DER MITTE?"

Philip zitterte vor Angst und fiel beinahe um. Sein Problem hatte nichts mit mangelhafter Koordination oder ungenügender Abstimmung zu tun. Er hatte ganz einfach eine schlechte Stelle erwischt. Seine Stimme zwitscherte dünn und hoch vor Aufregung.

„Sir, bitte, Sir, ich stehe hier auf Eis. Ich ... ich kann mein Gleichgewicht ..."

„EIS?", brüllte der Oberfeldwebel Burton. „WAS SOLL DAS HEISSEN, EIS?"

„Ich stehe hier auf einem kleinen Eisfleck, Sir", fuhr Philip schwächlich fort. „Ich kann mein Gleichgewicht ..."

„WAS?", schrie der Feldwebel und sein Glasauge schien durch seine steigende Wut ebenfalls zu wachsen und zu rotieren. „SOLL DAS HEISSEN, DASS DIE GESAMTE ÜBUNG ZUM STILL-STAND KOMMT, WEIL EIN DUMMER KLEINER MANN ES GESCHAFFT HAT, DIE EINZIGE VEREISTE STELLE AUF DEM GESAMTEN EXERZIERPLATZ ZU FINDEN?"

„Jawohl, Sir", blökte der Rekrut Ilott. „Wissen Sie, ich kann mein Gleichgewicht ..."

„HALTEN SIE DEN MUND!", donnerte der Feldwebel.

Ein paar Minuten später war die gesamte Parade unter der wü-tenden, aber fachmännischen Anleitung des Feldwebels um ein paar Meter nach links versetzt. Eine tiefe Stille legte sich über die Kompanie, als der Feldwebel sich langsam und mit schweren Schritten seinen Weg durch die Reihen der Uniformierten bahnte, bis er schließlich an die Stelle kam, wo Philip stand.

Einen Moment lang sagte er nichts. Er starrte den einfachen Soldaten nur unheilvoll durch sein riesiges Glasauge an und atmete schwer. Philip fragte sich, ob es vielleicht an ihm sei, etwas zu sagen.

„Ich – ich konnte mein Gleichgewicht ..."

„Sie ...", unterbrach ihn der Feldwebel mit einer trügerisch lei-sen Stimme. Dann fuhr er in einer Lautstärke fort, die einen in Angst und Schrecken versetzen konnte: „... SIND EIN ERBÄRM-LICHER, DUMMER KLEINER MANN!!!"

Trotz dieser schmerzhaft peinlichen Erfahrung genoss Philip seine drei Monate in der Grafschaft Wiltshire, nicht zuletzt des-halb, weil er sich gut mit den Männern auf seiner Stube verstand. Und das war ein bunter Haufen. Iren, Schotten, Waliser, Nord- und Südengländer, aus den verschiedensten gesellschaftlichen Schichten und mit den verschiedensten Hintergründen.

Während Philips Armeezeit gab es zwei Kameraden, die sich offen zu ihrer Verbindung zu einem geistlichen oder religiösen Glaubenssystem bekannten. Beide beeindruckten Philip sehr und einer von ihnen war schließlich dafür verantwortlich, dass Philips Leben in völlig neuen Bahnen verlaufen sollte.

Der erste hieß Geoff und war ein pausbäckiger, hellhaariger Bursche mit Brille. Er stammte aus einer streng jüdisch-orthodoxen Familie. Sein Bett stand während der Grundausbildung neben dem von Philip. Am ersten Freitagabend, als alle anderen fieberhaft ihre Stiefel und Gürtel für die Parade am nächsten Tag putzten, saß Geoff in einer merkwürdigen Art und Weise still auf seinem Bett. Es dauerte nicht lange, bis die anderen ihn bemerkten und fragten, was denn los sei. Geoff erklärte, dass für Juden der Sabbat am Freitagabend beginne und am Samstagabend aufhöre und dass es während dieser Zeit nicht erlaubt sei, irgendeiner Arbeit nachzugehen, die man sonst während der Woche ausübte.

Geoff war unnachgiebig in seiner Einstellung, dass nichts seine Glaubenspraktiken, die ihm so viel bedeuteten, beeinträchtigen dürfte. Er war dabei nicht arrogant, nur fest entschlossen.

Für den jungen jüdischen Mann war dies der Beginn einer langen Leidenszeit. Schwierigkeiten kamen von allen Seiten. Seine Kameraden fanden ihn einfach nur lächerlich. Sie verspotteten und verhöhnten seine Überzeugungen und das, was sie als seine eigene Dummheit ansahen, wenn er jede Woche neuen Ärger suchte. Sie versteckten seine Kleidung, warfen mit seinem Bettzeug durch die Gegend, machten sich über seinen jüdischen Glauben lustig und trieben ihm oft mit ihren jugendlich unüberlegten Schikanen die Tränen in die Augen. Auch die Armeeführung hatte nicht mehr Mitgefühl. Jeden Freitag wurde Geoff zum Dienst eingeteilt. Anschließend steckte man ihn in den Bau, weil er sich geweigert hatte zu arbeiten. Sein Leben wurde zum Albtraum.

Aber er hatte einen Sympathisanten. Das Elend und die Ablehnung, die Geoff widerfuhren, stießen in Philips eigenem Herzen auf ein Echo. Er wusste, was es bedeutet, ausgestoßen zu sein und bloßgestellt zu werden. Sein eigenes Leiden war ihm zu nahe, als dass er irgendjemandem bewusst Leid hätte zufügen können.

Eines Nachts, kurz nach Geoffs erster passiver Konfrontation mit dem System, wurde Philip von einem unterdrückten Schluchzen aus dem Nachbarbett geweckt. Es war der jüdische Junge, der um seine Familie und um seinen Glauben weinte, aber auch aus blanker Einsamkeit. Es war die erste von vielen Nächten, in denen Philip sein Bestes gab, um seinen Nachbarn zu trösten.

„Ist ja gut, Geoff!", sagte er dann. „Du hast doch mich. Die anderen verstehen dich nicht, aber zumindest hast du mich. Ich bin dein Freund ..."

Er verteidigte Geoff gegen die anderen Kameraden aus der Stube, indem er ihnen sagte, sie sollten ihr Opfer in Ruhe lassen und respektieren, für was er einstand, selbst wenn sie es nicht verstanden. Nicht dass das, was er sagte, großen Eindruck machte, aber zumindest half es Geoff, sich nicht mehr ganz so allein zu fühlen.

Mit der Zeit sah selbst die Armee ein, dass die wöchentliche Einteilung zum Dienst keine Lösung für Geoffs Dilemma war. Der Pater, der Rabbi und der Obergefreite, der für Geoffs und Philips Stube zuständig war, setzten sich mit dem Feldwebel zusammen und arbeiteten einen Kompromiss aus, der es dem jungen Mann erlauben sollte, Ruhe zu finden. Es war eine enorme Erleichterung für Philip, der großes Mitleid mit Geoff hatte, der aber auch tief beeindruckt war von der Standhaftigkeit, mit der sein Freund für seine Überzeugung eingetreten war.

In Devizes war es auch, dass Philip, der unbedingt „einer von den Jungs" sein wollte, in einem Pub namens The Bull seine erste Erfahrung mit einem Pint Bier machte. Bis zu diesem Augenblick hatte er praktisch noch nie einen Pub von innen gesehen. Als Junge hatte er manchmal, wenn er vom Dom nach Hause ging, ein teuflisches, aus Stahlteilen bestehendes Objekt benutzt, um Kneipenbesucher aufzuschrecken. Wenn er dieses kleine, merkwürdige Ding auf einen steinernen Bürgersteig fallen ließ, machte es ein Geräusch, als ob ein Fenster zu Bruch ging, und ließ die Biertrinker nach draußen eilen, um zu sehen, was geschehen war. Ihr anschließendes Kopfkratzen und die Verwirrung brachten große Freude in das schelmische junge Herz Philips.

Nun, da er tatsächlich einen Pub von innen zu sehen bekam, und im Angesicht eines echten Pint Biers wurde ihm doch ein wenig mulmig. Ein oder zwei große Schlucke später wusste er, was er von Bier zu halten hatte. Es war furchtbar! Ohne dass die anderen es merkten, schüttete er das meiste davon weg und spielte ihnen einen leichten Rauschzustand vor, hinter dem er seine verhasste Nüchternheit verbarg. Er machte sich also nicht viel aus Bier, dennoch schliffen die drei Monate Grundausbildung ein paar unerwünschte Ecken und Kanten an dem jungen Mann ab, der gerade eben erst aus den Beschränkungen eines behüteten und einigermaßen unnormalen Elternhauses entlassen worden war.

Philip hoffte, dass einige seiner Zimmerkameraden aus Devizes in den gleichen Teil der Welt versetzt werden würden wie er. Tatsächlich aber wurden die meisten, die Philip näher kannte, nach Singapur geschickt, einschließlich Geoff. Philip selbst musste sich auf den Weg nach Deutschland machen.

Der erste Teil der Reise auf der Fähre von Harwich nach Hoek van Holland war nicht besonders angenehm. Unten im Bauch des Schiffs übergab sich ein Teil der britischen Armee in schöner Regelmäßigkeit und Einmütigkeit. Ungefähr zehn Jahre später – so kam es ihm vor – erreichte das, was von Philip übrig war, Holland und begann sogar Interesse an dem Gedanken zu entwickeln, zum ersten Mal andere Länder zu sehen. Während der Zugfahrt durch Holland und Belgien nach Deutschland war Philip so aufgeregt, dass er die ganze Nacht wach blieb, sich angeregt unterhielt und versuchte, Details in der dunklen Landschaft auszumachen.

Das Korps war in Lübeck stationiert. Philip sollte hier bei der Vorbereitung und der Auszahlung des Solds an die britischen Soldaten in Westdeutschland helfen. Er erwies sich dabei als dermaßen ungeschickt, dass er nach kurzer Zeit auf die Poststelle versetzt wurde, wo er nicht nur weniger Schaden anrichten konnte, sondern auch die Bekanntschaft mit einem Kollegen namens Nigel machte. Nigel war sehr großzügig mit seinen Zigaretten, und Philip suchte immer noch nach Wegen, wie er seine Männlichkeit entwickeln konnte. Rauchen schien etwas recht Erwachsenes zu sein, zumindest so lange, bis etwas Substanzielleres daherkäme.

Und etwas Substanzielleres kam daher: Der Gefreite Ilott entdeckte Jesus.

Philip teilte sich sein Zimmer in Lübeck mit fünf oder sechs anderen Soldaten. Einer von ihnen war ein rothaariger Schotte namens Sandy Morris, der zwar wie Philip eher klein war, aber im Gegensatz zu ihm sehr genau wusste, was und an wen er glaubte. Die beiden jungen Männer waren zur gleichen Zeit in Devizes gewesen, hatten jedoch in verschiedenen Stuben gewohnt und kannten sich nur vom Sehen. Der Schotte war ein rauher, hartgesottener kleiner Bursche, wesentlich abgebrühter, als der arme Geoff es gewesen war. Und das musste er auch sein, denn er hatte unter seinen Zimmerkameraden sehr zu leiden. Sandy war Christ, nicht im stupiden traditionellen Sinn, sondern auf eine persönliche, ganz hingegebene Art und Weise.

Jede Nacht kniete er sich vor dem Schlafengehen ein paar Minuten lang vor sein Bett, um zu beten. Für die anderen war dies das Signal für eine Flut von Witzen, Stiefeln, Gürteln und anderen Dingen, die man dem knienden Schotten an den Kopf schleudern konnte. Nicht ein einziges Mal rächte er sich, selbst dann nicht, als die Schlimmsten seiner Peiniger ihm gewaltsam die Schlafanzughose auszogen. Das geschah mehr als einmal. Die kleine Figur kniete auch halb nackt noch weiter vor ihrem Bett und betete.

Philip war tief beeindruckt davon, besonders, weil er überzeugt war, dass Sandy mit seinen Gegnern ohne weiteres kurzen Prozess hätte machen können, wenn er nur wollte. Philip selbst hätte es nie gewagt, sich vor sein Bett zu knien, um zu beten. Wenn er schon betete, dann still, wenn er nachts in seinem Bett lag. Tatsache war, dass Religion für ihn an Bedeutung verloren hatte, seit er nicht mehr in den Dom ging.

Nachdem er im Alter von sechzehn Jahren in den Stimmbruch gekommen war, war er zunächst weiter zu den Sonntagsgottesdiensten in den Dom gegangen. Er hoffte, dass er irgendwann statt der verlorenen Sopranstimme eine brauchbare Tenorstimme bekommen würde. Doch die Hoffnung trog. Es brach sein Herz, als er sah, wie sich die vorderen Reihen jeden Sonntag mit den Chorsängern füllten und ihm bewusst wurde, dass er nicht mehr Teil der

Familie war, die ihm fast sieben Jahre lang so viel bedeutet hatte. Nachdem er diese traurige Erfahrung ein paarmal mitgemacht hatte, hielt er es nicht mehr aus und ging in dem Jahr vor seiner Einberufung gar nicht mehr in die Kirche.

Philip empfand einen tiefen Groll wegen dieses Verlustes, hatte aber keine Ahnung, auf wen. Nicht auf Gott – von Gott hatte er immer noch ein verschwommenes Vaterbild. Er wusste auch nicht, wen er sonst zur Verantwortung hätte ziehen können; es war so gemein!

Wenn er Sandy jetzt beobachtete, wie er Abend für Abend um seines Glaubens willen litt, eines Glaubens, der nichts mit der Mitgliedschaft in einem Chor oder der Flucht aus schwierigen Familienverhältnissen zu tun hatte, merkte er, dass – jedenfalls im Fall des Schotten – Christ zu sein etwas ganz anderes war als alles, was ihm bis jetzt begegnet war. Bei seiner Firmung hatte er eine Ahnung, sogar die Gewissheit einer großartigen Wahrheit oder Person gehabt. Aber Sandy schien Insiderwissen zu haben. Eine innere Ruhe. Das Bewusstsein, geliebt zu sein.

Zwei Dinge waren Philip klar. Erstens, dass er Sandys Glauben sehr attraktiv fand, und zweitens, dass er mehr darüber in Erfahrung bringen wollte.

Sandy war überaus hilfsbereit, als Philip ihn zum ersten Mal vorsichtig fragte. Er schlug vor, dass sie doch zusammen zu den wöchentlich stattfindenden Bibelabenden gehen könnten. Die wurden von einem Stabsfeldwebel Philips geleitet. Diese Treffen fanden in einem Raum im Obergeschoss statt, der für diese Zwecke von Pater Storey zur Verfügung gestellt wurde. Pater Storey war, wie sich herausstellte, ein herzlicher, netter Mann. Philip genoss die Treffen von Anfang an, auch wenn ihn die Sprache der anderen manchmal etwas verwirrte. Alle redeten von Jesus, als ob er tatsächlich gegenwärtig wäre, nicht in einer lässigen Weise, aber doch so, als ob er ein enger Freund wäre.

Und dann redeten alle von „Bekehrung".

Sandy redete von „Bekehrung".

Feldwebel Philips redete von „Bekehrung".

Pater Storey redete von „Bekehrung".

Major Rogerson, ein anderer regelmäßiger Besucher der Bibelabende, redete von „Bekehrung".

Alle redeten von „Bekehrung".

Bekehrung, so schien es, hatte etwas zu tun mit Buße und Hingabe und der Annahme von Jesu Opfer am Kreuz als Bezahlung oder Strafe für die eigenen Sünden. Wahre Bekehrung sollte der Beginn einer echten und lebendigen Beziehung mit dem lebendigen, auferstandenen Jesus sein und durch ihn mit Gott, dem Vater.

Das alles war ziemlich verwirrend. So etwas hatte Philip im Dom noch nie gehört. Doch mit der Zeit erhellten die sorgfältig geplanten Bibelstunden langsam die dunklen Seiten der Verwirrung, bis Philip schließlich den Eindruck hatte, dass tatsächlich alles Sinn machte. Er war an der Schwelle, irgendetwas zu finden, zu tun oder zu werden.

Noch immer kniete er sich abends nicht an sein Bett wie Sandy. Nichts von dem, was er bisher in den Bibelstunden gehört hatte, ließ es ihm auch nur im Entferntesten lohnend erscheinen, sich einen Armeestiefel an den Kopf schmeißen zu lassen. Der hartnäckige kleine Schotte hatte ihn auch nie dazu aufgefordert, die zweite lebendige Zielscheibe der Stube zu werden.

Dann kam das Wochenende in Ostenwalde.

Es wäre schön, hier festhalten zu können, dass Philip unter dem Eindruck kurz bevorstehender Rettung auf das Wochenendseminar für christliche Leiter gefahren wäre. In Wirklichkeit sah er es aber als eine gute Möglichkeit an, sich mal zu „verdrücken". Das Essen, die Routine und die Leute im Camp wurden mit den Monaten alle ziemlich eintönig, und die Möglichkeit, ein paar Tage aus alledem rauszukommen, durfte man einfach nicht ungenutzt lassen.

Das Seminar wurde in einem großen Landhaus am Rande von Ostenwalde gehalten. Es war ein sehr schönes Haus mit eigener Kapelle und ausreichend Zimmern, sodass Philip zum ersten Mal seit Monaten alleine in einem Zimmer, das etwas außerhalb des Hauptgebäudes gelegen war, schlafen konnte.

Am ersten Abend trafen sich alle Teilnehmer im größten Raum des Hauses und wurden offiziell durch den Militärkaplan begrüßt, der den Kurs leitete.

Geoffrey Groebecker war ein stattlicher Mann. Groß gewachsen und elegant gekleidet, strahlte er eine Ruhe aus, wie sie Philip noch bei keinem Menschen gesehen hatte. Besonders seine Augen faszinierten den jungen Mann, als er in einer der ersten Reihen sitzend auf den Beginn der Vorträge wartete. Die Augen des Kursleiters waren große, tiefe Seen vollkommenen Friedens. Irgendwie schien es Philip, dass Jesus so ähnlich ausgesehen haben mochte.

Stille breitete sich aus, als der Leiter nach vorne ging, um zu sprechen. „Dieses Wochenende", verkündete er mit einer warmen, gleichmäßigen Stimme, „ist dazu da, dass du Jesus als reale Person kennen lernst ..."

In diesem Moment hörte die Veranstaltung auf, nur eine Möglichkeit zu sein, sich mal „verdrücken" zu können. Dieser Mann mit den unbekümmerten Augen hatte das, was Sandy hatte, nur noch mehr davon. Und nun behauptete er, dass auch andere Leute das Gleiche bekommen könnten. Plötzlich wusste Philip, dass er mehr als alles in der Welt diese Begegnung mit Jesus haben wollte; sie musste nur echt sein – sie musste echt sein.

Am nächsten Abend wurde ein Film gezeigt, der die Schönheit und Sorgfalt der Schöpfung dokumentierte. Er enthielt phantastische Sequenzen, die die Komplexität und die Geheimnisse des Sonnensystems verdeutlichten; wild lebende Tiere und die natürlichen Kreisläufe, die für den Erhalt der jeweiligen Spezies sorgten. Es war ein Film der Ehrfurcht gebietenden, bewegenden Sorte. Philip war hingerissen. Es war der Höhepunkt eines Tages, der aus Vorträgen, Diskussionen und Aufrufen bestanden hatte.

Als der Film zu Ende war, stand Geoffrey Groebecker auf. Philip wäre es nie in den Sinn gekommen, das, was er als Nächstes sagte, anzuzweifeln. Er sah den Kaplan an als ein Feuer, an dem er seinen Glauben und seine Gefühle wärmen konnte. Deshalb saß er an diesem Abend auch mitten in der ersten Reihe, um so nahe wie möglich an dem Ort zu sein, wo er Jesus wähnte.

„Der Gott, der das Universum gemacht hat, und sein Sohn Jesus können für dich so real sein, wie du nur willst."

Er machte eine kurze Pause, in der er seine Augen über die Reihen erwartungsvoller Gesichter vor ihm wandern ließ.

„Ihr könnt jetzt in euer Zimmer gehen und mit euren eigenen Worten mit Jesus reden. Lasst ihn euch so real und persönlich werden, wie ihr nur könnt."

Philip stand mit den anderen auf und sein Herz pochte vor Aufregung – irgendetwas würde jetzt passieren! Die Verbindung aus Sicherheit und Sanftmut in Geoffrey Groebecker war unwiderstehlich. Für Philip war es keine Frage, das zu tun, was er gesagt hatte. Ohne einen Ton nahm Philip seinen Notizblock und seinen Stift in die Hand und ging an der Seite des Saals zur Tür. Die anderen standen noch herum und unterhielten sich leise. Philip wollte nichts dergleichen. Er hatte eine Verabredung mit Jesus, alles andere spielte im Moment keine Rolle.

Er zitterte fast vor Aufregung, als er durch den Korridor zum Esssaal ging. Dort trank er noch hastig eine Tasse Kakao, dann verließ er das Gebäude. Jetzt noch über den schmalen Kiesweg, über den gepflasterten Hof, dann war er endlich da, in seinem eigenen Zimmer.

Einen Moment stand er unschlüssig vor seinem Bett und debattierte innerlich, was nun als Nächstes zu tun sei. Innerlich immer noch angespannt, fragte er sich, was man denn normalerweise tun würde, wenn man einen wichtigen Besucher erwartet. Die Stimme seiner Erziehung antwortete unweigerlich: „Wasch dich ordentlich …" Ja, das wäre wohl angebracht. Man sollte einigermaßen sauber sein, wenn man Jesus empfing. Um auch ganz sicher zu gehen, nahm er ein Bad.

Dann war da noch die Frage mit dem Schlafanzug. Sollte man zu einem solchen Anlass richtig angezogen sein? Oder war es auch in Ordnung, wenn man sich im blau gestreiften Pyjama präsentierte? Nach reiflicher Überlegung kam er zu der Überzeugung, dass der Schlafanzug wohl in Ordnung ginge, solange man sowohl das Ober- als auch das Unterteil anhatte. Schließlich hatte Sandy auch immer den Schlafanzug an, wenn er sich zum Beten hinkniete, und für ihn war Jesus real. Ja, ein Schlafanzug war durchaus geeignet.

Gewaschen und schlafangezogen für den Herrn, kniete sich Philip endlich vor sein Bett und nahm, in der vagen Vorstellung, es sei jetzt vielleicht angebracht, einen passenden Abschnitt zu lesen, seine Bibel zur Hand. Es half nichts. Er war vor Erwartung der Dinge, die da kommen sollten, so aufgeregt, dass die Worte vor seinen Augen verschwammen und bedeutungslos wurden. Heute Abend wollte er den Autor treffen, nicht sein Buch lesen. Er legte die Bibel zurück aufs Bett, schloss seine Augen, atmete einmal tief durch und fing an, hoffnungsvoll wie ein Kind zu reden.

„Jesus, ich habe heute Abend in dem Film die wunderbaren Sachen gesehen, die du gemacht hast, und ich sehe so viel von dir in Leuten wie Sandy und besonders in Geoffrey Groebecker. Der hat uns jetzt gesagt, wir können auf unsere Zimmer gehen und mit dir reden, sodass du real für uns wirst. Könntest du bitte auch real für mich werden?"

Pause.

Philip wusste nicht, worauf er wartete, aber die Antwort, als sie dann kam, war mehr als alles, was er sich je hätte vorstellen können.

Es war, als ob ein gigantischer Container voller Frieden, Glück und schierer Gegenwart über seinem Kopf ausgeschüttet würde, der ihn mit einem Gefühl durchflutete, das ihm völlig neu war. Er merkte, dass er sich zum ersten Mal wirklich verliebte; sein Geist öffnete sich wie eine Blume, um den Regen der freudigen Bestätigung zu empfangen.

Diese Liebe schien tiefer zu sein und weiter zu gehen als jede Liebe, die er bisher gekannt hatte: weiter als seine Gefühle für Eltern oder Freunde oder Nellie aus der Mietwohnung; weiter als die geheime Freundschaft, die er mit Alban gepflegt hatte und noch pflegte; weiter und tiefer sogar als die Liebe, die er für seine Großmutter empfand. Jesus war da – hielt ihn, nahm ihn in den Arm, stützte ihn und streckte sich in ihm nach dem kleinen Jungen aus, der sich so danach gesehnt hatte, von seiner Mutter angenommen und geliebt zu werden, um ihn zu trösten.

Es war, als könnte er noch einmal ganz von vorne anfangen, aber diesmal mit jemandem, der ihn wollte – und zwar ganz, einschließlich der unordentlichen und schmutzigen Seiten.

Es war fast, wie wenn man noch einmal geboren wird ...

Philip blieb stundenlang auf den Knien, überwältigt von der

neuen Erfahrung seiner Beziehung mit Jesus, von der zu träumen er nicht gewagt hatte. In den frühen Morgenstunden ging er schließlich ins Bett und schlief einen tiefen, zufriedenen Schlaf.

Am nächsten Tag bat er Pfarrer Groebecker um ein persönliches Gespräch. In dem ruhigen, von Bücherregalen gesäumten Studierzimmer des Leiters erklärte er, was passiert war.

Die Reaktion des Kaplans war bestimmt von Freude und warmherziger Gratulation. „Ich freue mich sehr für dich", sagte er, und seine Augen strahlten vor Glück. „Ich werde dem Kaplan in deiner Kaserne Bescheid sagen, was passiert ist, und du musst es ihm in deinen eigenen Worten erzählen. Versprichst du mir das?"

„Ja, natürlich", erwiderte der glückliche junge Mann. „Sobald ich zurück bin."

Nach dem Mittagessen ging Philip in dem Wald spazieren, der das Haus umgab. Es war einer jener Herbsttage, die wie ein Diamant glitzern. Die Sonne schien, die Blätter trudelten überall auf die Erde, während er zwischen den freundlichen, lichtgefleckten Bäumen umherging, seine neue Freude genoss und leise mit Jesus, dem Sohn Gottes, sprach, der nicht zu stolz war, sein Bruder zu sein. Unglaublich. Es war ein Geschmack von Ewigkeit, von reinem, unverfälschtem Glück, und es war die dringend erforderliche Vorbereitung auf die unmittelbare Zukunft. Denn es würde, gelinde gesagt, nicht leicht sein, als Bekehrter zurück in die Kaserne zu kommen, besonders nicht in seine Stube.

Das Leichteste und das Schönste an der Rückkehr war, Sandy von dem Erlebnis zu erzählen. Philip schlug vor, eine Runde spazieren zu gehen. Sandy war ziemlich aufgeregt, als er die Neuigkeit erfuhr. Sein Gebet war erhört worden. Bestrebt, sein Versprechen Geoffrey Groebecker gegenüber zu halten, suchte Philip noch am gleichen Tag Bill Storey auf, den Kaplan der Kaserne. Pfarrer Storey, der zusammen mit seiner Frau unermüdlich Gastfreundschaft gegenüber den christlichen Soldaten der Kaserne übte, zeigte Verständnis und warmherzige Begeisterung.

Es war herrlich, von diesen beiden Christen so willkommen geheißen zu werden. Der wahre Test allerdings kam auf der Stube, als es Zeit war, ins Bett zu gehen. Philip wusste, was er zu tun hatte, und trotz einer fast lähmenden Angst gab ihm das Gefühl, geliebt zu sein, die Kraft, es zu tun.

Und so knieten an diesem Abend zwei Soldaten der britischen Armee an ihren Betten, um zu beten. Die Reaktion war vorhersehbar. Alle vagen Hoffnungen, die Philip gehabt haben mochte, eine Minderheit von zwei Leuten könnte weniger anfällig für Angriffe sein, wurden im Nu zunichte gemacht. Sandys und Philips Zimmerkameraden waren überglücklich, dass sich ihre Aufmerksamkeit nun auf ein neues Ziel richten konnte. Gegenstände verschiedenster Art und Obszönitäten jeder Art wurden den Brüdern in Christus unbarmherzig an den Kopf geworfen. Philip staunte über die Geduld, mit der Sandy das alles so lange ertragen hatte.

Er selbst machte verschiedene einfallsreiche, aber höchst geschmacklose Anschläge seitens seiner Kameraden durch, die versuchten, ihn dazu zu bringen zu fluchen oder die Geduld zu verlieren, aber seine Entschlossenheit geriet nicht ins Wanken. Der Höhepunkt kam nach ein paar Tagen, als zwei oder drei seiner Kameraden einen riesigen Ballon mit eiskaltem Wasser füllten und ihn, nachdem Philip sein Gebet gesprochen und ins Bett gegangen war, direkt über ihm zum Platzen brachten, gerade, als er es sich für die Nacht gemütlich machte. Es war ein unglaublich scheußliches Gefühl, aber auf eine merkwürdige, absurde Art und Weise schien es Philip wie eine brutale Einführung in die Art von verbissen entschlossenem Glauben zu sein, die Sandy seit seinem ersten Abend auf der Stube gezeigt hatte. Die beiden Gläubigen wurden enge Freunde und Philip verlor nie seinen Respekt für den zähen kleinen Schotten, dessen Vorbild den Weg zu seiner eigenen Jesuserfahrung geebnet hatte.

In den folgenden Tagen machte sich Philip daran, einige wichtige Briefe zu schreiben. Der erste war an seine Eltern gerichtet. Er beschrieb genau, was passiert war, und versuchte, ihnen etwas von der überschwänglichen Freude und Begeisterung zu vermitteln, die auch einige Tage nach seiner Bekehrung noch in ihm sprudelte.

Als der nächste Brief mit der Handschrift seiner Mutter auf dem Umschlag ankam, riss er ihn begierig auf und überflog eilig die Seiten auf der Suche nach ihrer Reaktion. Doch es gab keine Bemerkung zu seiner Bekehrung. Nicht ein Wort, weder in diesem Brief noch im nächsten. Es war, als hätte er sie nie erwähnt.

Obwohl es Philip das Herz brach, war es doch nicht das Gleiche wie früher. Er hatte gehofft, dass die Erfahrung seiner Wiedergeburt ihn von der lähmenden emotionalen Abhängigkeit befreien würde, die ihn noch immer an seine Mutter band, dieses alte, schmerzliche Bedürfnis, sich ihre Wertschätzung und Liebe zu sichern. Teilweise war dies auch geschehen. Es gab etwas Neues, an dem er sich festhalten konnte. Dass seine Mutter nicht auf die Neuigkeiten reagierte, verletzte ihn sehr, aber das Fass war nicht mehr ohne Boden und auch nicht leer.

Der Brief an seine Großmutter war eine Freude. Er stellte sich vor, wie sie den Umschlag von der Matte vor ihrer Haustüre aufhob, ihn durch den dunkel angestrichenen Flur in die warme Küche trug und dort über jedem Wort nickte und liebevoll lächelte.

Dieses Mal hätte die Reaktion auf seinen Brief nicht schöner sein können. Sie war voller Liebe und Wärme, Bestätigung und Freude über Philips lebhafte Begegnung mit Gott. „Seit dem Tag, an dem du geboren wurdest", schrieb seine Großmutter, „habe ich dafür gebetet. Jetzt hast du zum ersten Mal seine Liebe entdeckt. Mein Gebet ist erhört ..."

Nicht alle Glaubensgeschwister in Lübeck waren so begeistert von dem, was mit Philip geschehen war. Einer von ihnen, ein überzeugter Anglo-Katholik, hatte große Bedenken, dass diese Art von Bekehrung bestenfalls zu einem kurzlebigen oder oberflächlichen Glauben führen würde und schlimmstenfalls einfach nur eine vom Wunschdenken erfüllte Selbsttäuschung war. Er überredete Philip, noch einen Brief zu schreiben, und zwar an eine Dame namens Dorothy Needham.

Mrs. Needham war eingefleischte Anglo-Katholikin. Nachdem sie Philips Brief erhalten hatte, schrieb sie zurück, dass sie sich Sorgen machte über diese evangelikale Sicht der plötzlichen Bekehrung und dass sie Philip gerne helfen würde, die richtige Ausgewogenheit im Glauben zu finden. Es war ein freundlicher Brief und so entschloss sich Philip, Mrs. Needham weiterhin zu schreiben, wenn er Fragen oder Probleme hatte. Schließlich hatte auch er sich schon gefragt, warum es keine Verbindung zu geben schien zwischen dem, was da in Ostenwalde geschehen, und dem, was ihm während seiner Zeit als Chorknabe im Dom von Newcastle gepredigt worden war. Auf der anderen Seite war es ihm aber auch egal, was die Leute über Traditionen oder Ausgewogenheit oder theologische Fragen sagten, weil diese wunderbare Erfahrung in Ostenwalde weder eine theologische noch eine anglo-katholische noch eine evangelikale Erfahrung gewesen war.

Egal, wie die Leute sie auch bezeichnen mochten – Wunschdenken, mystische Erfahrung, Bekehrung: Es machte keinen Unterschied. Philip wusste, was passiert war. Er war Jesus begegnet. Die Frage, wo er seinen Glauben ausleben und ihm ein Zuhause geben würde, war eine andere Sache. In der Zwischenzeit reichte es ihm völlig, sonntagmorgens in der Garnisonskapelle die Kommunion zu empfangen und sonntagnachmittags zusammen mit den anderen in Major Rogersons Haus zum „Brotbrechen" zusammenzukommen.

Die evangelikale Sicht der Dinge übte auf Philip eine sehr starke und unmittelbare Anziehungskraft aus, besonders, nachdem er die berühmte Rattenfängerstadt Hameln besucht hatte. Bei seinen Rundgängen stellte er belustigt fest, wie viele Brote in den Bäckereien in Rattenform gebacken wurden.

In Hameln besuchte er ein Treffen der „Kirchenarmee", einer Organisation, die in der Evangelisation, der Gefangenen- und der Soldatenarbeit und auf verschiedenen anderen sozialen Feldern tätig war. Philip war überrascht, als er hörte, dass es eine solche Vereinigung ausgebildeter, uniformierter Männer und Frauen innerhalb der anglikanischen Kirche gab. Natürlich hatte er schon von der Heilsarmee gehört, aber das hier war etwas Neues. Es ließ ihn ernsthaft über die Möglichkeit eines vollzeitlichen Dienstes nachdenken. Allerdings, mit dem Gedanken, Priester zu werden, konnte er sich nicht recht anfreunden. Seine schulischen Leistungen waren nicht gerade überragend gewesen. Außerdem meinte er, noch zu wenig von der Welt zu kennen. Aber in der Kirchenarmee, die von ihrer Ausrichtung überwiegend, aber nicht ausschließlich evangelikal war, schien er das zu finden, was er brauchte.

Von Hauptmann Wilson, dem Leiter der hiesigen Kirchenarmee, erfuhr er, dass die Ausbildung zwei Jahre dauerte und an einem speziellen College in London stattfand. Philip schrieb einen Brief an die Zentrale der Kirchenarmee und vereinbarte die Teilnahme an einem Auswahlwochenende.

Es war alles sehr aufregend.

Voll von seinem neuen Glauben und von Zukunftsplänen kam Philip auf seinem ersten Heimaturlaub zurück nach England. In seiner Tasche hatte er einen Brief von Major Rogerson, der den jungen Mann der örtlichen Brüdergemeinde empfahl.

Optimistisch wie immer hoffte Philip, dass, wenn sie sich erst einmal träfen, seine Mutter vielleicht doch positiv auf seine neue Sicht der Dinge reagieren würde. Aber seine Hoffnungen wurden schnell zunichte gemacht. Ihrer Ansicht nach waren seine ganzen geistlichen Erfahrungen lediglich eine Phase. Sie würde vorübergehen, so wie alle Phasen. Wenn man jung und leicht zu beeindrucken war, dann passierten halt manchmal komische Sachen. Und „religiös werden" war eine davon. Philips Begegnung mit Jesus wurde einsortiert, weggeräumt und beseitigt. Ebenso die Kirchenarmee – in ihren Augen definitiv das „Woolworth"-Ende der Kirche. Und was dieses Brotbrechen mit einer Handvoll nonkonformistischer Sonderlinge in dieser „Gemeinde" anging – allein die Vorstellung davon machte sie rasend. Es war unpassend und undenkbar. „Wenn du dorthin gehst", sagte sie schließlich, „dann brauchst du gar nicht mehr nach Hause zu kommen, und damit basta!"

Vergeblich wartete Philip darauf, dass sein Vater etwas zu seiner Verteidigung sagte oder zumindest den Versuch machte, zwischen seiner Mutter und ihm zu vermitteln, aber von ihm war keine Hilfe zu erwarten. Philip hatte das Kostbarste, was er je gefunden hatte, nach Hause gebracht, um es den Menschen zu zeigen, die sich eigentlich am meisten dafür interessieren sollten, selbst wenn sie seine Meinung nicht teilten. Stattdessen musste er erleben, wie es klein und lächerlich gemacht und als nichts abgetan wurde.

„Und damit basta!", hatte seine Mutter gesagt. Ihre Persönlichkeit war so stark, dass sie, wenn sie schon aus allen Rohren schoss, überzeugt gewesen sein musste, dass es sich damit auch erledigt hatte. Aber sie hatte einen entscheidenden Punkt nicht bedacht. Philip war Jesus tatsächlich begegnet und diese Begegnung hatte die Dynamik seiner Beziehung zu seiner Mutter und seinem Vater verändert. Dass sie seine Bekehrung einfach abtat und dass sein Vater nicht in der Lage war, ihn zu unterstützen, das tat immer noch sehr weh. Der Schmerz, die Erinnerungen, die Sehnsucht – sie waren nicht einfach verschwunden, aber sie hatten etwas von ihrer Macht verloren.

„Nun, dann tut es mir Leid", sagte er am ersten Sonntag seines Heimaturlaubs zu seiner Mutter. „Ich bleibe dabei. Und jetzt gehe ich."

Innerlich aufgewühlt, aber entschlossen, das zu tun, wovon er glaubte, dass es richtig war, machte sich Philip auf den Weg durch die Stadt zu dem Ort, wo sich die Gemeinde befinden sollte. Dort angekommen, fand er die Brüdergemeinde, deren Adresse er bekommen hatte. Die Christen dort hießen ihn sehr herzlich willkommen und beteten über ihm, bevor er zurückging, wohl wissend, dass zu Hause eine Schlacht auf ihn warten würde.

Es stellte sich heraus, dass die Schlacht vorbei war, bevor er eine Chance hatte, daran teilzunehmen. Als er am Haus seiner Eltern ankam, lag sein Koffer im Vorgarten, gepackt mit allen Sachen, die er auf seinen Heimaturlaub mitgenommen hatte. Die Haustüre war verschlossen, ebenso die Hintertüre.

Philip überfiel Panik, sein Bauch wurde kalt vor Unsicherheit und Grauen. Sollte seine Mutter es tatsächlich so gemeint haben, als sie sagte, er bräuchte gar nicht mehr nach Hause zu kommen? Bitte nicht! Hier wohnte er doch. Und sicherlich hätte sein Vater doch ...

Er schlug ein paarmal gegen die Tür. Niemand kam. Er kniete sich hin, drückte den Briefschlitz auf und rief ins Haus: „Wollt ihr mich denn nicht reinlassen?" Wieder keine Reaktion. Philip nahm den Koffer, ging durch den Vorgarten und blieb auf dem Bürgersteig stehen. Seine Augen füllten sich mit den Tränen elender Einsamkeit und Verlassenheit. So stellte er sich die Hölle vor – endgültig ausgestoßen und abgelehnt.

Was sollte er jetzt machen? Wo sollte er schlafen?

Ein warmer Schauer der Erleichterung überkam ihn. Es gab einen Ort, wohin er gehen konnte. Oma! Natürlich! Oma würde ihn niemals wegschicken.

Kurz darauf stand er auf der oberen der zwei Stufen vor Omas Wohnung und schlug mit dem Türklopfer, den er inzwischen problemlos erreichte, gegen die Tür.

Oma war wunderbar, warmherzig, verständnisvoll und gastfrei. Fast hätte er wieder angefangen zu heulen.

Um die Kluft zwischen seinen Eltern und seiner Großmutter nicht noch weiter zu vergrößern, entschloss sich Philip, nicht allzu lange in der kleinen Wohnung zu bleiben. Es gab da eine Herberge der Kirchenarmee in Newcastle, die von einem Hauptmann namens Luke Aylott und seiner Frau geleitet wurde. Hier fand Philip für den Rest seines Heimaturlaubs Zuflucht, und eine sehr herzliche dazu.

Während der verbleibenden Zeit seines Wehrdienstes in Deutschland schrieb er in der Hoffnung auf Versöhnung weiter regelmäßig Briefe an seine Eltern, aber sie schrieben nie zurück, weder zusammen noch einzeln. In seiner Phantasie stellte er sich vor, seine Mutter sagen zu hören oder in einem Brief von ihr zu lesen: „Es tut mir Leid. Es war meine Schuld – ich liebe dich, Philip." Diese Worte hätten sein Leben verändern können. Aber es kamen keine Briefe und es gab auch keinerlei anderen Kontakt.

Philip sollte seinen Eltern fast zwei Jahre lang nicht mehr begegnen.

\* \* \*

Philips Beiträge zu den Streitkräften offenbaren auch weiterhin, dass seine Zeit bei der Armee sinnvollerweise zeitlich begrenzt sein sollte. Aber es gab jetzt eine Zukunft bei einer anderen Armee, auf die er sich freuen konnte.

Nachdem er einem Auswahlwochenende in London beigewohnt hatte, erreichte ihn in Lübeck ein Brief, der ihn einlud, nach seiner Zeit bei der Armee eine zweijährige Ausbildung im College der

Kirchenarmee zu absolvieren. Für Philip war es ein großer Trost zu wissen, dass er gewollt und ein Studienplatz speziell für ihn reserviert worden war.

Nach dem Bruch mit seinen Eltern hatte er überall freundliche Aufnahme gefunden, aber das Gefühl und die damit verbundene Unsicherheit, kein wirkliches Zuhause zu haben, hatten an ihm genagt. Jetzt aber wusste er, wohin er gehen und wo er essen, schlafen und sich die Zähne putzen würde. Er ging dorthin um zu lernen, wie er die Liebe, die er in Ostenwalde kennen gelernt hatte und die er immer noch täglich erlebte, verständlich und praktisch zum Nutzen anderer weitergeben konnte. Er konnte es kaum erwarten, mit der Ausbildung anzufangen.

In der Zwischenzeit hatte Philip einen äußerst merkwürdigen Traum. In diesem Traum reiste er mit dem Zug durch Deutschland, so, wie er es schon oft in Wirklichkeit getan hatte. Das Abteil war voller Leute, aber er war der Einzige in Uniform – der einzige Soldat. Die anderen trugen schäbige, schlecht passende Kleidung, ihre Gesichter waren trübe und bedrückt. Sie sahen aus wie völlig verarmte Bauern oder wie Flüchtlinge.

Der Zug ratterte zwischen flachen grünen Feldern dahin. Langsam dämmerte es Philip, dass die Atmosphäre der rhythmischen Schläfrigkeit durch Stimmen und andere Geräusche aus dem vorderen Teil des Zugs gestört wurde.

Als die Geräusche immer näher kamen, überfiel ihn eine dunkle Vorahnung. Es waren die Geräusche von deutschen Soldaten, die hinter irgendjemandem her waren. Ihre Stimmen waren laut und rau, während sie durch den Gang des nun anhaltenden Zuges stiefelten, die Tür eines jeden Abteils aufrissen und Fragen stellten, die er nicht verstand.

Der Zug blieb stehen. Plötzlich, in einem Anfall von Entsetzen, wusste Philip mit absoluter Sicherheit, dass sie ihn suchten. Es gab keine Möglichkeit zu fliehen. Sie standen jetzt vor dem benachbarten Abteil. Wenn er in den Gang ginge, würden sie ihn sehen und sofort ergreifen. Hier im Abteil gab es auch keine Möglichkeit, sich zu verstecken. In seiner Uniform hob er sich nur zu deutlich von den Mitreisenden ab.

Vor Angst fast vergehend, kauerte er sich in eine Ecke am Fenster und betete, unsichtbar zu werden. Mit einem Knall wurde die Schiebetüre aufgerissen und die Männer mit den deutschen Uniformen und den harten Gesichtern lachten vor Freude auf, als sie die verängstigte Figur in der Ecke sahen. Grobe Hände ergriffen seine Arme und zogen ihn hinaus in den Gang.

Er versuchte, um Hilfe zu schreien, aber seine Kehle war vor Angst zugeschnürt. Die anderen Mitreisenden sagten oder taten nichts. Sie starrten hoffnungs- und hilflos vor sich hin, als Philip aus dem Wagen gezerrt wurde. Draußen zogen die Soldaten ihn rasch hinter sich her über das mit Gras bewachsene, unebene Feld.

Philip riss seinen Kopf hin und her, um zu sehen, wohin er gebracht wurde. Dabei erblickte er flüchtig eine hölzerne Konstruktion, die hinter ihm im Gras lag. Plötzlich blieben die Soldaten stehen und drückten Philip brutal mit dem Rücken auf den Boden. Irgendetwas Hartes presste sich in seinen Kopf und sein Rückgrat und seine ausgestreckten Arme.

Das Gewicht mehrerer Soldaten hielt ihn am Boden fest und er fing an zu begreifen, was mit ihm geschah, als der erste gewaltige mentale Schmerz in seiner rechten Hand genau in dem Moment explodierte, als er den Klang eines Hammers, der auf Metall stieß, vernahm.

Er wurde gekreuzigt.

Schließlich, verloren in einem Meer still schreienden Schmerzes, spürte er, wie das Kreuz Stück um Stück in die Vertikale gebracht wurde, bis er schließlich den Zug wieder sehen konnte. Die bleichen Gesichter der Flüchtlinge starrten ihn ausdruckslos hinter den Fenstern an ...

Da erwachte er, schweißgebadet, und fing unkontrolliert zu weinen an.

Es war so ein merkwürdiger und lebendiger Traum, dass Philip sich entschloss, Dorothy Needham (die ihm inzwischen so etwas wie eine inoffizielle Patin geworden war) zu schreiben und sie zu fragen, was dies ihrer Meinung nach zu bedeuten hatte. Sie antwortete sofort. Philips schwierige Vergangenheit, so glaubte sie, könne zusammen mit dem erst kürzlich erlebten Konflikt mit seinen Eltern und der daraus folgenden Trennung von ihnen leicht zu so etwas führen. Es war eine völlig berechtigte Interpretation des Traums und vielleicht auch zu einem gewissen Grad zutreffend, aber Philip konnte einfach nicht umhin zu glauben, dass es da noch mehr gab. Er schien, seit er aus diesem Albtraum erwacht war, im Besitz einer festen Gewissheit zu sein, dass die Geschehnisse aus dem Traum eines Tages in seinem Leben Realität werden würden, obwohl er keine genaue Vorstellung davon hatte, ob sie sich tatsächlich so oder symbolisch ereignen würden. Er verband diese Erfahrung mit Alban und Amphibalus. Wegen seines Glaubens, den er gerade erst gefunden hatte, hatte Alban sein Leben für einen Mann gegeben, den er kaum kannte. Philip glaubte, dass eines Tages etwas Ähnliches von ihm verlangt würde, aber er hätte nicht sagen können, warum er dieser Meinung war. Er fragte sich, ob es möglicherweise etwas mit seinen Eltern zu tun hätte und den Sachen, die er ihnen vielleicht einmal sagen müsste, aber er war sich nicht sicher.

Später sah er Gottes Gnade darin, dass er ihm nicht die wahre Bedeutung seines Traums offenbart hatte, bevor der richtige Zeitpunkt dafür gekommen war.

Philip wurde frühzeitig aus der britischen Armee entlassen, sodass er seine Ausbildung bei der Kirchenarmee im Herbst 1956 beginnen konnte. Obwohl er froh war, die Streitkräfte verlassen zu können, wusste er doch, dass er durch sie etwas gefunden hatte, das kostbarer als Gold war. Er war ganz wild darauf, ein neues Leben zu beginnen, und fest entschlossen, es gut zu machen. Möglicherweise überholte sein Evangelikalismus seinen Glauben ein wenig, aber Gott hatte zweifellos Erfahrung damit und würde ihn zu seiner Zeit wieder zurechtbringen.

# 4. Kapitel

# London – eine andere Armee
## (1956-1958)

---

Philips erster Besuch im College der Kirchenarmee war ein aufregender Moment. Zum ersten Mal in seinem Leben tat er etwas, was er wirklich wollte. Als zwanzigjähriger „knüppelharter Evangelikaler", wie er sich in der Rückschau selbst bezeichnete, konnte er es kaum erwarten herauszufinden, wie man durch Gebet und die Bibel und mit Hilfe von evangelistischen Einsätzen die Welt verändern konnte.

Als er zum ersten Mal vor dem viktorianischen Gebäude in der Cosway Street stand, das ein bisschen wie eine öffentliche Einrichtung wirkte, schob er in seinem Inneren die kalte Last elterlicher Ablehnung auf die Seite und beschloss, dass er hier Erfolg haben würde.

Während Philip seine Taschen in die Hand nahm, bemerkte er die beiden getrennten Frontseiten, jede mit einem eigenen Hauptportal, einem für Männer und einem für Frauen. Erfreut über die Simplizität dieser Angelegenheit, traf er seine erste Entscheidung als Kirchenarmeestudent und trat durch die richtige Türe.

Die Inneneinrichtung war einfach bis spärlich. Die kleinen Einzelzimmer waren kaum mehr als Zellen. Sie reihten sich aneinander wie die einzelnen Fächer in einem Schreibtisch, mit einem Badezimmer pro Flur.

Der Glaubenshintergrund derer, die mit Philip ihr Studienjahr begannen, war im Großen und Ganzen sehr ähnlich: eindeutig und schlicht. In dieser Atmosphäre resolut-evangelikaler Einfachheit fühlte sich Philip verpflichtet, seine anglo-katholische Herkunft zu vergraben und innerhalb des College-Ethos nach Größe zu streben. Und er strebte nicht vergebens. Noch bevor das erste Trimester einige Wochen alt war, galt Bruder Ilott bereits als einer der fähigsten, moralischsten, arbeitsamsten und heiligsten Individuen seines Jahrgangs. Erst viel später konnte Philip darüber lächeln, wie unerträglich er manchmal gewesen sein musste, besonders dann, wenn es darum ging, den Ruf in puncto „Heiligkeit" zu festigen.

Dazu gab es verschiedene Möglichkeiten. Erstens die morgendliche Routine. Sie war in sich selbst schon streng genug. In der Kaserne hatte sich nur Sandy frühmorgens an sein Bett gekniet um zu beten. Hier im College wurde von jedem Studenten erwartet, seine Stille Zeit aus Gebet und Bibellese irgendwann zwischen der ersten Glocke um sieben Uhr und um halb acht zu halten, wenn sich alle zum gemeinsamen Morgengebet trafen. Gott muss sich dieses Schauspiel mit einer Mischung aus herzlichem Vergnügen und Verzweiflung angeschaut haben, wenn die jungen Männer allmorgendlich zu einem todernsten Wettkampf antraten, wer als Erster aufwachte, deshalb als Erster das Badezimmer benutzen und schließlich auch seine Stille Zeit vor allen anderen beginnen konnte. Recht häufig war es Bruder Ilott, glänzend vor Seife und Heiligkeit, den man durch seine offene Schlafzimmertür erblicken konnte, wie er sogar noch vor der ersten Glocke vor seinem Bett kniete und betete.

Dann gab es da die Frage der „Vergnügungen". Jedem Studenten wurden nur zwölf Schillinge und sechs Pence pro Woche zugestanden. Die Uniformen wurden gestellt, aber für Dinge wie Unterwäsche, Socken, Frisörbesuch, Urlaub und alles andere musste dieser Betrag ausreichen. Da blieb wenig übrig für Freizeitaktivitäten wie Kino oder Konzerte.

Für Philip, der nahezu alle Beschäftigungen dieser Art als gottlos und sehr gefährlich anprangerte, war dies ohnehin kein Problem. Einmal stand er während einer Diskussion, die im Anschluss an eine Vorlesung über „Freizeitgestaltung" geführt wurde, auf und wies seine Kommilitonen erregt zurecht, dass sie die Möglichkeit, tanzen zu gehen, auch nur ins Auge gefasst hätten. „Was wäre, wenn der Herr mitten beim Tanzen zurückkäme?", schrie er. „Was würde dann aus euch?" Seiner Meinung nach, fuhr er fort, würden sie wie alle vergnügungssüchtigen Sünder in der Hölle landen.

Philip genoss fast jeden Aspekt seiner Ausbildung in der Kirchenarmee. Er brillierte beim Studium des Alten und Neuen Testaments, der Kirchengeschichte, der systematischen Theologie, dem Studium des Gebetbuchs und in der Moraltheologie. Außerdem gab es da die praktischen Einsätze: Besuche in Krankenhäusern und Gefängnissen, die Arbeit mit Soldaten und all die anderen Gebiete, die die siebenundsechzig Abteilungen der Kirchenarmee ausmachten. Bereits ganz am Anfang seiner Ausbildung entdeckte Philip sein besonderes Talent fürs Predigen, bis heute eine seiner größten Freuden.

Es gab allerdings ein Einsatzgebiet, wo der evangelikale Eifer des jungen Ilott doch sehr nachließ, und zwar in einer Aktivität, die als „Kneipengang" bezeichnet wurde. Genau wie bei der Heilsarmee wurde von den Studenten der Kirchenarmee erwartet, mit ihrer Sammelbüchse in die Kneipen zu gehen und die Zeitung der Organisation, die Church Army Gazette, anzubieten. Philip, dem eine sehr raue Gegend in der Nähe von Paddington zugeteilt worden war, bekam bei der Aussicht, seine Waren in diesen Zentren alkoholischer Verwirrung, lauter Stimmen, des Rauchs und potenzieller Gewalt verkaufen zu müssen, einfach nur Angst. Natürlich waren all die Besucher dieser von Sünde geplagten Etablissements ganz sicher auf dem Weg in die Hölle und mussten deshalb angesprochen und gerettet werden, aber das alles war so unangenehm und so Furcht erregend. Es war wirklich eine sehr raue Gegend, und das Einzige, was Philip sich je hinter die Binde gekippt hatte, war das einsame Pint Bier während seiner Armeezeit in Devizes, und auch das nur zum Teil. Was noch schlimmer war, der „Kneipengang" stand immer freitagabends an, wenn die Kneipen am vollsten und ihre Besucher besonders betrunken und aggressiv waren.

Schweren Herzens machte sich Philip eines Freitagabends auf den Weg. Es war sein zweiter Besuch der örtlichen Gasthäuser. Die Studenten durften dieser Tätigkeit immer nur zu zweit nachgehen, und an jenem Abend wurde Bruder Philip, damals noch klein und schmächtig, von Bruder Ronnie begleitet, einem großen, zurückhaltenden Iren, dürr wie eine Harke.

Als die beiden schick uniformierten Figuren mit ihren hölzernen Sammelbüchsen und ihren Gazette-Stapeln durch die Straßen gingen, blickte Philip nervös in das hagere Gesicht seines Kollegen.

„Ronnie?"

„Ja, Philip?"

„Gehst du gerne in die Pubs, Ronnie?"

„Nein, Philip. Überhaupt nicht."

„Kann einem schon Angst machen, nicht wahr?"

„Ja, Philip, sogar sehr. Auf jeden Fall."

„Ronnie, ich glaube, ich kann das heute Abend nicht."

„Ich auch nicht, Philip."

„Was hältst du davon, wenn wir einfach unser Geld, was wir dabei haben, in die Sammelbüchsen tun, ein bisschen rumhängen und dann, na ja, einfach wieder nach Hause gehen?"

„Das ist wirklich eine verlockende Idee, die du da hast, Philip."

Die beiden gingen ein Stückchen schweigend weiter, während Erleichterung und Schuldgefühle Jagd aufeinander machten. Schließlich standen sie draußen vor dem ersten Gasthaus, das auf ihrer Route lag. Geräusche rauer Vergnügungen drangen durch die reich verzierte Tür auf die Straße.

Die zwei Evangelisten sahen sich an. Das Recht triumphierte.

„Ich finde, wir sollten doch reingehen, Philip."

„Ich auch, Ronnie. Aber lass uns erst beten."

„Ja. Aber wir wollen doch nicht aussehen wie die Pharisäer, ich meine, draußen vor einer Kneipe beten."

„Natürlich nicht, Ronnie.

„Gehen wir in die Telefonzelle da drüben, Philip."

„Einverstanden, Ronnie."

Wenn es eines gab, mit dem sich die beiden auskannten, dann war es beten. Eingepfercht in die Telefonzelle, betete Ronnie in Richtung Lampe, während Philip mit großem Ernst auf Ronnies Taille einredete. Sie wussten, dass Gebet nicht einfach ein Spiel war. Gott tat immer etwas. Er würde auch jetzt etwas tun.

Und er tat etwas.

Während sie noch um göttliche Bewahrung bei dem Eintritt in die Festung des Teufels baten, flogen plötzlich die Türen der Kneipe mit einem Krachen auf. Es ertönte ein lauter und kraftvoller Fluch, dann wurde ein Betrunkener nach draußen auf den Bürgersteig befördert – genau vor die Telefonzelle. Während die Türen der Kneipe wieder zuknallten, machte der Betrunkene noch einen letzten schwachen Versuch, sich zu erheben, und versank dann in völlige Bewusstlosigkeit.

Philip starrte durch eines der kleinen quadratischen Fenster der Zelle nach draußen. Der Betrunkene lag direkt davor. Vorsichtig drückte Philip gegen die Tür. Sie bewegte sich nicht. Er drückte kräftiger. Sie bewegte sich immer noch nicht. Zusammen mit Ronnie drückten sie so fest, wie sie konnten, aber die Tür ließ sich nicht mehr als vielleicht einen Zentimeter öffnen.

„Philip", sagte Ronnie nachdenklich. „Ich glaube, wir sitzen in der Falle."

Es stimmte. Die beiden Kirchenarmeestudenten waren in ihrer Telefonzelle durch ein tief schlummerndes Mitglied ihrer weiteren Gemeinde festgesetzt worden.

Es gibt viele Wege, Demut zu lernen. Wenige lassen sich damit vergleichen, dass man die Polizei rufen und sie darum bitten muss, einen Schutzmann zu schicken, damit dieser einen Betrunkenen zur Seite rollt, sodass man selbst wieder aus einer Telefonzelle herauskommt. Philip konnte natürlich nur ahnen, wie die innere Reaktion des Polizeibeamten ausgesehen haben musste, der schließlich kam und etwas vorfand, was auf den ersten Blick ausgesehen haben musste wie die unerklärliche Zusammenpferchung mehrerer Kirchenarmeekadetten unterschiedlicher Größe in der gleichen Telefonzelle.

Philip konnte sich nie besonders für den „Kneipengang" begeistern, aber viele andere schöne und aufregende Aktivitäten waren mehr als nur ein Ausgleich für die hohle Angst vor den Freitagabenden.

Eine seiner besonderen Vorlieben galt dem, was die Kirchenarmee als „Trekking" bezeichnete. Sieben oder acht Brüder in Ausbildung beluden dabei zusammen mit einem oder zwei erfahrenen

Hauptmännern einen Karren mit Kleidung, Bibeln, Unterrichts-
materialien und anderen Lebensnotwendigkeiten, warfen eine
Plane darüber, verzurrten alles und befestigten oben ein Schild,
etwa mit der Aufschrift: „Kirchenarmee-Treck von Bristol nach
Cleethorpes." Auf einer festgelegten Route zogen die uniformierten Trekker dann mit Hilfe von Seilen den Karren per Hand durch
die Städte und Dörfer. Ihre Aufgabe war es, in Kirchen und Sälen
zu predigen, manchmal auch Leute zu Hause zu besuchen und
normalerweise morgens und nachmittags Familienveranstaltungen
abzuhalten.

Überall, wo sie hinkamen, besonders in den ländlichen Gebie-
ten, blieben die Leute stehen und machten große Augen, wenn die
kleine bunte Prozession durch ihren Ort kam. Häufig liefen sie in
ihre Häuser und holten Fotoapparate, um das Ereignis festzuhalten. Normalerweise wurde der Treck so gelegt, dass er in einer
Küstenstadt endete und dort mit einer Strandmission seinen Höhepunkt fand, durch die sowohl die Urlauber als auch die Einheimischen angesprochen werden sollten.

Die Schlafgelegenheiten der Trekker variierten stark. Bestenfalls
gab es Campbetten; meistens jedoch mussten sie sich mit dem kalten Boden eines Gemeindesaals oder sogar mit einer Ecke in der
Kirche begnügen. Der mangelnde Komfort war egal – vielmehr
trug er zu dem Empfinden bei, dass man auf den normalen Komfort um des Evangeliums willen verzichtete.

Philip genoss jeden einzelnen Moment und hegte auch später
noch die Erinnerungen an jene geselligen kleinen Safaris, die alle
paar Tage durch die Ankunft an einem neuen und ziemlich unvor-
hersehbaren Einsatzort stimuliert wurden. Bei diesen Gelegenheiten war er wegen seines Predigttalents sehr begehrt. Die hohen
Erwartungen seiner Begleiter stachelten ihn bei der Vorbereitung
bis zum Äußersten an, besonders, da es nicht in Frage kam, durch
die Verwendung von „Wiederholungen" zu schummeln.

Die Abendgottesdienste liefen nach einem festen Muster ab.
Nach der Predigt wurde ein einladendes Lied gesungen – so etwas
wie: „So, wie ich bin, komm ich zu dir … O Lamm Gottes, ich
komme …" –, dann streckte der Leiter des Gottesdienstes seine

Hände einladend aus, rief die Leute nach vorne und betete mit ihnen für ihre Entscheidung, eine neue Beziehung mit Gott zu beginnen. Viele bekehrten sich, einschließlich einer Zahl überraschter Urlauber während der Strandmissionstage, deren Kommentar im Allgemeinen war: „Ich hätte nie gedacht, dass mir so etwas passiert!"

Wieder in London widmeten sie sich einer Tätigkeit, die als „Fischen" bezeichnet wurde. Das bedeutete, dass man mitten auf der Straße Leute anhielt und sie in ein Gespräch über den christlichen Glauben verwickelte. Philip „angelte" normalerweise in der Edgware Road, gleich neben der kleinen St.-Paul's-Kapelle, in der manchmal auch ein Film für die von Bruder Ilott oder einem seiner Kollegen gefischten Passanten gezeigt wurde.

Einmal wurde Philip heftig von einem Buddhisten angegriffen, der nicht nur unwillig war, an ein fremdes Ufer gezogen zu werden, sondern auch noch energisch das Recht dieses christlichen Emporkömmlings bestritt, überhaupt seinen Haken im Edgware-Gewässer auszuwerfen. Philip verteidigte sein Terrain mit der dogmatischen Selbstsicherheit, wie sie nur ein Zwanzigjähriger haben kann, und zog das Gefecht Auge in Auge durch. Erst als sich eine riesige Traube um die beiden gebildet hatte und die Polizei kommen musste, um den Bürgersteig freizumachen, verständigten sich die beiden Repräsentanten ihrer jeweiligen Friedensreligion darauf, die Auseinandersetzungen einzustellen. Der Buddhist stolzierte davon – auf seinem Weg, wie Bruder Ilott ohne Zweifel glaubte, in die Hölle –, während Philip seine Brille richtete und seine Angel erneut auswarf.

Nicht sehr weit von diesen Fischgründen, im Hyde Park, konnten die Studenten die etwas traditionellere Seifenkistenart des Predigens üben. Es gab zwar viele und lautstarke Zwischenrufe, aber für Philip war es ein enorm erhebendes Gefühl, seinen Platz zwischen der Kommunistischen Partei auf der einen Seite und der Heilsarmee auf der anderen einzunehmen.

Philip hatte keinen Zweifel daran, dass Gott ihn in die Kirchenarmee geführt hatte, damit er dort lernte, wie er die Wahrheit, die er in der Nacht seiner Bekehrung gefunden hatte, weitergeben konnte. Der Erfolg, den er als „Bruder in Ausbildung" hatte, schien dies klar zu bestätigen. Abgesehen von seinen eher trüben Erfahrungen mit den „Kneipengängen" knisterte er in jeder anderen Beziehung vor Energie und Rechtschaffenheit. Als Evangelikalster aller Evangelikalen hatte er das schlichteste Zimmer, verbrachte die längste Zeit in Gebet und Bibelstudium und pflegte den unnachgiebigsten Lebensstil aller Männer seines Jahrgangs. Seine Predigten waren erstklassig und sein persönliches Auftreten makellos. Seine Mutter (wenn sie denn etwas normaler gewesen wäre) wäre stolz auf ihn gewesen. Vielleicht wusste Philip ganz tief in seinem Herzen, dass sein ständiges Streben nach Größe in erster Linie ein erneuter Versuch war, die mütterliche Anerkennung zu erlangen, die er sein ganzes Leben lang so schmerzlich vermisst hatte.

Seine Bekehrung, die echte Erfahrung, sich in Jesus zu verlieben, hatte es ihm ermöglicht, ein gewisses Maß an Unabhängigkeit von Ansprüchen, die seine Mutter immer noch an ihn hatte, zu erlangen. Aber noch war er keineswegs frei. Er wusste beispielsweise, dass er nie eine Frau richtig würde lieben können, bis einige seiner grundlegendsten Verletzungen aufgedeckt und geheilt waren. Am Ende war es der Wechsel seiner kirchlichen Orientierung, der Philips Heilung, die er in diesem Teil seines Lebens benötigte, einleitete.

„Zugehörigkeit zu einer Gemeinde" war einer der drei Begriffe, auf die sich das Leben und die Praxis der Kirchenarmee stützten. Die beiden anderen waren „Bekehrung" und „Hingabe". Am Anfang hatte Philip keine Probleme in der Frage der Kirchenzugehörigkeit. Einige wenige Studenten seines Jahrgangs kamen ursprünglich aus der Hochkirche. An ihren freien Sonntagen gingen sie in anglo-katholische Kirchen und wurden von ihren evangelikalen Kommilitonen, die allein das Aufhängen eines Kruzifixes im Schlafzimmer fast schon als einen Götzendienst ansahen, mit einem gewissen Argwohn und mit Skepsis betrachtet. Die kleine Gruppe, die sich regelmäßig zum Gebet in Philips Zimmer traf, wäre wohl sehr dagegen gewesen, solche irregeleiteten Individuen zu ihren heiligen Sitzungen zuzulassen.

Philip selbst war natürlich der führende Exponent der evangelikalen Richtung. Als das erste Jahr so ins Land ging, nahm er deshalb mit großer Bestürzung wahr, dass sein eigener kirchlicher Hintergrund einfach nicht unter der Decke bleiben wollte. Jene Tage, die inzwischen schon lange Vergangenheit waren, als ein einsamer kleiner Junge im Domchor von Newcastle zum ersten Mal Wärme und Kameradschaft inmitten seiner Freunde und angenommenen Brüder entdeckte, hatten eine viel tiefgreifendere und nachhaltigere Spur hinterlassen, als er gedacht hatte.

Mit diesem ganz menschlichen Gefühl war der immer stärker werdende Eindruck verbunden, dass sein kompromisslos-evangelikaler Stil etwas Oberflächliches hatte. Der eingebaute Mechanismus, der ihn dazu antrieb, „der Beste" zu sein, hatte nicht berücksichtigt, dass Philip von Natur aus seinem Glauben sichtbar und dramatisch Ausdruck verleihen musste und wollte.

All die Dinge, die er so tatkräftig betrieben hatte – Gebet, Bibelstudium und Evangelisation –, verloren dadurch nicht an Bedeutung. Im Gegenteil, sie würden eine tiefere und bedeutungsvollere Rolle spielen in einer Kirche, die es Philip Ilott als Ganzem erlauben würde, Gott zu dienen, statt nur dem Teil von ihm, der ständig auf der Suche nach Anerkennung war.

Philips Glaube brauchte ein Zuhause, und er entschloss sich, es in der anglo-katholischen Kirche zu suchen.

An seinen freien Sonntagen fing er an, den Teil Londons, in dem er wohnte, zu erkunden, auf der Suche nach Kirchen, die ihm einen Hinweis darauf geben konnten, was fehlte und wo es zu finden war. Besonders zwei Kirchen hatten es ihm angetan. Die erste, St. Mark's in der Marylebone Road, war sehr anglo-katholisch. Sechs Kerzen auf dem Altar, heiliges Wasser an der Tür, der Geruch von Weihrauch. Philip genoss jeden einzelnen Aspekt. Paradoxerweise fühlte er sich, als ob er nach Hause käme und etwas erlebte, das er als Kind entbehrt hatte. Die andere Kirche, ein herrliches Gebäude, sowohl innen als auch außen, war St. Cyprian's am Clarence Gate.

Philip fühlte sich nun dem Gott, den er bei seiner Bekehrung kennen gelernt hatte, näher als je zuvor. Er besuchte St. Cyprian's regelmäßig alleine, um für seine Zukunft zu beten. Er fragte sich, ob Gott ihn vielleicht letzten Endes zum Mönch berufen würde. Oft bemerkte er, wie eine Schwester aus dem College in der kleinen Marienkapelle an der Seite des Gebäudes betete. Er wusste, dass ihr Name Schwester Margaret Puddicombe war. Wenn da nicht dieser neue Ruf zum Klosterleben gewesen wäre und wenn er sich innerlich so weit hätte freimachen können, ernsthaft die Ehe in Betracht zu ziehen, dann wäre sie die Art von Mädchen, die eine wunderbare Ehefrau sein könnte ...

Philip hatte immer noch niemandem von den Veränderungen in seinem Herzen erzählt, aber jetzt, wo das erste Jahr im College seinem Ende zuging, wusste er, dass er etwas tun musste, sonst würde er platzen. Inzwischen hielt er seine Stille Zeit hinter der verschlossenen Zimmertüre und begann, durch sein Gebet und die Meditation eine immer stärker werdende Nähe zu Gott zu empfinden, sodass er täglich von dem Bewusstsein der eigenen Sünde überwältigt wurde. Sie zu bekennen war immer schon ein normaler Vorgang in seiner Stillen Zeit gewesen, aber irgendwie schien das nicht mehr auszureichen. Er wollte seine Sünde vor jemand anderem bekennen.

Schließlich, als die Last seines Durcheinanders und seiner Schuld ihn wahrhaft herabzog, entschloss er sich, ein vertrauliches Gespräch mit einem der wenigen anglo-katholischen Brüder seines Jahrgangs zu suchen, einem von denen, die Philip und seine evangelikale Bruderschaft innerlich verurteilt hatten, weil sie sich zu sehr an den „Requisiten" des Glaubens festgemacht hatten. Besagter Bruder war, welche Überraschung, genauso teilnahmsvoll wie jeder Evangelikale. Er hörte aufmerksam zu, als Philip ihm erklärte, er glaube, eine förmliche Beichte machen zu müssen, und schlug dann den Rektor, Pfründner Donald Lynch, vor.

Es war ein guter Rat. Der College-Rektor, der später einmal Pate von Philips Tochter und ein enger Freund der Familie werden sollte, war sehr verständnisvoll. Er nickte und lächelte ein bisschen, als der besorgte junge Mann von seiner Befürchtung sprach, dass die Studenten, die ihm bisher am nächsten gestanden hatten, niemals seinen Richtungswechsel verstehen würden. Sie könnten ihn auslachen, kritisieren oder, was für ihn noch schlimmer wäre, einfach ignorieren.

Donald Lynch machte einen praktischen Vorschlag: „An deinem nächsten freien Sonntag geh nicht einfach nur zwischen den Gottesdiensten zum Gebet in eine dieser Kirchen. Geh morgens zu einem Gottesdienst – hör dir die Predigt an, und schau mal, wie du dich dabei fühlst. Warum probierst du nicht einfach mal St. Mark's?"

Am folgenden Sonntag setzte Philip sich behutsam auf das Ende einer Bank im reich geschmückten Inneren von St. Mark's. Als der Gottesdienst begann, stockte ihm fast der Atem. Ein Stückchen weiter in der gleichen Reihe ließ eine kleine Schar von Leuten in der ihm bekannten Uniform erkennen, dass dies der bevorzugte Ort für die anglo-katholische Minderheit des Colleges war. Ihre Augen ruhten voller Spekulation und mit nicht geringer Verwunderung auf der leicht nervösen Figur dort neben ihnen.

Philip entspannte sich innerhalb von Minuten. Da waren Wohlgeruch und -klang im Überfluss und das reiche, tiefe Bewusstsein der Gegenwart Gottes in der visuellen Aufdringlichkeit und in dem dramatischen Ablauf der Messe.

„Hier", atmete Philip auf, „kann ich ich selbst sein, für Gott."

Leider musste die Predigt wieder alles verderben. Der Prediger redete über Maria, die Mutter Jesu. „Unsere liebe Frau", sagte er, „ist ein wichtiger und notwendiger Teil unseres Lebens. Ebenso, wie sie die Mutter unseres Herrn war und ist, so möchte sie auch mit uns in einer mütterlichen Beziehung stehen ..."

Das reichte – nein, eigentlich war es schon zu viel für Philip. Er sprang auf, drehte sich um und rannte fast den Mittelgang hinunter, um diesen scheußlichen Worten und der Verwirrung aus Zorn und schmerzhaftem Kummer, die sie erzeugt hatten, zu entkommen. Wie eine von der Kanzel hinter die Deckung gelupfte Granate explodierte in ihm die Vorstellung von Maria als der Mutter aller Menschen gleich auf allen drei Ebenen: emotional, intellektuell und geistlich. Als er über den Bürgersteig hastete, weg von St. Mark's und der Irrlehre, die sie verkörperte, stürmte und tobte das Super-Evangelikale in seinen Gedanken über diese schreckliche, unbiblische Botschaft, die vermutlich immer noch in diesem heidnischen Bauwerk gepredigt wurde, dessen Staub er gerade von den Sohlen seiner Kirchenarmeestiefel geschüttelt hatte.

„Niemand kommt zum Vater denn durch mich …"

„Kein anderer Name ist den Menschen gegeben …"

„Im Namen Jesu …"

Sein Gedächtnis produzierte Verse und Versteile mit pavlovscher Leichtigkeit. Das war ja auch der Sinn, warum man sie auswendig lernte, sodass man, in Situationen wie dieser, wenn der Teufel den klaren Strom der Lehre verunreinigen wollte, gewappnet war, um ihn fortzujagen und die Reinheit des Evangeliums zu bewahren. Wie konnten sie nur so blind sein – so böse! Gott würde sie bestrafen, sie, die absichtlich die arglosen Nachfolger Christi auf diese himmelschreiende Art und Weise in die Irre führten. Philip presste seine Lippen aufeinander und versuchte, nichts als gerechten Zorn zu empfinden.

Es funktionierte nicht. Fast gegen seinen Willen verlangsamten sich seine Schritte, und eine leise Stimme sprach aus dem hinteren Teil seines Kopfes. Die Stimme war eher verzweifelt als wütend und es war die Stimme eines weinenden Kindes.

„Ich will Maria nicht! Ich will nicht noch eine Mutter – ich will die nicht, die ich habe, weil sie mich verletzt hat und sie mich nicht liebt und sie mich nicht lieben wird, egal, was ich tue. Ich will nichts mehr hören von Müttern oder Ehefrauen oder anderen Frauen oder Mädchen, weil es alles gemeine, schreckliche Menschen sind, denen man nicht erlauben sollte …"

Philip blieb abrupt stehen, als die Tränen in seinem Herzen an die Oberfläche zu kommen drohten und er beinahe auf der Straße losgeschluchzt hätte. Diese Reaktion eben in der Kirche … Es war dabei gar nicht um Theologie gegangen, es ging um diese Blockade in ihm, die nicht genug weichen wollte, um den Gedanken an eine physische oder emotionale Nähe zu Frauen zuzulassen. Auf einer noch tieferen Ebene war er unfähig, die mütterliche Seite Gottes anzunehmen, wie sie personifiziert oder symbolisiert (wie, das wusste er noch nicht genau) in der Person Marias, der Mutter Jesu, war. Er musste etwas tun – etwas musste geschehen.

Langsam und unglücklich ging er zurück nach St. Mark's. Er kam gerade noch rechtzeitig, um die anderen Brüder, die nach dem Gottesdienst am Ausgang auftauchten, zu treffen. Sie waren nicht sehr erfreut über sein Verhalten. Besonders einer, ein ausbildender Unteroffizier, war wütend. Allein die Vorstellung, dass ein Repräsentant der Kirchenarmee in voller Uniform einen Gottesdienst mitten in der Predigt verlassen hatte, war empörend. Er ließ keinen Zweifel daran, dass er beabsichtigte, den Rektor bei frühestmöglicher Gelegenheit von dieser Angelegenheit in Kenntnis zu setzen.

Ein ziemlich niedergeschlagener Bruder Ilott saß wenig später an seinem kalten Sonntagsmittagessen. Sehr wahrscheinlich hatte Donald Lynch inzwischen schon erfahren, dass er zu einer „Schande für die Kirchenarmee" geworden war.

Am nächsten Tag schleppte sich Philip, der sich in seiner Rolle als Musterstudent des Colleges immer recht wohl gefühlt hatte, zum Büro des Rektors und klopfte vorsichtig an die Tür. Er war eine Schande, sagte er sich selbst, während er wartete. Er verdiente alles, was er jetzt bekommen würde.

Weise Menschen sind immer freundlich, wenn es angebracht ist. Pfründner Donald Lynch sah weit mehr, als Philip je gedacht hätte, während er das Gesicht des verlegenen jungen Mannes studierte. Ruhig schlug er vor, dass es wohl angebracht wäre, sich bei Pater John Crisp, dem Pater, der tags zuvor die Predigt in St. Mark's gehalten hatte, zu entschuldigen.

Äußerst erleichtert durch die Reaktion des Rektors, besuchte Philip den Priester, sobald es sich einrichten ließ, um ihm seine Reue zu bekunden. Es war ein bisschen wie eine Enttäuschung, als er von dem amüsierten John Crisp erfuhr, dass der den skandalösen Auftritt von der Kanzel aus noch nicht einmal bemerkt hatte.

Ermutigt durch die Wärme in dieser Begegnung, fuhr Philip fort, dem Priester von seinem Verlangen zu beichten zu berichten; eine Beichte, die es ihm wahrhaft erlauben würde, sich freigesprochen zu fühlen. John Crisp war einverstanden, ihn auf seine erste formale Beichte vorzubereiten, und schickte ihn ins College zurück mit der Auflage, er solle durch seine Vergangenheit gehen und alle wichtigen und bedeutsamen Gelegenheiten herausgreifen, in denen er andere verletzt hatte oder von anderen verletzt worden war.

Viel von Philips Begeisterung für die Beichte schwand dahin, als er dieser Anweisung Folge leistete und die zertrümmerte Landschaft seiner Kindheit begutachtete. Würde er wirklich in der Dunkelheit des Beichtstuhls sitzen und jemandem, den er kaum kannte, die Wunden offenbaren können, die ihn selbst als jungen Mann noch lähmten? Wie sollte er die Worte finden, um solche Dinge zu beschreiben? Was wäre, wenn er sich selbst zum Narren machte? Was würde Pater John von ihm denken? Was würde seine Mutter sagen oder denken oder tun, wenn sie wüsste, dass ihr unzureichender Sohn kurz davor stand, eine geschmacklose Zurschaustellung von Dingen zu veranstalten, die besser geheim gehalten blieben und die man besser für immer vergäße? Bei dem Gedanken an ihre Stimme, voller Hohn und Verachtung für seine neueste lächerliche Heldentat, schrumpfte er innerlich. Einen Moment lang dachte er an Maria, wie sie sich voller Sanftheit und Hingabe um ihren kleinen Jungen kümmerte. Die alte Wut stieg wieder in ihm hoch. Er dachte an jene Nächte, die Streitereien, den Schuppen ...

Als der Tag für die Beichte gekommen war, war Philip in einem Zustand zerbrechlicher Bereitschaft. Er war in Versuchung gewesen zu kneifen. Die meisten anderen Studenten waren sich der radikalen Veränderungen, die er durchmachte, noch gar nicht bewusst. Er hätte die Ereignisse der letzten Wochen als Folge einer vorübergehenden Manie abtun können, aber irgendwie hatte er der Versuchung widerstanden und war nun, wenn auch nervös, so doch still entschlossen.

Philip hatte sich immer schon gerne schick gemacht, aber an diesem Morgen verbrachte er noch mehr Zeit als sonst damit, seine Uniformknöpfe zu polieren und seine Serge zu bürsten, bis nicht ein ungewolltes Fleckchen mehr da war. Während des Frühstücks, das generell stumm eingenommen wurde, betete er in ängstlicher Einfachheit zu dem Gott, der ihn liebte, um Hilfe und Schutz bei der ungewohnten Erfahrung, die ihm bevorstand.

Es schien so, als ob Gott sein Gebet in einer völlig unerwarteten

Art und Weise erhört hatte, als etwas später der Rektor erschien und ihn vertrauensvoll beiseite nahm. „Philip", sagte er leise, „ich fürchte, ich habe eine schlechte Nachricht für dich. Pater Crisp hatte einen höchst unglücklichen Unfall. Er hat einen Bandscheibenschaden und wird wohl für einige Zeit im Krankenhaus sein. Ich muss dir nicht sagen, was das bedeutet, oder?"

Unter Ausnutzung aller thespischen Fähigkeiten, die er hatte, gelang es Philip, den äußerst gelungenen Eindruck eines enttäuschten Mannes zu erwecken. Er seufzte überzeugend. „Ja, Herr Rektor", sagte er, „das bedeutet, dass wir meine Beichte verschieben müssen."

Donald Lynch klopfte dem jungen Mann mitfühlend auf die Schulter, als er wegging. Ganz offensichtlich hatte ihn dieses Ereignis tatsächlich mitgenommen. Innerlich hüpfte und sang Philip wie jemand, der um einen Zahnarztbesuch herumgekommen war. Keine Beichte heute! Keine Vergangenheitserforschung, keine Aufregung und keine Bloßstellung. Und es war noch nicht mal seine Schuld! Natürlich tat ihm der arme John Crisp Leid, aber war es nicht herrlich, dass . . .

„Ach, Philip. Gute Nachrichten, mein Junge!"

Der Rektor war zurückgekommen und ein zufriedenes Lächeln erhellte sein Gesicht.

„Pater Crisp hat mich aus dem Krankenhaus angerufen, Philip. Er hat mir gesagt, dass er deine Beichte auch vom Krankenbett aus abnehmen würde. Gute Neuigkeiten!"

„Ja, in der Tat!", antwortete Philip heiser, und seine Schauspielkünste waren nun, da er begeistert erscheinen musste, noch wesentlich stärker gefordert. „Das ist wirklich wunderbar!"

Wenig später kam er an der Rezeption des St.-Luke's-Krankenhauses für Kirchenbedienstete an, leicht schwitzend und immer noch sehr beklommen. Eine Krankenschwester führte ihn zu dem kleinen Einzelzimmer, geleitete ihn hinein und schloss die Türe hinter ihm. Dort lag John Crisp auf dem Rücken. Ein Bein hing in der Luft.

In seinem ganzen Leben sollte Philip immer wieder erleben, wie Gott dieses Spiel mit ihm spielte. Ja, Bruder Ilott (und später Pater

Ilott) würde sich durch die rituellen und vielgestaltigen Praktiken der anglo-katholischen Kirche ausdrücken dürfen, aber die besonders bedeutsamen Momente seiner geistlichen Reise schienen immer wieder in ganz banale Umstände eingebettet zu sein.

Philip hatte sicherlich Angst vor der Erfüllung seines Beichtverlangens gehabt, aber zumindest wäre dieser Vorgang von einer zeremoniellen und sakramentalen Aura umgeben gewesen. Die Dunkelheit in dem hölzernen Beichtstuhl, das geheimnisvolle „Verhör", das Bewusstsein, dass der Mittler Gottes zwar unsichtbar, aber doch gegenwärtig nebenan war; all das hätte zu einer Erfahrung führen können, die eine tiefe geistliche Saite anzuschlagen versprach. Die Vorstellung aber, seine erste Beichte einem Mann gegenüber machen zu müssen, der flach auf dem Rücken mit einem Bein in der Luft in einem Krankenhausbett lag, hatte etwas leicht Hysterisches an sich. Es war bizarr.

Aber Gott wusste es am besten. Einem kranken und verletzlichen Mann konnte man sich viel leichter öffnen als einem, der aufrecht und gesund war. Später sollte Philip diese Lektion auch von der anderen Seite der Beichtbeziehung aus lernen.

Während Philip am Krankenbett kniete, durfte das Kind in ihm zum ersten Mal seine Trauer und seinen Schmerz herauslassen. Die Schleusen wurden geöffnet und die Vergangenheit quoll wie ein Strom in die Gegenwart. Es war eine wunderbare Freisetzung. Jahre voller Zorn und Verletzungen kamen heraus und verdampften. Insbesondere der Hass, den er auf seine Mutter verspürte und der so lange durch ihre unsichtbare, erbarmungslos verurteilende Gegenwart verdrängt und unterdrückt worden war, wurde zum ersten Mal artikuliert.

Es war, dachte er später, wie bei einem Räumungsverkauf. Alles, was zu diesem Zeitpunkt rauskonnte, ging raus. Im Gegenzug diente John Crisp dem jungen Mann, der da an seinem Bett kniete, mit weisen Ratschlägen und sanfter Ermutigung. Schließlich sprach er ihn im Namen Jesu Christi, den Philip ja schon kannte und liebte, von allen seinen Sünden frei.

Hätte ihn nicht die Würde seiner Uniform daran gehindert, hätte Bruder Ilott am liebsten auf dem ganzen Weg nach Hause getanzt, gehüpft und Purzelbäume geschlagen. Es gab immer noch tiefe Schichten des Zweifels und der Schwierigkeiten, die noch unberührt lagen, aber Gott und die kommenden Jahre würden damit schon zurechtkommen. Im Moment jedenfalls kannte er nichts als Freude – die Freude der Vergebung und der Freiheit – und die seltene und kostbare Einsicht, dass Buße etwas Fröhliches war.

Wieder im College schlich Philip leise nach oben auf sein Zimmer, schloss die Tür hinter sich, kniete sich vor sein Bett und öffnete seine Bibel. John Crisp hatte ihm eine Aufgabe gegeben. Er sollte die Seligpreisungen lesen. Während seine Augen den wohl bekannten Worten folgten, schien etwas in ihm zu schmelzen. Noch nie hatten sie so einen Sinn ergeben wie jetzt im Zusammenhang mit seiner Beichte. Diese Worte Christi waren nicht die Worte eines Mannes, dessen Interesse es war, Sünder in die Hölle zu schicken, sondern die Worte von jemandem, der bereit gewesen wäre, die Qualen des Kreuzes zu erleiden, selbst wenn Philip Ilott der einzige Sünder auf der ganzen Welt gewesen wäre, der Erlösung gebraucht hätte. Seine Augen verschwammen ein wenig, als er die Bibel wieder hinlegte und leise die Worte wiederholte, die ihn am meisten angesprochen hatten:

Selig sind, die da Leid tragen; denn sie sollen getröstet werden …
Selig sind die Barmherzigen; denn sie werden Barmherzigkeit erlangen …
Selig sind die Friedfertigen; denn sie werden Gottes Kinder heißen …

Als Folge dieser Erfahrung – fast einer zweiten Bekehrung – fasste Philip zwei Entschlüsse:
Erstens entschloss er sich, dass es an der Zeit war, mit seiner Rückkehr zur anglo-katholischen Kirche „an die Öffentlichkeit" zu gehen. In seinem Zimmer hängte er ein schlichtes hölzernes Kreuz an die Wand und beschloss, dass immer, wenn im College das Glaubensbekenntnis gesprochen wurde, er an der Stelle niederknien würde, wo es hieß: „… empfangen durch den Heiligen Geist von der Jungfrau Maria, und wurde Mensch …" Das war immer ein

sicheres Zeichen für eine anglo-katholische Orientierung. Die anderen Brüder konnten das nicht übersehen.

Und sie taten es auch nicht. Sie bemerkten alles, auch dass Philip nun an seinen freien Sonntagen die Gottesdienste der anglikanischen Hochkirche besuchte.

Die Reaktion einiger Leute war so heftig, wie Philip befürchtet hatte. Gott und der Rektor des Colleges mochten ja mit der neuen Entwicklung vollkommen einverstanden sein, aber viele von Philips ehemaligen evangelikalen Mitstreitern waren das nicht. Sie schreckten vor dem Kreuz an seiner Wand zurück wie Vampire vor Knoblauch. Die meisten derjenigen, die sich regelmäßig in diesem Zimmer zum Gebet getroffen hatten, glaubten sich jetzt vom Herrn anders geführt. Einige, und das verletzte ihn tief, weigerten sich sogar, überhaupt noch mit Bruder Ilott zu reden.

Es tat weh, aber die feindseligen Reaktionen konnten ihn in keiner Weise von seinem Kurs abbringen. Er hatte nicht vor, den anderen ihre kirchliche Orientierung auszureden, aber er hatte jetzt ein Zuhause für seinen Glauben gefunden, und damit basta.

Philips Stille Zeit und sein Gebetsleben begannen zu wachsen, nunmehr sowohl in die Tiefe als auch im Wettkampf mit den anderen. Sein Wunsch, das Abendmahl zu nehmen und zur Beichte zu gehen, war inzwischen eine Sehnsucht, ein Verlangen geworden, ein echtes Bedürfnis. Um es mit dem alten Ausdruck zu sagen: Er „brannte für Gott" – und das Feuer wärmte ihn wunderbar.

Der zweite Entschluss, den Philip fasste, war ein Anzeichen dafür, dass so etwas wie ein Wunder geschehen sein musste, als er an John Crisps Bett gebeichtet hatte. Er kam – trotz einiger Unsicherheiten, weil er so ein Gefühl noch nie gehabt hatte – zu dem Schluss, dass er sich in Schwester Margaret Puddicombe verliebt hatte.

## 5. Kapitel

# Margaret ziert sich

Es war eine jener Zeiten, selten genug im Leben der meisten Menschen, in der man nichts als Mitleid für alle anderen empfindet, die nicht das Glück haben, man selbst zu sein.

Philip, fleckenlos und rein wie immer in seiner Kirchenarmeeuniform, hatte einen Fensterplatz in dem vollgestopften Zugabteil bekommen. Für einen Moment schaute er weg von dem dreckigen, regenverschmierten Fenster, um einen Blick auf seine Mitreisenden zu werfen. Die meisten von ihnen waren in diesen halb hypnotisierten, tranceähnlichen Zustand verfallen, den lange Zugreisen immer mit sich zu bringen scheinen. Die Kameradschaft, die unter Engländern im Krieg oder bei schlechtem Wetter entsteht, hatte nur für ein paar Meilen nach der Abfahrt aus Chester angehalten. Das einzige Geräusch, das man abgesehen vom Zug selbst und dem wütenden Geprassel des Regens auf das Fenster noch hörte, war das Quietschen eines Regenmantels, wenn sich jemand in diesen engen Verhältnissen bewegte, oder das Rascheln einer Zeitung oder Zeitschrift.

Niemand dieser Leute, dachte Philip, kann auch nur annähernd so aufgeregt oder so glücklich sein wie ich. Es war fast unmöglich, die aufwallenden Ströme der Sehnsucht und der Erwartung unter Kontrolle zu halten. Es fühlte sich an, als ob die sorgfältig polierten Knöpfe seiner Uniform jeden Moment abreißen müssten. Nicht um alles in der Welt – nicht für Reichtum oder weltlichen Erfolg, noch nicht einmal für die Liebe seiner Mutter – hätte er jetzt mit irgendjemandem in seinem Abteil oder in diesem Zug oder in diesem Land oder auf der ganzen Welt getauscht. Philip war auf dem Weg, sich die dritte Liebe seines Lebens zu sichern.

Die erste war seine Großmutter, die zweite Jesus – und jetzt gab es da ein Mädchen namens Margaret.

Philip hatte sich wieder zum Fenster gewandt, seinen Ellbogen auf die Ablage und seinen Kopf auf die Hand gestützt. Draußen schienen der Regen und der Wind wütend auf die Erde zu sein; sie schlugen und peitschten mit solcher Intensität auf die Landschaft ein, dass sie kaum noch zu sehen war. Es war schön gemütlich hier drinnen, während es draußen stürmte; gemütlich und einschläfernd.

Während Philip seinen Körper im Rhythmus des Zugs hin- und herschwingen ließ, dachte er an Margaret. Wie von selbst breitete sich ein Lächeln auf seinem Gesicht aus. Wenn der Pfarrer in Chester wirklich Gottes Stimme gehört und wenn Margaret sein Telegramm erhalten hatte und falls sie wie durch ein Wunder einen freien Tag haben sollte, und, natürlich, wenn sie wollte, würde sie ihn morgen in dieser Kirche in London treffen, und er würde ihr sagen, dass er sie liebte. Sie war sogar noch hübscher als die Königin – und das sollte was heißen.

Während sich das dampfende Ungeheuer vorne am Zug seinen Weg durch die immer schlechter werdenden Wetterverhältnisse erkämpfte, sagte Philip Gott ein aufrichtiges „Dankeschön", dass er ihn in die Kirchenarmee geführt hatte. Dort war es gewesen, wo er Schwester Margaret Puddicombe zum ersten Mal getroffen hatte, vor inzwischen mehr als zwei Jahren. Sie hatte ihre Ausbildung am gleichen Tag im gleichen College begonnen, nicht weit von Madame Tussaud's Wachsfigurenkabinett und dem Florence-Nightingale-Krankenhaus.

War das wirklich schon so lange her? Diese zwei Jahre, die bisher glücklichsten seines Lebens, waren im Nu verflogen.

Halb dösend, warm und beschützt vor den Naturgewalten, lächelte er noch einmal, als er sich Margaret in Gedanken vorstellte.

Er war sicher nicht auf der Suche nach einer Frau gewesen – noch nicht einmal einer Freundin. Seit „Nellie aus der Mietwohnung" hatte es keine gegeben. Die einzige andere Erfahrung mit dem weiblichen Geschlecht war nicht gerade ermutigend gewesen. Während seiner Zeit bei der Armee hatte es ein Mädchen gegeben. Sie war die Tochter eines Offiziers und hieß Jean. Jean war sehr anständig, sehr gut gekleidet und absolut sittsam, genau die Art von Mädchen, die in dieser Phase seines Lebens Philips Interesse hätte wecken können.

Als er die Armee verließ, gab sie ihm ihre Adresse und bat ihn, sie doch zu besuchen, falls er jemals in London sein sollte. Angetrieben durch Neugier und andere ebenso natürliche, wohl aber unbewusste Motive, stand er eines Tages vor der Haustür ihrer Wohnung und klingelte. Das Abbild, das die Tür aufmachte, war sicherlich Jean, aber doch eine deutlich andere und, in Philips Augen, ziemlich schockierende Version des gleichen Mädchens. Sie trug ein sehr enges schwarzes Oberteil und eine enge Leopardenhose. Ihr Gesicht war stark geschminkt, und, das Schlimmste für den kleinen Jungen in Philip, die Nägel an ihren Fingern und Zehen waren knallrot lackiert. Sie würde ihn beherrschen wollen und ihn verletzen und ihn benutzen, genau wie …

Wie viele junge Christen zuvor und seitdem floh Philip vor der Angst und suchte Zuflucht in der Verurteilung. Sie war ein Flittchen! Sie war eine Hure! Er musste dem Teufel widerstehen.

Als sie ihn hineinbat, trat er ein, passte aber auf wie ein Schießhund und verlor keine Zeit, der verwirrten Jean zu sagen, dass sie „auf dem Weg zur Hölle" sei. Vielleicht nicht allzu überraschend, setzte dies ihrer Beziehung ein Ende, noch bevor sie überhaupt eine Chance gehabt hatte. Mädchen zu sagen, dass auf sie die ewige Verdammnis wartet, ist kaum ein guter Ausgangspunkt für eine engere Beziehung. Philip verließ die Wohnung mit wild klopfendem Herzen und einem Dank auf den Lippen für die wunderbare Bewahrung.

Im College selbst stand der Kontakt zwischen männlichen und weiblichen Studenten, egal, ob unangemessen oder nicht, völlig außer Frage.

Die Brüder und Schwestern wurden strikt getrennt und trafen offiziell nur bei zwei Gelegenheiten aufeinander. Bei den Gottesdiensten in der Kapelle (Mette, Morgenandacht und dreimal wöchentlich Kommunionsfeier) saßen die Schwestern in einem Block auf der linken Seite, die Brüder auf der rechten. Und bei den Vorlesungen belegten die Mädchen die vorderen Reihen, während die Jungen von hinten Augen und Ohren spitzten.

So besorgt waren die Verantwortlichen über die Folgen, die eine „Vermischung" haben könnte, dass den Studenten verboten wurde, mit Kommilitonen des anderen Geschlechts zu reden, selbst wenn sie sich draußen auf der Straße begegneten. Ein Verstoß gegen diese Regel war beinahe gleichbedeutend mit dem sofortigen Ausschluss.

Schwester Margaret Puddicombe hatte nichts gegen diese Regelung einzuwenden. Seit ihrem elften Lebensjahr wollte sie etwas für Gott tun, und der Ruf in den vollzeitlichen Dienst war Teil ihres Lebens, seit sie sechzehn war. Das Leben im College war ganz einfach nur ein Weg, um herauszufinden, welche Aufgabe genau auf sie wartete. Der gemeinsame Gottesdienst jeden Morgen bedeutete ihr schon sehr viel, aber ganz allgemein hielt sie Männer, was ihr eigenes Leben anging, für relativ unbedeutend. Ebenso wie Philip, aber sehr viel demütiger und ohne Eigenwerbung, wurde sie sehr bald zum „Star der Show" auf Seiten der Mädchen. Sie war hoch geschätzt und neigte dazu, in ihren Predigten die Liebe Gottes zu betonen, im Gegensatz zu dem „Hölle und Heil"-Thema, das Philips anfängliche Predigten durchzog.

Außerdem war sie extrem hübsch.

Philip bemerkte Margaret zum ersten Mal, als sie eines Tages ihren Sakristeidienst verrichtete. Dazu gehörten die praktischen Vorbereitungen der Gottesdienste in der Kapelle. Die Sorgfalt und die Hingabe, mit denen Margaret den Altar enthüllte, das heißt die äußere Überdecke von den Altartüchern trennte, erregten seine Aufmerksamkeit. Die liebevolle Präzision, mit der sie diese einfache Handlung ausführte, hatte etwas, das ihn in einer Art und Weise ansprach, die er kaum beschreiben konnte. Ironischerweise fand er auch den Inhalt ihrer Predigten ansprechend und beruhigend, obwohl sie doch so anders als seine eigenen waren. Margaret (eine Frau!) lud mit großer Güte die Menschen ein, zu Gott zu kommen und sich von ihm lieben zu lassen.

Philip merkte, wie er auf diese weibliche Persönlichkeit ansprach, die es schaffte, unaufdringliche Demut mit Leistung und

Popularität zu verbinden. Zu jener Zeit hatte das noch nichts mit physischer Anziehungskraft zu tun; Philip hatte noch nicht ausreichend Zugang zu seinen eigenen Gefühlen, um seine Sexualität ganz anzunehmen. Aber wenn es ein geistliches Gegenstück zu Sex-Appeal gab, dann hatte Margaret das – und Philip fing Feuer. Die physische Anziehung folgte sehr bald.

Nach seiner Beichte war Philip zum ersten Mal in der Lage, die Macht dieser stärker werdenden Gefühle zu erkennen. Er genoss es, dass sowohl er als auch Margaret die herrliche Marienkapelle in der St.-Cyprian-Kirche für ihre persönlichen Gebetszeiten nutzten, obwohl sie nie ein Wort wechselten, und schrieb dieser Tatsache eine besondere Bedeutung zu. Gottes Wege mit den Menschenkindern haben oft etwas wunderbar Pikantes an sich. Dort in dieser Kapelle beteten mindestens einmal in der Woche zwei Kirchenarmeestudenten einzeln und ernsthaft um Klarheit, ob sie nach ihrer Ausbildung ehelos einem religiösen Orden beitreten sollten, und ahnten kaum, dass sie innerhalb weniger Jahre miteinander verheiratet sein würden.

Philip war der Erste, der begriff, dass das Zölibat nichts für ihn war. Wenn er in St. Cyprian's war, warf er immer öfter einen verstohlenen Blick auf Margarets attraktives Profil, wie sie gut sichtbar am anderen Ende der Kapelle voller Hingabe betete.

Als er nicht mehr in der Lage war, seine Gefühle weiter zu verbergen, erzählte er Terry Crolley, einem Studienkollegen, dass er sich in Schwester Margaret Puddicombe verliebt hatte. Terry, einer jener findigen Typen, die eine hervorragende Gabe besaßen, Regeln zu umgehen, ohne dafür bestraft zu werden, schaffte es irgendwie, diese Information einer der Schwestern im Mädchentrakt zukommen zu lassen. Diese wiederum verlor keine Sekunde, bis sie Margaret gefunden hatte.

„Margaret", sagte sie mit geheimnisvoller, aufgeregter Stimme, „rat mal, was ich gerade herausgefunden habe. Philip Ilott ist total verknallt in dich! Wusstest du das?"

„Nein", antwortete Margaret kühl, und dann, in meisterhafter Kürze und Prägnanz: „Er kann gleich wieder damit aufhören! Ich habe kein Interesse!"

„O Margaret", beharrte ihre Informantin mit beinahe kreischendem Flüstern, „es stimmt! Er ist wirklich total verknallt in dich, Margaret!"

Aber Margaret blieb unnachgiebig. Der einzige Grund, warum sie sich hier am College ausbilden ließ, war, dass sie eines Tages von der Kirchenarmee in Dienst gestellt und dann als vollzeitliche Mitarbeiterin Gott an dem Platz dienen konnte, für den sie am besten geeignet war.

Was immer ihre genauen Erwartungen gewesen sein mochten, genau dies traf auch ein.

Nicht lange, nachdem Margaret von Philips „totaler Verknalltheit" erfahren hatte, brach sie sich ein Bein und trug einige Wochen lang einen Gipsverband. Die ersten beiden Tage durfte sie nicht nach draußen. Bei dieser Gelegenheit schaffte es Philip zum ersten Mal, mit ihr persönlich zu kommunizieren.

Terry Crolleys Geheimdienst war nicht die einzige Möglichkeit der Kontaktaufnahme zwischen der einen Seite des Colleges und der anderen. Das beliebteste und risikoloseste Mittel der Informationsweitergabe war die gemeinsame Gebetszeit, die jeden Morgen in der Kapelle abgehalten wurde. Passend formulierte spontane Gebete konnten jede beliebige Nachricht transportieren.

„Wir bitten für Bruder Bernard, der heute nach Doncaster reist, um sich bei einer Pfarrei vorzustellen, bei der er vielleicht eine Stelle bekommt ..."

„Herr, segne Schwester Jane, die heute Morgen einen Brief mit schlechten Nachrichten bekommen hat ..."

„Wir bringen vor dich, Himmlischer Vater, die liebe Schwester Margaret, die sich ein Bein gebrochen hat, indem sie gegen ein Möbelstück gelaufen ist, und jetzt mindestens sechs Wochen Gips tragen wird und die sich die nächsten ein oder zwei Tage nicht bewegen darf ..."

Warum die Verantwortlichen geglaubt haben mochten, dass Gott und seine Engel all diese detaillierten Informationen gebraucht hätten, ist eine höchst interessante Frage, aber niemand hat jemals diese merkwürdigen Gebete in Frage gestellt oder auch nur kommentiert. Möglicherweise hat sich Gott ein bisschen außen vor gefühlt, aber seine Bereitschaft zu vergeben ist ja grenzenlos. Und es war ja auch ein äußerst effizientes Mittel zum Austausch von Informationen.

Philip fand an diesem Tag Gelegenheit, nach draußen zum nächsten Kiosk zu laufen. Er gab ein paar Pence seiner kostbaren zwölf Schillinge und sechs Pence für die schönste „Gute Besserung"-Karte aus, die er finden konnte, und eilte zurück zum College, um einen passenden Text zu schreiben. Irgendwie schaffte er es, eine der Personal-Schwestern zu überreden, dass er die Karte persönlich überbringen konnte.

„Es gehört sich ja eigentlich nicht", sagte sie streng, „aber wenn du ganz schnell machst …"

Schwester Puddicombe saß im Wohnzimmer der Mädchen mit dem Gipsbein auf einem Stuhl. Als Philip zusammen mit der ernst dreinblickenden Schwester, die darauf bestanden hatte, als Anstandsdame dabei zu sein, hineinspazierte, hätte es sie fast umgehauen. Reden kam nicht in Frage. Philip, der sich gefragt haben musste, ob er sein ganzes Leben lang alle wichtigen Momente mit Leuten verbringen würde, deren Beine außer Betrieb waren, durfte Margaret lediglich die Karte überreichen, ihr sein schönstes Lächeln schenken und dann wieder gehen. Wieder allein öffnete die Invalide ihre Karte und las: „In Liebe, Philip."

„Na wunderbar!", sagte sie leise zu dem leeren Wohnzimmer.

Es war ein dramatischer Zug, aber er änderte nichts an Margarets Haltung. Selbst wenn sie an einer Beziehung „dieser Art" interessiert gewesen wäre, wäre es höchst unwahrscheinlich gewesen, dass sie sich ausgerechnet zu jemandem wie Philip hingezogen gefühlt hätte, dessen enge und laut vorgetragene Einstellung zum Tanzen und anderen Übeln das Einzige waren, was sie aus den Vorträgen und Predigten während des letzten Jahres von ihm kennen gelernt hatte.

Aber Philip war überraschend hartnäckig. Ebenso, wie er sich entschlossen hatte, zurück in die anglo-katholische Kirche zu gehen, egal, wie groß der Widerstand auch sein würde, genauso entschlossen war er jetzt, dass Margaret eines Tages seine Frau werden würde. Es war nur eine Frage der Zeit.

Eines Tages hatte Margaret in der Waschküche der Schwestern im ersten Stock zu tun. Zu ihrem Schrecken krachte die Türe, die zum Notausgang führte, plötzlich auf, und einer der Brüder erschien, atemlos, aber enthusiastisch, und winkte mit einem Briefumschlag in seiner Hand.

„Schnell", rief er. „Nimm ihn!"

Mit einem kurzen Abschiedswink stürzte er zurück und dann über die Feuertreppe bis zu einer Tür, die in den Brüdertrakt führte. Die verwirrte Schwester Puddicombe starrte ausdruckslos auf den Briefumschlag. Eingehendere Untersuchungen ergaben schließlich, dass er einen Brief von diesem aufdringlichen Philip Ilott enthielt, der in sentimentalen, aber dieses Mal völlig unzweideutigen Worten ausdrückte, dass er sie liebte.

Margaret blieb von diesen und anderen Versuchen, ihr den Hof zu machen, völlig unberührt, obwohl ihr am Ende der zweijährigen Ausbildung klar gewesen sein musste, dass Philip es todernst meinte.

Es ist fast unglaublich, dass bis zu dem Zeitpunkt, an dem beide aus dem College entlassen wurden und der Tag der Abreise gekommen war, sie immer noch kein einziges Wort gewechselt hatten. Philip brannte darauf, die neue Adresse von Margaret herauszufinden, und ein Tipp von dem allgegenwärtigen Terry, dass ihr Koffer, ordentlich mit einem Adressanhänger versehen, in der Eingangshalle stand und auf ihre Abreise wartete, schien eine Gelegenheit des Himmels zu sein. Er gab vor, in die Kapelle gehen zu wollen, schnappte sich einen Stift und einen Papierfetzen, flog beinahe hinunter zur Halle und kritzelte hastig die Adresse von dem Gepäckanhänger ab.

Nun, da das College abgeschlossen war, gingen die Brüder und Schwestern, inzwischen dekorierte Offiziere der Kirchenarmee, jeder seinen eigenen Weg. Einige arbeiteten in Kirchengemeinden, andere wurden Wanderwagen zugeteilt (dem mobilen Gegenstück zu den Trekkingkarren), und einige, so wie Margaret, wurden zu Kindermissionaren ernannt.

Margaret hatte erst einige Wochen mit ihrer Arbeit in Clapham zugebracht, als sie den längsten Brief erhielt, den sie je gesehen

hatte. Philip – jetzt Hauptmann – Ilott schrieb aus seinem Wanderwagen, der jetzt in Chester stationiert war, und brauchte zweiund-
dreißig eng beschriebene Seiten, um seine Gefühle bis in die
kleinste Einzelheit zu erklären. Er schloss mit dem Ausdruck seines
brennenden Verlangens, Margaret so bald wie nur irgend möglich
zu heiraten. Zwischen den eher romantischen Passagen waren Bemerkungen eingestreut, die darauf abzielten, Philips Überzeugung,
die Ilott-Puddicombe-Verbindung sei von Gott eingefädelt und ge-
billigt (und der deshalb kaum widersprochen werden konnte), zu
transportieren. Für jemanden, der es sein Leben lang fast unmöglich gefunden hatte, seine Gefühle Frauen gegenüber kundzutun,
war dies nun wirklich kein schlechter Versuch. Margaret, bewegt,
jedoch nicht erregt, war immer noch nicht sehr glücklich. Ihr Ruf,
Gott zu dienen, blieb das Wichtigste in ihrem Leben. Wie der
Mann, der seine Brille sucht, ohne zu merken, dass er sie auf seine
Stirn geschoben hat, kam es ihr nie in den Sinn, dass Gott sie
durch Philip zu einem noch schwierigeren vollzeitlichen Dienst
rief, als sie sich das je hätte vorstellen können.

Bis Ende Oktober dieses Jahres konnte Philip an nichts anderes
denken als an Margaret. Eigentlich hätte er sich ganz der Missions-
arbeit in Cheshire widmen sollen, fand es aber zunehmend schwierig, sich auf seine Arbeit zu konzentrieren. Ständig tauchten in ihm
die Bilder ihres sanften, schönen Profils, ihrer braunen, schulterlangen Haare und ihres süßen Lächelns auf und beanspruchten das
Monopol auf seine Aufmerksamkeit. Als sich schließlich seine
Sehnsucht, bei Margaret zu sein, zu beinahe physischem Schmerz
auswuchs, schrieb Philip noch einmal und flehte sie an, doch einem Treffen in London zuzustimmen.

Schwester Puddicombe schrieb zurück. Nein, sie wolle das
nicht. Sie sei „zu beschäftigt".

Zutiefst erregt ging Philip zu Brian Tompkins, dem leitenden
Offizier seines Wanderwagens, und erzählte ihm stotternd von
der Ursache seiner Ablenkung, die es ihm so schwer machte, sich
auf die missionarische Arbeit zu konzentrieren.

Offizier Tompkins war gelinde gesagt verstimmt. Das Letzte,
was er jetzt brauchte, war etwas so Mächtiges wie wahre Liebe,

die die völlige Hingabe seines smarten jungen Hauptmanns beeinträchtigte. Glücklicherweise war er weise genug zu erkennen, dass Philip sich nie wieder entspannen würde, bis irgendeine Lösung für das Problem gefunden war. Er schlug vor, den örtlichen Priester zu konsultieren.

Philip mochte den Priester in Chester sehr. Pater Cross war in den frühen Sechzigern und wurde zunehmend blind. Er war einer jener selten zu findenden Menschen, die so eng und so demütig mit Gott zu gehen schienen, dass sie die Stimme des Geistes auf eine Art hören konnten, die erschreckend klar und eindeutig sein konnte. An jenem regnerischen Oktobertag saß er ruhig an seinem Schreibtisch, hörte Philip zu, als jener seine Sehnsucht und seinen Frust ausschüttete.

Er saß dann noch einmal einen Moment still da, bevor er sprach. „Philip", sagte er, „lass mich darüber beten."

Es war ein merkwürdiger Augenblick. Sicher, Philip fing an zu lernen, dass es wirklich einen Gott gab, der tatsächlich da war und der sich auch tatsächlich um einen kümmerte, aber im Zentrum von all dem war immer noch eine Menge Philip Ilott selbst. Das hier war etwas anderes und es verwirrte ihn.

Der Priester richtete seine schwächer werdenden physischen Augen in Richtung Fenster. Als ob er einen völlig anderen Gesichtssinn nutzte, hatte er einen Freund ausgemacht, der direkt hinter seinem Stuhl stand. Philip wusste nicht, was er tun sollte. Sollte er beten? Sollte er rausgehen? Pater Cross blickte immer noch in die andere Richtung, sehr ruhig, als ob er jemandem zuhörte. Schließlich drehte er sich zurück, sein Gesicht völlig in Frieden.

„Du sollst heute ein Telegramm schicken, Philip. Du wirst heute Abend nach London fahren, heute Nacht im Hotel der Kirchenarmee übernachten und morgen Vormittag um elf Uhr Margaret treffen."

Philip war sprachlos. Die Stimme des Priesters hatte vollkommene Autorität. Es wäre ihm in diesem Moment nie in den Sinn gekommen, in Zweifel zu ziehen, dass Gott durch Pater Cross gesprochen hatte. Er würde Margaret morgen sehen – keine Frage. Er hielt einen Moment inne, dankte seinem Ratgeber und machte sich auf den Weg durch den Regen zur Post. Die Nachricht, die er schickte, war kurz. Das musste sie auch sein, denn Telegramme waren furchtbar teuer.

TREFFEN ST. CYPRIAN'S MORGEN ELF – PHILIP

Er hatte keine Ahnung, ob Margaret überhaupt unter der Adresse erreichbar war, an die er das Telegramm schickte. Möglicherweise hatte man sie auf eine Evangelisation in irgendeinen anderen Teil Londons geschickt oder sogar in einen anderen Teil Englands. Und selbst wenn sie da war, gab es keinen Grund anzunehmen, dass sie am nächsten Tag frei haben würde oder dass sie ihn überhaupt treffen wollte, selbst wenn sie frei hätte. Aber eine sprudelnde Mischung aus Vertrauen und hoffnungsvoller Aufregung machte es ihm unmöglich, bei der Berechnung von Wahrscheinlichkeiten stehen zu bleiben. Er musste fahren!

Es regnete immer noch, als er zum Wagen zurückging, dem leidgeprüften Brian eine Erklärung gab, seine Tasche packte und später den Zug nach London bestieg, der donnernd und zischend im Bahnhof einfuhr, nicht lange, nachdem er seine Fahrkarte gekauft und sie sicher in einer Tasche seiner Uniform verstaut hatte.

Für manche Leute bedeutet eine Zugreise im Regen ein solches Vergnügen, dass es ihnen auf der Zunge prickelt. Wenn man als Zutat noch ein wichtiges Treffen am Ende der Reise hinzufügt mit jemandem, den man liebt, erhält man einen echten Festschmaus aus gegenwärtigem und zukünftigem Vergnügen.

Eingepfercht in seinen Platz am Fenster, schien es Philip, als ob die Reise den Charakter eines Traums annahm. Ob er schlief, wach war, träumte oder betete, es war schwierig zu glauben, dass es jemals etwas anderes gegeben hatte oder geben würde als dieses Abteil und diese Leute und den endlosen Rhythmus der Räder, die durch die regendurchtränkte Dunkelheit ratterten.

Die Ankunft in der kalten, nassen Euston Station vertrieb diese Illusion gründlich. Aber nichts konnte Hauptmann Ilotts Begeisterung dämpfen, als er sich auf den Weg zum Livingston-Haus im Norden Londons machte. Dort angekommen, versuchte er zur Ruhe zu kommen und zu schlafen; aber da seine Gedanken unerbittlich und ununterbrochen tobten, war es unmöglich, mehr als nur hin und wieder ein paar Minuten einzudösen. Den Rest der Zeit verbrachte er entweder im Gebet um einen erfolgreichen Ausgang des morgigen Abenteuers oder in der ausgiebigen Konstruktion bildlicher Vorstellungen, wie er und Margaret sich treffen und in den Armen des Partners ihre Leben verschmelzen lassen würden. Gegen Morgen schlief er endlich ein wenig. Als er aufwachte, lüftete er eine Ecke des Vorhangs, der hinter seinem Bett war, nur um festzustellen, dass der Regen mit unverminderter Stärke fiel.

Er musste sich fertig machen. Zuerst wurde die graue Uniform immer und immer wieder gebürstet, um sicherzugehen, dass sie auch absolut perfekt aussah. Dann wurden die Schuhe geledert, bis sie glänzten. Philip hatte das alles bei der Armee und der Kirchenarmee gelernt, ganz abgesehen natürlich von den unerfüllbar hohen Ansprüchen, was jegliches äußere Erscheinungsbild anging, die seine Mutter gehabt hatte. Aber diesmal tat er es nicht für seine Mutter. Es war für Margaret. Etwas trotzig bürstete er noch einmal über seine Schuhe, um sich diese Tatsache selbst zu beweisen. So! Schließlich, und sehr wichtig, war da noch das kleine Perlmuttkreuz, das an einer roten Schleife (rot für das Blut Christi) an einem Knopf seiner Uniformjacke hing. Alle Studenten hatten so ein Kreuz bekommen, als sie in den Dienst gestellt worden waren. Er polierte den kleinen Gegenstand mit unendlicher Fürsorge, ein Symbol für seine erste echte Errungenschaft, seit er sein Zuhause verlassen hatte. Schließlich, nachdem er noch einen kurzen Blick auf den Platzregen draußen geworfen hatte, zog er sich seinen leichten grauen Regenmantel an, der gerade erst getrocknet war, platzierte seine Schirmmütze ordentlich auf dem Kopf und trat aus der Eingangstür des Hotels. Sein Herz schlug mit mindestens der gleichen Eindringlichkeit wie der peitschende Regen auf den glänzenden Bürgersteig draußen.

Die St.-Cyprian-Kirche an dem Clarence Gate befindet sich direkt an der Ecke des Regent's Park, nur eine kurze Wegstrecke von der U-Bahnstation Baker Street entfernt. Aus dem Bahnhof zu kommen und die Baker Street hinaufzugehen vermittelte Philip ein zusätzliches Gefühl von Wärme und Glück. Hier in der Nähe des Colleges zu sein war wie eine Heimkehr. Wenn – ja, wenn sie nur da wäre, wenn er die Kirche betrat ... Das wäre dann perfekt!

Die trockene Stille in der Vorhalle der Kirche stand in dramatischem Kontrast zu den Turbulenzen der Welt draußen. Philip schloss vorsichtig die Außentür hinter sich, nahm die Mütze ab und hielt einen Moment inne, als er merkte, dass er einige Zeit vergessen hatte zu atmen. Er strich sich über die nasse Stirn und durch das feuchte Haar, schluckte einmal heftig und drückte die innere Tür auf.

Langsam wanderten seine Augen durch das Innere des Gebäudes und machten dabei fast unbewusst die bekannten Gegenstände aus: das einfache Eichenpult; die wunderschöne, reich verzierte Kanzelverkleidung mit ihren vierzehn Heiligen auf den Tafeln; der massive Hochaltar, eine enorme Steinplatte, etwa einen Meter breit und dreißig Zentimeter dick, mit zwölf zinnernen Leuchtern; und, zu seiner Rechten, die Marienkapelle, wo er und Margaret an so vielen Sonntagnachmittagen, natürlich jeder für sich, in stillem Gebet gekniet hatten.

Heute war nur eine Person zu sehen. In der Marienkapelle kniete am gleichen Ort, den Margaret immer benutzt hatte, eine schmächtige Person mit grünem Mantel. Einen Moment lang war er sich nicht ganz sicher, doch dann bewegte sie sich ein kleines Stück und aller Zweifel verflog.

Sie war da!

Zwischen ihnen allen, Gott, Pater Cross, Margaret, dem Hauptpostamt, der Britischen Bahn und Philip Ilott, hatte es geklappt.

Margaret war da. Als Philip still die Kirche der Länge nach durchschritt, schien sein Herz bis zum Platzen anzuschwellen. Sie war da – sie war da und wartete auf ihn. Als er die Marienkapelle erreichte, beugte er sich vor dem geweihten Sakrament auf dem Altar und kniete sich dann, ohne zu sprechen, neben Margaret. Einige Augenblicke lang beteten sie still, setzten sich dann nebeneinander auf die Bank – und sahen sich zum ersten Mal an.

Philip legte seine Hand sanft auf ihre und sprach dann mit einem leichten Zittern in seiner Stimme: „Ich bin so froh, dass du hier sein kannst, Margaret."

Er machte eine kurze Pause, um nach Worten zu suchen, die er nie zuvor hatte benutzen müssen. „Du siehst doch, dass ich dich wirklich liebe, oder?"

„Ich – ich glaube schon." Margarets Lächeln, das sie als Antwort gab, war etwas nervös.

Philip betrachtete die zarte Gestalt des Mädchens, das zu sehen er so weit gereist war. Ein unparteiischer Beobachter hätte vielleicht den durchnässten, schlaffen grünen Mohairmantel, die feuchten, schulterlangen Haare, die in Strähnen herunterhingen, das gerötete und leicht verunsicherte Gesicht bemerkt. Aber Philip war kein unparteiischer Beobachter. Er sah nur Glanz. Die Zeit war gekommen, ihr das größte Kompliment zu machen, das er sich vorstellen konnte.

„Schatz", sagte er, „du bist so schön! Margaret, du siehst aus wie die Königin!"

Später, beim Mittagessen, erzählte Margaret, wie ihr nach dem Empfang von Philips Telegramm von ihrer leitenden Schwester geraten worden war, sich mit ihrem jungen Verfolger zur angegebenen Zeit und am angegebenen Ort zu treffen. Ganz offensichtlich hatte Pater Cross ein feines Gespür für die Stimme Gottes gehabt. Jener Donnerstag war der Tag, nachdem Margaret von einer ihrer Missionseinsätze zurückgekommen war, und der Tag, bevor sie zum nächsten aufbrach. Es war ihr einziger freier Tag seit Wochen.

Sie hatte sich immer noch Sorgen gemacht, dass ihre Gefühle nicht genauso leidenschaftlich und überzeugt waren wie die Philips, und die Tatsache, dass sie sich bei ihrer Ankunft an der Kirche wie eine ersäufte Ratte fühlte (und auch so aussah), hatte ihr Selbstbewusstsein nicht gerade gesteigert. Inzwischen jedoch, da sie etwas trockener in einem nahe gelegenen Café saß und sich immer weitere Liebesbeteuerungen ihres Begleiters anhörte, begann sie, sich doch etwas anders zu fühlen. Es war offensichtlich, dass er es wirklich ernst mit ihr meinte. Und wenn Gott sie zusammenstellte, nun ja . . .

Philip wollte eine sofortige Verlobung. Margaret war da noch etwas zurückhaltender und schlug vor, dass sie sich zunächst einmal schreiben sollten und treffen, wenn es ihre Zeit zuließe –

schließlich hatten sie sich in dem Eid, den sie zu Beginn ihrer Ausbildung geleistet hatten, dazu verpflichtet, drei Jahre bei der Kirchenarmee zu arbeiten, bevor sie heiraten konnten.

In Gedanken und Plänen versunken, machte sich das Paar auf den Weg zur Euston Station, zu dem ersten von vielen schmerzhaften Abschieden.

Margaret ging am Bahnsteig entlang und hielt auch dann noch Philips Hand, als der Zug sich langsam in Bewegung setzte. Plötzlich wurde ihr in einem Anfall innerer Panik bewusst, dass sie heute einen Teil ihrer selbst weggegeben hatte. Zum ersten Mal fühlte sie jene merkwürdige Verbindung aus Freude und Schmerz, aus der die Liebe besteht, und betete, während sie vom Bahnsteig aus Philips Zug in der Ferne verschwinden sah, voller Angst und Hoffnung, dass alles gut gehen möge.

Philip, der wieder einmal der Versuchung widerstand, in ungeeigneten Lokalitäten Doppelsaltos auszuführen, genoss die ganze Fahrt über bis nach Chester den Erfolg seiner Reise. Am nächsten Tag stürzte er sich wieder mit solch einem Eifer und mit solcher Entschlossenheit in seine Missionstätigkeit, dass Brian Tompkins keinen Zweifel mehr an der Richtigkeit seiner Entscheidung hatte, dem liebeskranken Ilott zu erlauben, seiner Leidenschaft nachzugehen.

Als Margaret ihren Eltern erzählte, dass es jetzt ziemlich ernst war mit Philip, sprachen sie dem Kirchenarmeehauptmann gegenüber die herzliche Einladung aus, den Puddicombes bei ihren Weihnachtsfestivitäten beizuwohnen.

Für Philip war es etwas Neues und sehr Schönes, zu dieser besonderen Zeit des Jahres Teil einer quicklebendigen Familie in einem großen Haus zu sein, deren Mitglieder sich mehr oder weniger normal verhielten. Er mochte sie alle auf Anhieb: Margarets Vater und Stiefmutter, ihre Schwester Heather, die Halbschwester Monica und den Halbbruder Alan. Für ein unglückliches Einzelkind wie ihn war das der Himmel.

Einen himmlischen Bonus der besonderen Art stellte das Anbringen des Weihnachtsschmucks dar. Margaret und Philip bekamen eine riesige Schachtel mit Sachen, die im Laufe von mehreren

Weihnachtsfesten gesammelt worden waren, und die Verantwortung dafür, das ganze Haus zu dekorieren. Unter Zuhilfenahme einer Trittleiter begann das Paar seine Arbeit im Korridor. Die Arbeit wurde allerdings bereits in einem sehr frühen Stadium durch die Entdeckung aufgehalten, dass Küssen eine weit angenehmere Beschäftigung war als das Anbringen von Luftschlangen an der Wand. Glücklich mit Philip auf der obersten Sprosse vereint, kam Margaret der Gedanke, dass ja vielleicht doch etwas an der Liebe dran war. Glücklicherweise war die Zahl der Zimmer in dem Haus groß und in jedem einzelnen konnte man stundenlang arbeiten. Das eine Zimmer fürs Frühstück, jenes fürs Abendessen, das Wohnzimmer, sie alle erhielten die langwierige Aufmerksamkeit zweier gewissenhafter Dekorateure. Häufig konnte man aus einem anderen Teil des Hauses den verwunderten Ruf von Margarets Stiefmutter hören: „Seid ihr zwei denn immer noch nicht fertig?"

Es war das schönste Weihnachtsfest überhaupt. Für Philip und Margaret musste es ausgesehen haben, als ob sie jetzt am Anfang guter Zeiten stünden. Sie beide gehörten Gott, und weil Gott sie liebte, hatte er sie zusammengeführt. In etwas weniger als drei Jahren würden sie heiraten und dem Herrn gemeinsam in irgendeiner vollzeitlichen Arbeit dienen.

Gott muss beim Anblick dieser beiden jungen Leute, die zu ihm gehörten, gelächelt haben, wie sie so völlig von der Freude aneinander und der Umgebung in Beschlag genommen wurden. Aber das Herz Gottes ist eine Mischung aus Freude und Schmerz. Eines Tages in ferner Zukunft würde Philip die Bedeutung seines merkwürdigen Traumes mit der Kreuzigung entdecken. Und wenn diese Zeit gekommen war, würde er Margaret auf eine Weise brauchen, wie er es nie gedacht hätte. Und er würde zum ersten Mal völlig die Tiefe göttlicher Güte verstehen, in der ihm Gott Margaret geschenkt hatte.

# 6. Kapitel

# Cornwall – Persönlichkeiten

## (1958-1959)

Margarets erstes Zusammentreffen mit Philips Eltern war ein Albtraum.

Die Versöhnung zwischen Philip und seinen Eltern fand etwa in der Mitte seiner Kirchenarmeeausbildung statt. Seine Mutter und sein Vater hatten ihm geschrieben, dass sie ihn, nun, da er auf das einundzwanzigste Lebensjahr zuging, an seinem Geburtstag in London sehen wollten. Der Treffpunkt für diesen Anlass sollte der Londoner Zoo sein. Aus irgendeinem Grund war Mrs. Ilott davon überzeugt, dass der Zoo das ideale Ausflugsziel für einen jungen Mann war, der gerade an der Schwelle zur Volljährigkeit stand.

Philip machte sich große Sorgen wegen des Treffens. Er hatte immer noch Angst vor Ablehnung, und die zweijährige Funkstille, die jetzt enden sollte, hatte ihn innerlich verletzt.

Sie begrüßten sich sehr höflich, trotteten dann langsam durch den Zoo und starrten geistesabwesend die Tiere an. Philip hoffte inständig, dass seine Mutter ihn fragte, wie es ihm denn ginge, wie die Ausbildung lief, wie es am College war. Er wünschte sich, dass sie etwas zu seiner Uniform sagte, die er mit solchem Stolz trug, dass sie etwas sagte, irgendetwas, durch das sie zeigte, dass sie sich für sein Leben interessierte.

Er wurde enttäuscht. Sie wollte über keinen Bereich seines Lebens etwas hören, der nicht direkt mit ihr zu tun hatte. Sein Vater machte einige klägliche Versuche, aber es waren nicht seine Anerkennung und sein Interesse, die Philip wollte; jetzt nicht mehr. Dafür war es zu spät.

Als die Tour durch den Zoo zu Ende war, bekam Philip sein

Geschenk zur Volljährigkeit: ein Paar braune Wildlederschuhe, die er schon beim ersten Anblick abstoßend fand, und einen Kuchen. Es war alles ziemlich bizarr, aber zumindest sprach man wieder miteinander.

Nun, fast ein Jahr später, brachte er das Mädchen, das er zu heiraten gedachte, heim nach Newcastle, damit sie seine Eltern kennen lernen und eine Weile bei ihnen wohnen könnte. Es war ein großes Risiko – vielleicht größer als das, seinen neuen christlichen Glauben nach Hause zu bringen –, aber er hoffte und betete, dass Margarets natürlicher Charme alle Hindernisse überwinden würde.

Stattdessen aber verlief der Besuch in solch katastrophalen Bahnen, wie er es instinktiv geahnt hatte. Nur wenige Stunden, nachdem sie Margaret kennen gelernt hatte, verlor Philips Mutter jegliches Interesse an ihrer zukünftigen Schwiegertochter. Die Blumen, die ihr Margaret schüchtern überreicht hatte, erreichten nicht einmal das Innere des Hauses. Sie wurden außerhalb der Hintertüre in einen Eimer gestopft. Nichts an Margaret war in Ordnung. Zunächst einmal war sie die Tochter eines Schreibmaschinenmechanikers, außerdem eine Kirchenarmeeschwester, ein Mitglied jener kleinen schäbigen Organisation, die unaussprechliche Sachen an Straßenecken machte und die Philip davon abgehalten hatte, einem „anständigen" Beruf nachzugehen. Schließlich, sozusagen als Gipfel von alledem, erwähnte Margaret, dass ihre Stiefmutter Edith hieß – der gleiche Vorname wie Philips Mutter. Aus irgendeinem Grund ärgerte sie das unbändig.

Nach dem ersten Vormittag sprach sie kaum noch mit Margaret und kommunizierte mit ihr auf eine betont indirekte Weise durch Philip. Margaret war sehr verletzt und verwirrt. Sie hatte sich solche Mühe gegeben.

Nachts, als Philip in dem Zimmer, das einmal als sein „Schlafzimmer" bezeichnet worden war, zu schlafen versuchte, kam seine Mutter herein, um ihm in zischendem Flüsterton zu eröffnen, dass er sich das falsche Mädchen ausgesucht hätte und ihn zu fragen, was er sich dabei denke, so eine Person ins Haus zu bringen. Philip litt Qualen, tobte innerlich vor Zorn. Die boshafte Verweigerung von Anerkennung, zu einer Zeit, wo er sie am dringendsten gebraucht hätte, verwüstete ihn emotional.

Am nächsten Morgen begann dann der Prozess der Herabsetzung Margarets. Edith Ilott zog sich die elegantesten und teuersten Kleider an, die sie besaß. Diese schlampige kleine Rivalin sollte doch einmal sehen, wie eine richtige Frau aussah. Margaret hätte niemals mithalten können, selbst wenn sie gewollt hätte. Von dem Stipendium einer Kirchenarmeeschwester konnte man sich nicht viele Kleider kaufen. Es war eine scheußliche, demütigende Situation. Das Verhalten von Philips Vater gegenüber Margaret war unerwartet freundlich, aber es konnte die kaum versteckte Feindschaft seiner Frau natürlich nicht wettmachen.

Es war eine Erlösung, am nächsten Tag mit dem aufregenden Vorsatz, einen Verlobungsring zu kaufen, nach Newcastle aufbrechen zu können. Das Geld war knapp, aber das machte nicht viel. Ihr beider Herz klopfte, als ob sie tausend Pfund ausgeben könnten, als sich Margaret einen Ring mit einem kleinen Solitär aussuchte und Philip dem Mann hinter dem Ladentisch sechzehn Pfund und zehn Schillinge überreichte.

Als sie glücklich zu Hause ankamen, trafen sie auf Philips Mutter, wie üblich in Schale. Sie fragte, wo sie denn gewesen wären. Diesmal, dachte Philip, würde nichts schief gehen können. Er lächelte seine Mutter an und versuchte, ihr die besondere Freude ihres kleinen Abenteuers zu vermitteln.

„Wir waren in der Stadt und haben den Verlobungsring gekauft", sagte er.

Plötzlich erwachte Leben in Edith Ilott. Sie lehnte sich vor und streckte eine wunderschön manikürte Hand mit blutroten Fingernägeln aus. „Ooh!", sagte sie. „Zeig doch mal."

Margarets Gesicht färbte sich hübsch rot vor Besitzerstolz. Sie lächelte und legte ihren Ring in die Hand der älteren Frau.

„Oh, du meine Güte", rief sie verächtlich, und ihre Augenbrauen verzogen sich vor Geringschätzung, „der ist ja noch billiger als ein gewöhnlicher Ring!"

Tief verletzt murmelte Margaret etwas davon, dass der Preis nicht das eigentlich Wichtige sei, aber diese wenigen Worte des

Hohns hatten eine Wunde geschlagen, welche die Furcht und die Minderwertigkeit, die sie in Gegenwart dieser merkwürdigen, bedrohlichen Frau empfand, nur noch vergrößerte.

Eigentlich sollte der Besuch eine Woche dauern, aber Philip entschloss sich, ihn abzukürzen. Die herzlose Art, mit der seine Mutter Margaret behandelte, und ihre nächtlichen Besuche in seinem Zimmer, bei denen sie seine Partnerwahl kritisierte, waren einfach zu viel. Am nächsten Tag suchte er seinen Vater in seinem Büro in der Innenstadt auf und erklärte, dass sie, da der Besuch einfach nicht funktioniere und Margaret immer verstörter würde, sich entschlossen hätten, frühzeitig abzureisen. Sein Vater reagierte mit reuevollem Verständnis. Das Paar verließ Newcastle noch am gleichen Tag und fuhr zu Margarets Familie nach Kent.

Ein paar Tage später, nach der Mitternachtsmesse zu Weihnachten, nahm Philip Margaret mit in die Marienkapelle der Holy-Trinity-Kirche in Beckenham und machte ihr einen förmlichen, ziemlich sentimentalen Heiratsantrag, bevor er ihr das kleine metallene Rund mit dem Solitär auf den Mittelfinger der linken Hand steckte. Im Lichte der flackernden Weihnachtskerzen glänzten ihre Augen wie die Diamanten auf einem Tausendpfundring.

* * *

Philip genoss seine Arbeit in Chester, besonders nach seiner Reise nach London. Brian Tompkins war ebenso evangelikal wie Philip anglo-katholisch, aber es bestand kein Zweifel, dass sie beide demselben Jesus folgten, und vom Temperament her passten die beiden gut zusammen. Es war eine Krankheit, die die Arbeitsgemeinschaft zu einem vorzeitigen Ende brachte.

Philip hatte am College zwei rätselhafte Anfälle erlitten. Der Doktor hatte es Philips Überarbeitung zugeschrieben, was ja auch Sinn machte, aber Philip war jedes Mal recht entnervt gewesen. Krankheit roch irgendwie nach Unvollkommenheit oder Versagen. Der Gedanke, dass seine Mutter davon erfahren könnte, versetzte ihn in Angst und Schrecken. Ein Sohn von Edith Ilott konnte niemals etwas anderes als kerngesund sein.

Dieses Mal war die Sache ernster. Einmal brach Philip völlig zusammen und war eine halbe Stunde lang oder länger ohnmächtig. Als er wieder zu sich kam, konnte er sich an nichts, was vor dem Anfall gewesen war, erinnern und hatte auch keine Ahnung, wie lange er weggetreten gewesen war. Der zweite Zusammenbruch war sogar noch ernster. Philip war gezwungen, einige Zeit im Bett zu bleiben. Offensichtlich war er schwer krank. Brian Tompkins, dem der Hausarzt gesagt hatte, dass wahrscheinlich Erschöpfung die Ursache wäre, kam zu dem Entschluss, dass die Arbeit in dem Wanderwagen in Chester zu anstrengend war und sein erst kürzlich in Dienst genommener Assistent wohl besser in einer entspannteren Umgebung aufgehoben wäre. Er sorgte dafür, dass Philip zu einem anderen Wanderwagen versetzt wurde, dieses Mal nach Truro in Cornwall.

Theoretisch war dies die optimale Unterkunft. Der Wanderwagen war der neueste und modernste in der gesamten Kirchenarmeeflotte und Cornwall selbst war so schön wie eh und je. Aber mit Philips jungem Offizier in Truro, einem bunten Vogel namens Barry Newman, war es viel schwerer zu leben und zu arbeiten als mit Brian Tompkins.

Ebenso wie Philip war Barry Angehöriger der Hochkirche, aber seine Art zu arbeiten war doch entschieden anders. Seit seinen Anfangstagen im College hatte Philips Einstellung eine dramatische Erweiterung erfahren, aber innerlich kämpfte er immer noch mit den Vorstellungen von richtig und falsch. Es war nicht immer leicht für ihn zu sehen, was hinnehmbar war und was nicht. Barry Newman auf der anderen Seite war einer jener geselligen, selbstbewussten Typen, die sicher und mit Leichtigkeit über die Abgründe des Zweifels oder der Unsicherheit hüpften, über denen andere nur sorgenvoll brüteten.

Es war ein beträchtlicher Schock für Philip, als er zum ersten Mal von einem evangelistischen Gottesdienst in den Wagen zurückkam und Barry mit zwei Mädchen vorfand, eine auf jedem Bein. Nicht, dass es hier um eine Frage des Anstands gegangen wäre. Es war nur, dass dieser andere Mann eine magnetische Anziehungskraft hatte – und er mochte Mädchen! Philip konnte einfach nicht umhin, dass das doch etwas zu viel des Guten war. Showgehabe und Koketterie schienen sich mit der allgemeinen Natur ihrer Mission nicht zu vertragen.

In einigen ehrlicheren Momenten musste sich Philip jedoch eingestehen, dass seine negative Einstellung Barry gegenüber zumindest zum Teil darauf beruhte, dass er sich von der extravaganten Art jenes Mannes und seinem strahlenden Lächeln in den Schatten gestellt fühlte. Während des ganzen Jahres in Cornwall wurde Philip das Gefühl, herabgesetzt zu sein, das Gefühl, keine Anerkennung erlangen zu können, nie los. Im College war er einer der Hauptdarsteller gewesen, ein Starstudent; jetzt spielte er den Silas für einen anderen Paulus oder er fühlte sich wie ein kleines Hündchen, das hinter seinem Herrn hertrottete. Als jemand, der ständig ängstlich auf seinen eigenen Dienst schaute, empfand er diese Situation doppelt schwer, zumal einige von den krasseren Exzessen seines Kollegen ihn wahrlich in Verlegenheit brachten.

Die Beziehung überlebte, wie sie es in dem begrenzten Raum eines Kirchenarmeewagens auch musste. Und es gab immer viel zu tun. Alle paar Tage war es wieder Zeit, zu einer neuen Kirchengemeinde zu ziehen. Dazu musste man jemanden mit einem Auto oder einem Land Rover finden, der bereit war, den Wanderwagen (gegen Bezahlung oder auch nicht) zu seinem nächsten Standort zu schleppen, während die beiden Hauptmänner der Kirchenarmee auf Barrys Motorrad folgten, einer Maschine, die sich mit dem Namen „Georgina" schmückte.

Von Portscatho auf der Roseland-Halbinsel reisten sie weiter nach St. Just, von da aus weiter nach St. Mawes. Überall genossen sie die Schönheit der Landschaft um sich herum und freuten sich schon darauf, die Örtlichkeiten ihrer jeweils nächsten Station zu entdecken. Manchmal wurde der Wagen auf dem Gelände einer Kirche geparkt oder im Garten des Pfarrers oder sogar mitten auf einem Feld.

An jedem Ort herrschte die gleiche Routine. Zuerst ein offizieller Begrüßungsgottesdienst mit dem örtlichen Pfarrer, dann eine Woche oder länger Haus- oder Schulbesuche und abends spezielle Gottesdienste, in denen an die Arbeit vom Tag angeknüpft wurde.

Es hätte ein sehr schöner und erfüllender Lebensstil sein können, wenn Philip besser mit seinem Offizier klargekommen wäre.

Er fing an, seine freien Tage in besonderer Weise zu genießen, wo er ganz alleine wandern gehen konnte und einfach nur betete oder an Margaret dachte.

Philip hätte noch zwei oder mehr Jahre in Truro bleiben können, wenn er nicht wieder von der Krankheit, die ihn die letzten paar Jahre seines Lebens verfolgt hatte, niedergestreckt worden wäre. Diesmal brach er mitten in einem evangelistischen Gottesdienst zusammen und wurde in ein freies Zimmer eines kleinen Cottages gesteckt, das einem älteren Ehepaar namens Ball gehörte. Die Diagnose des neuen Doktors war nicht präziser als die von Philips bisherigen Ärzten.

„Überarbeitung" war wieder einmal die einzige Erklärung, aber obwohl die Vorstellung von „gesundheitlichen Problemen durch Übereifer" etwas Heroisches an sich hatte, war es doch alles in allem ziemlich Besorgnis erregend. Was wäre, wenn Philip ein ernsthaftes, voranschreitendes Leiden hatte? Der Gedanke rief in ihm eine merkwürdige Mischung aus Scham und Angst hervor.

Wenn seine Diagnose auch vage war, so war sich der Arzt doch sehr sicher, was die Behandlung anging. Philip sollte zwei Wochen im Bett bleiben und sich ausruhen, bis er sich wieder völlig fit fühlte. Mr. und Mrs. Ball waren äußerst hilfsbereit und boten dem „armen jungen Hauptmann" so lange ihr Gästebett an, wie er es brauchen würde. Also machte es sich Philip zu Beginn seiner erzwungenen Immobilität gemütlich und war einigermaßen erleichtert, nicht im Wanderwagen eingesperrt zu sein.

Das alte Paar kümmerte sich sehr um ihn; besonders Mr. Ball bewies am ersten Tag, als Philip bei ihnen wohnte, einen beträchtlichen Scharfsinn. Er erschien im Eingang zu Philips Zimmer und umklammerte eine große grüne Blumenvase. Nachdem er seinen Blick bedeutungsvoll von Philip auf die Vase und wieder zurück gerichtet hatte, sagte er in seinem breiten Cornwall-Dialekt: „Des könn's vielloicht gebrauchn!"

Philip starrte gebannt auf das Gefäß und grübelte, was das, was wie eine verschlüsselte Botschaft geklungen hatte, bedeuten mochte. Da er weder in der Vase noch in der Botschaft eine kryptische Nachricht entdecken konnte, entschloss er sich, Mr. Balls Bemerkung wörtlich zu nehmen.

„Hat mir jemand Blumen geschickt?", fragte er freudig.

Erst später, als keine Blumen kamen und die Vase immer noch neben seinem Bett stand, verstand er, wofür sie gedacht war. Er war eben immer noch ein sehr naiver junger Mann.

Eine unerwartete Freude: Nachdem Philip Margaret nach Clapham geschrieben und ihr von seiner Krankheit berichtet hatte, wurde sie von ihren Aufgaben freigestellt und kam mit dem Zug angereist, um ein paar Tage bei ihm zu sein. Sie wohnte in einem nahe gelegenen Cottage. Es waren selige Tage, umso mehr, als sie so unerwartet gekommen waren, aber der Tag der Abreise warf einen düsteren Schatten über die unmittelbare Zukunft. Es war wieder Zeit, zurück zu Barry Newman in den Wanderwagen zu ziehen, und das war keine besonders verlockende Aussicht.

Philip rackerte eine Weile so weiter. Er vermisste Margaret jetzt furchtbar, bis die Kombination aus Angst wegen seiner immer noch nicht geklärten Krankheit und den unbefriedigenden Arbeitsbedingungen zu viel für ihn wurde. Außerdem, und das war ein weit stichhaltigerer Grund, brachte die Versetzung bei der Kirchenarmee das frustrierende Gefühl mit sich, an einem Ort anzukommen, mit den Leuten zu arbeiten und sogar Bekehrungen zu erleben, dann aber wieder gehen zu müssen, ohne etwas mit der Nacharbeit zu tun zu haben. Und dieses Gefühl war bei ihm immer größer geworden. Was auch immer der wirkliche Grund gewesen sein mochte, Philip schaffte es jedenfalls, seine Vorgesetzten davon zu überzeugen, dass eine Versetzung an eine dauerhaftere, ortsfeste Stelle für ihn angebracht sei.

1959, gegen Ende des Jahres, erhielt er das Angebot für eine Stelle in der Missionskirche „St. Franz von Assisi" in Ashford. Die Vorstellung war ideal: ein Ort, an dem man sich niederlassen und einer wirklich nützlichen Arbeit nachgehen konnte. Und was noch besser war: Im Vergleich zu Truro lag es ausgesprochen nahe bei Clapham.

## 7. Kapitel

# Ashford – Ein Fahrrad, eine Braut und ein Baby

## (1959-1962)

Philips neuer Gemeindepriester war ein Furcht einflößender Mann.

Pater Peter Goldsmid war eine leidenschaftliche Persönlichkeit, gleichzeitig voller Liebe und voller Zorn. Er war als Kind adoptiert worden, außerdem war irgendeine tief sitzende Wut oder Frustration durch seine Erfahrungen als Kriegsgefangener nur noch verschlimmert worden. Von Anfang an schrie er Philip ständig an und versetzte ihn damit regelmäßig in Angst und Schrecken, bis mit der Zeit herauskam, dass hinter seinen niederschmetternden Worten offensichtlich eine Liebe stand, die er nicht anders ausdrücken konnte. Jene, die diesen Mann gut kannten, kamen damit klar, aber Philip hätte sich zu Beginn seines Dienstes nicht leichter mit dem Priester auseinander setzen können als während seiner Armeezeit mit dem Kompaniefeldwebel Burton.

Pater Goldsmid, ein großer, dunkelhaariger Mann mit stechenden Augen, übertrug Philip die Verantwortung für den Aufbau der Gemeindearbeit von „St. Franz von Assisi", der kleinen Tochterkirche, die am Rande einer großen städtischen Länderei stand. Er sollte dort auf diesem Grundstück wohnen, zusammen mit einem Ehepaar namens Bert und Claire Pay, die kurz vor der Pensionierung standen. Es werde von ihm erwartet, dass er sich besonders um die Jugendarbeit kümmere.

„Noch Fragen?"

„Nein, keine Fragen."

Die nächsten Worte des Priesters versetzten Philip dann aber doch in Panik, die er hastig zu verbergen suchte: „Als Erstes müssen wir einen fahrbaren Untersatz für Sie finden!"

„Fahrbarer Untersatz?", dachte Philip, und sein Herz begann vor Angst schneller zu schlagen. „Was für ein fahrbarer Untersatz?" Glaubte dieser kompromisslos energische Mann etwa, er habe einen Führerschein? Er hatte in seinem ganzen Leben noch nie hinter dem Lenkrad eines Autos gesessen, geschweige denn sich einer Fahrprüfung unterzogen. Was für eine Explosion würde diese Offenbarung hervorrufen? Er wusste, dass er sein Defizit bekennen musste, aber die Worte in seinem Mund duckten sich vor Angst herauszukommen.

„Glücklicherweise", fuhr der Priester fort, „kenne ich einen verstorbenen Briefträger."

Philip starrte ihn verständnislos an.

„Ich meine natürlich, sein Ableben ist ein Glück für Sie und Ihre Mobilitätsbedürfnisse. Ich habe bereits den Erwerb seines Fahrrads für Sie arrangiert."

Die Erleichterung, die, nachdem er diese Botschaft vernommen hatte, Philips Geist durchflutete, war nur von kurzer Dauer. Er war nämlich auch noch nie auf einem Fahrrad gefahren. Jetzt war es an der Zeit, dies klarzumachen.

„Vielen Dank", sagte er matt.

„Ach, man muss die Gelegenheit nur beim Schopfe fassen", sagte Pater Goldsmid. „Wir fahren jetzt mit dem Auto hin und schauen, ob es die richtige Größe ist. Wenn ja, können Sie zurück bereits radeln. Auf geht's!"

Während der kurzen Fahrt vom Pfarrhaus zum Haus des verstorbenen Briefträgers versuchte Philip, allen Mut zusammenzunehmen, um seinem heißblütigen Gefährten zu sagen, dass er noch nie auf zwei Rädern balanciert hatte, aber jedes Mal, wenn er seinen Mund öffnete, erschien ihm der Anblick des grimmigen Profils dieses cholerischen Priesters zu bedrohlich, und er schloss ihn wieder.

Nachdem sie bei besagtem Haus angekommen waren, deutete der Priester auf ein robust aussehendes Fahrrad, das an einem Gartenzaun lehnte. „Da ist es", verkündete er entschlossen. „Ist ein gutes Rad! Schwingen Sie sich drauf, und schauen Sie mal, ob es die richtige Größe ist."

Etwas errötend nahm Philip den Lenker und schob das Gerät in die Mitte des Gartenwegs. Er hüpfte ein wenig auf einem Fuß, um das Gleichgewicht zu halten, und schwang dann sein anderes Bein über die Querstange. Nach einem hektischen Augenblick, in dem er mit dem Fahrrad beinahe umgestürzt wäre, und seinem verzweifelten Versuch, das Gleichgewicht wieder herzustellen, schaffte er es, eine ziemlich überzeugende Stabilität im Stehen zu erreichen.

„Passt wie angegossen!", bellte Pater Goldsmid. „Ich geh' eben und bezahle."

Während er in dem kleinen Haus verschwand, fiel Philip ein Stein vom Herzen. Der Priester würde mit dem Auto vorfahren und er könnte sein Fahrrad zu seiner Unterkunft zurückschieben und alleine Rad fahren üben, wenn er Zeit hatte. Es hätte also schlimmer kommen können. Wenn er jetzt einfach hier auf seinem Fahrrad sitzend, und ohne sich zu rühren, wartete und so tat, als ob er sich auf den Moment freuen würde, wo er tatsächlich losfuhr, müsste das eigentlich klappen.

„In Ordnung! Fahren Sie los! Ich folge Ihnen mit dem Auto."

Pater Goldsmids Worte erschütterten Philips zerbrechliches kleines Gebäude der Erleichterung. „Oh, kann ich nicht, äh ... kann ich nicht einfach das Fahrrad schieben und ...?"

„Auf geht's! Ich folge Ihnen. Worauf warten Sie?"

Da gab es keine Diskussion. Und jetzt war es auch zu spät, mit der Wahrheit herauszurücken. Philip fühlte sich blass, innerlich wie äußerlich, trippelte mit dem Fahrrad hinaus bis an den Rand der belebten Hauptstraße und balancierte einen Moment unsicher mit einem Fuß auf dem Bordstein. Hinter ihm schlug eine Autotür zu und ein Motor stotterte sich selbst ins Leben. Philips geflüstertes Stoßgebet war ein höchst inbrünstiges: „Bitte, Herr, hilf mir, hier auf dem Fahrrad zu bleiben! Hilf mir! Bitte hilf mir!"

Sein Gebet wurde genau bis zu dem Punkt erhört, wo er vom Fahrrad fiel. Er musste herunterfallen, er wusste nicht, wie er sonst hätte absteigen sollen.

Die Fahrt zum Pfarrhaus war eine haarsträubende Erfahrung, ein sprunghafter, schwankender Albtraum einer Fahrt, während der Philip sich der Wellen der Wut und der Verwirrung, die von dem langsam fahrenden Gefährt hinter ihm ausgingen, sehr wohl bewusst war. Während er in sein Fahrrad verwickelt auf dem Bordstein vor dem Pfarrhaus lag, hörte er die Autotür ein weiteres Mal gehen. Dann stand Pater Goldsmid über ihm und atmete schwer durch seine Nüstern. „Du meine Güte, Mann!", sagte er mit wütender Beherrschung, „Sie sind wohl schon lange nicht mehr Rad gefahren, was?"

„Nein, Pater", konnte Philip nur schwach antworten.

Während der nächsten zwei Wochen verbrachte Philip manch freie Stunde damit, auf einem örtlichen Spielplatz Runde um Runde zu drehen, bis er einigermaßen sicher auf zwei Rädern war. Er schaffte es sogar, zum Haus des verstorbenen Briefträgers zu radeln, um der Witwe für die Bereitstellung des Fahrrades zu danken. Dabei entkam er nur deshalb knapp einer privaten Vorführung der Stelle, wo sie an der Gallenblase operiert worden war, weil der Milchmann an der Hintertür erschien und sein Geld wollte. Fast wäre es eine wirklich scheußliche Situation geworden.

Das Leben in der Unterkunft funktionierte gut. In der städtischen Wohnung der Pays in der Poncia Road erhielt Philip ein gemütliches Schlafzimmer im ersten Stock und ein Studierzimmer im Erdgeschoss. Bert und Claire waren ein reizendes älteres Paar, aber sie waren sehr verschieden. Bert war besessen von Religion. Sie war alles, über das er sprach, morgens, mittags und abends. Obwohl Philip sich gerne mit dem alten Mann über solche Dinge unterhielt, hatte Claire manchmal einfach die Nase voll. Oft, wenn Bert weg war, drehte sie das Radio an, suchte nach Tanzmusik – Victor Sylvester war ihr Lieblingsinterpret – und lud dann ihren jungen Untermieter zu einem Tänzchen im Wohnzimmer ein, bis das Quietschen von Berts Fahrrad vor der unmittelbar bevorstehenden Rückkehr seines Besitzers warnte und das Tanzen aufhören musste. Claire hätte Philips Großmutter sein können und die Tänze waren nichts als ein harmloser Spaß, aber manchmal drückte sie ihn schon recht nah an sich heran.

Philip engagierte sich sehr für die Jugend und stellte erfreut fest, dass er ein echtes Talent hatte, junge Leute zu begeistern und zu motivieren. Unter seiner Leitung wurde eine ohnehin schon riesige Sonntagsschularbeit noch größer. In dem Jugendklub, den er ins Leben gerufen und dem er den Namen „Die jungen Franziskaner" gegeben hatte, führte er zur Unterhaltung der Gemeindeteenager moderne Musik und Tanzen ein. Auch der Jugendklub blühte auf.

Es war das Zeitalter eines Adam Faith, eines ganz jungen Cliff Richard, eines Screaming Lord Sutch, ebenso wie das einer eher „zweifelhaften" Musikrichtung wie Jazz. Deutlich befreit von seiner Anti-Spaß-Phase, die er einige Jahre zuvor noch besaß, setzte Philip nun eine Jazzband in den monatlich stattfindenden Jugendgottesdiensten ein und tanzte auch öfters zusammen mit den Teenagern bei den Treffen der jungen Franziskaner.

Er war die meiste Zeit des Tages stark beschäftigt, zum Teil deshalb, weil er von Natur aus ein äußerst aktiver Typ war, zum anderen, weil Peter Goldsmid einen lückenlosen, detaillierten Bericht verlangte von allem, was er getan, mit wem er gesprochen oder wen er getroffen hatte, und auch von allem, was er für die Zukunft plante. Der Zorn des Priesters konnte jederzeit und aus den kleinsten Anlässen ausbrechen. Arbeit und die ordnungsgemäße Dokumentation der Arbeit waren, oberflächlich gesehen jedenfalls, das einzig wirklich Wichtige. Krankheit schien er als eine absichtliche persönliche Beleidigung aufzufassen.

Während seiner drei Jahre in Ashford erlitt Philip drei Anfälle seiner mysteriösen Krankheit, die dieses Mal als „nervliche Erschöpfung als Folge von Hyperaktivität" diagnostiziert wurde. Jedes einzelne Mal tobte Pater Goldsmid. Er verschwendete keine gütigen Worte an diesen verweichlichten Jungen, der vorgab, von irgend so einer spinnerten modernen Krankheit befallen zu sein, die es womöglich noch nicht einmal gab! Philip, dem es in jenen Tagen wirklich sehr schlecht ging, musste nicht nur die Krankheit ertragen, sondern auch noch erhebliche, durch den Ärger und die Verachtung seines Priesters ausgelöste Schuldgefühle.

Mit der Zeit spürte er jedoch, dass sich hinter Pater Goldsmids Angriffen ein ganz anderer Geist verbarg, und so wurde er nie nachtragend und nahm es auch nicht allzu übel, wenn der Pater ihn immer wieder wie ein verängstigtes Kaninchen aussehen ließ. Aber es war schon schwer, nicht doch eine gewisse Befriedigung zu empfinden, als der Priester eines schönen Tages auf eine recht eindrückliche Art und Weise seine Würde verlor.

Es passierte auf der brechend vollen Jahreshauptversammlung des Gemeinderats, dem Pater Goldsmid von seinem Ehrenplatz am Ende eines langen Tapeziertisches vorstand. Während er versuchte, der versammelten Gesellschaft seinen jähzornigen Standpunkt aufzuzwingen, fing er an, laut zu schreien und mit seiner Faust auf den Tisch zu schlagen. Wenn er sich dabei nicht gleichzeitig auf seinem Stuhl zurückgelehnt hätte, sodass dieser nur noch auf zwei Füßen stand, wäre alles wunderbar glatt gelaufen. Stattdessen warf ihn die schiere physische Energie seiner verbalen Attacke nach hinten. Er landete auf dem Rücken und wedelte wild mit den Füßen in der Luft.

Die geschockte Versammlung hörte nur noch ein gedämpftes, aber wütendes Zischen. Nancy Goldsmid, die im Gegensatz zu ihrem Mann durchaus charmante Ehefrau des Würdenträgers, lehnte sich zu Philip herüber, der neben ihr zu ersticken drohte, und flüsterte trocken: „Geschieht ihm recht!"

Am 16. September 1961 heirateten Philip und Margaret in der Heimatgemeinde der Puddicombes in Beckham, nachdem Pater Goldsmid widerwillig eingesehen hatte, dass in diesem Fall eine kurze Unterbrechung der gewohnten Abläufe notwendig sei.

Erst eine Woche vor der Hochzeit sagten Philips Mutter und Vater definitiv zu, zum Gottesdienst zu kommen. Seit Margarets erstem zermürbenden Zusammentreffen mit Philips Mutter war das Verhältnis wechselhaft und angespannt gewesen, obwohl Philip auch weiter in der eher kläglichen Hoffnung, die immer seine Verbindung mit zu Hause gekennzeichnet hatte, seinen Eltern Briefe geschrieben hatte. Margaret konnte nicht verstehen, warum er so hartnäckig war. Es war schwer zu erklären, dass es, trotz seiner Bekehrung und der Beichte, immer noch eine wichtige Stimme in ihm gab, die nach der Liebe und Anerkennung seiner Mutter schrie.

Am Abend vor der Hochzeit trafen Philips Eltern zum ersten Mal Margarets Vater und ihre Stiefmutter. Für Edith Ilott war es ein Schock. Margarets Vater, ein sehr direkter und energischer Mann, war fest entschlossen, den Hochzeitstag seiner Tochter nicht durch solche Anwandlungen, wie sie Margaret bei jenem ersten Treffen verletzt hatten, verderben zu lassen. An das Paar aus Newcastle gewandt, machte er aus seiner Meinung keinen Hehl: „Also, damit das klar ist: Sie werden sich morgen wirklich benehmen müssen. Wir wollen keine Szene …"

Vermutlich durch diese ungewohnte männliche Dominanz gebändigt, benahm sich Philips Mutter tatsächlich tadellos, und die Hochzeit lief ohne Probleme ab. Terry Crolley, Philips einfallsreicher Freund aus Collegetagen, war Trauzeuge, während Barry Newman als Platzanweiser diente. Für Philip war dies eine gute Gelegenheit, einer Beziehung, die nie eine Zierde für sein geistliches Selbstbild gewesen war, damit das Siegel des Friedens aufzudrücken.

Philip explodierte fast vor Freude und Nervosität, als er vorne in der Kirche seinen Platz neben Margaret einnahm, und zuckte nur leicht zusammen, als sie sich diskret hinüberbeugte, um seinen Zettel mit dem Ablauf des Gottesdienstes richtig herumzudrehen. Philip wusste noch nichts davon, dass Mr. Puddicombe seine Mutter ins Gebet genommen hatte, und fürchtete immer noch, dass mitten im Gottesdienst etwas Schlimmes passieren könnte. Besonders angespannt war er an dem Punkt, als der Pastor sagte: „… wenn jemand irgendeinen Grund weiß, warum diese nicht ehelich verbunden werden können, so rede er jetzt …" Er fragte sich, ob seine Mutter als Antwort darauf vielleicht in Ohnmacht fallen oder zusammenbrechen würde – irgendeine Reaktion, die geeignet war, die Aufmerksamkeit auf sie zu ziehen statt auf das junge Paar. Es hätte ihn nicht im Geringsten überrascht. Aber es passierte nichts.

Als Philip seine Braut nach der Eintragung ins Heiratsregister wieder durch die Kirche zum Ausgang führte, sah er im Vorübergehen das Gesicht seiner Mutter, angespannt, aber kontrolliert. Und plötzlich tat sie ihm Leid. Vor dem Gottesdienst hatte er ihr noch eine Brosche überreicht, als Zeichen, dass er sie trotz seiner Heirat nicht vergessen hatte. Unerwarteterweise hatte sich darüber gefreut und trug das Schmuckstück, als er an ihr vorbeizog. Die Brosche hatte bedeutend mehr gekostet als der Fünfpfundschein, den sein Vater ihm heimlich vor dem Gottesdienst in die Hand gedrückt hatte. „Der ist für deine Hochzeit", hatte er gesagt. Philip war so bestürzt und enttäuscht darüber gewesen, dass er ihn beinahe zerrissen hätte. Aber fünf Pfund waren fünf Pfund und die Flitterwochen würden teuer werden.

Auf dem Empfang konnte Philip alte Freunde und Verwandte begrüßen, die er lange Zeit nicht gesehen hatte. Seine Großmutter war da. Sie lächelte und freute sich mit ihm. Donald Lynch war da, der Rektor des Colleges, zusammen mit einem großen Aufgebot an verheirateten Mitgliedern der Kirchenarmee, alle schick angezogen in der wohl bekannten grauen Uniform. Philip genoss alles – die Leute zu treffen, einer der Stars des Tages zu sein, die Reden und das Anschneiden der Torte. All das machte sein Herz warm. Aber am meisten freute er sich darüber, dass Margaret und er nun zusammengehörten und dass er, solange sie beide lebten, nie wieder allein sein würde.

Auf ihrem Weg nach Devonshire verbrachten die Frischvermählten die erste Nacht ihrer Flitterwochen in dem neuen Strand Palace Hotel in London. Wahrscheinlich hatte es noch nie ein so offensichtlich flitterndes Paar wie Philip und Margaret gegeben. Sie gaben sich zwar große Mühe, möglichst lässig und erfahren zu wirken, aber die kräftige Farbe ihrer Gesichter und ihre nervöse Steifheit verkündeten die Wahrheit in stiller Beredsamkeit von dem Moment an, als sie das Hotel betraten. Als sie endlich die Sicherheit ihres Zimmers erreicht hatten, öffnete Philip einen ihrer Koffer, nur um festzustellen, dass er bis zum Rand mit Konfetti gefüllt war. Durch das Öffnen des Deckels ergoss sich ein Strom vielfarbiger Papier-Teilchen über das Bett und den Teppich. Hastig ließen sich beide auf Hände und Knie nieder, um möglichst rasch alle Anzeichen ihres frisch vermählten Zustandes zu beseitigen. Bevor nicht das allerletzte Stückchen vom Bett aufgelesen und sorgfältig in den Papierkorb neben der Tür geworfen war, fühlte

sich das junge Paar nicht in der Lage, Seite an Seite auf der Bett-
kante zu sitzen und gemeinsam erleichtert aufzuatmen. Genau in
diesem Moment ließ das Schicksal ein junges Zimmermädchen
durch die Tür hereinplatzen, das beim Eintreten den Papierkorb
umwarf und die eben erst zusammengesuchten Konfetti von
neuem über den ganzen Teppich verteilte. Das Mädchen blickte
von der farbenfrohen Bescherung zu den knallroten Gesichtern
des jungen Paares am Ende des Bettes und kicherte spitz. Man
hätte ein Pfund Schinken auf Philips Gesicht braten können.

Am nächsten Morgen, zu sehr früher Stunde, während Philip
und Margaret noch fest schliefen, gab es ein lautes Klingeln an
der Tür, und ein Kellner mit einem schwer beladenen, silbernen
Frühstückstablett kam herein. Während er sich sein Bewusstsein
zurückerkämpfte, starrte Philip mit trüben, ungläubigen Augen
auf die Uhr, die neben seinem Bett stand. Was um alles in der
Welt machte dieses gottähnliche Wesen zu dieser frühen Stunde in
ihrem Zimmer mit einem riesigen, nicht bestellten Frühstück? Der
Kellner war viel zu erhaben, als dass man mit ihm Streit hätte anfangen können. Und was würde er sagen, wenn er später das Tablett abholen wollte und das Essen unberührt fände? Philip krächzte
dem hinausgehenden Aristokraten ein Wort des Dankes hinterher
und weckte die immer noch schlummernde Margaret. Schläfrig
arbeiteten sie sich gemeinsam durch den Inhalt des Tabletts.
Schließlich war alles geschafft. Philip beugte sich nach unten und
schob das Tablett unter das Bett. Das Paar kuschelte sich wieder
unter die Decke, um seine Nachtruhe, die so überraschend unterbrochen worden war, fortzusetzen. Es war nicht schwierig, wieder
in die Welt der Träume hinüberzugleiten.

Philip war fast dort angekommen, als ein lautes Klingeln ihn
erneut aus dem Schlaf riss. Es war abermals die Tür. Aufrecht im
Bett sitzend und mit einem kleinen Stöhnen auf den Lippen, beobachtete er ungläubig, wie ein anderer Kellner hereinkam und auf
einem weiteren Silbertablett ein weiteres gigantisches Frühstück
hereintrug. Auch dieser Mann sah aus, als ob er ein Herzog oder
ein Graf war, der schwierige Zeiten durchmachte und gezwungen
war, in der Hotelindustrie einer niederen Beschäftigung nachzuge-

hen. Und einem Grafen konnte man doch nicht sagen, dass man das Frühstück, das er eben erst zwei Etagen hochgeschleppt hatte, nicht haben wollte.

„Vielen Dank", murmelte Philip dem Grafen hinterher, während er sich hinüberbeugte, um seine Frau wachzustupsen.

Margaret war nicht wenig verwundert, dass es schon wieder Zeit zum Frühstücken war. Was für ein merkwürdiges Hotel! Heldenhaft ging das müde Paar auch das zweite Morgenmahl an. Schließlich ließen sie sich überfüllt und entkräftet wieder auf ihre Kissen fallen, in der Hoffnung, vielleicht doch noch ein Stündchen Schlaf zu ergattern, bevor es Zeit zum Aufstehen war.

Diesmal war es nicht mehr ganz so einfach, in die Bewusstlosigkeit zu versinken. Dennoch hatte Philip es beinahe geschafft, als seine Nerven noch einmal durch das Geräusch der läutenden Türglocke zerfetzt wurden. Er saß kerzengerade im Bett und konnte soeben noch einen kleinen Schrei unterdrücken, als ein dritter Kellner majestätisch in das Zimmer segelte, auf der einen Hand ein volles Tablett balancierend, während er mit der anderen die Tür aufdrückte. Diesmal war der Frühstückslieferant wahrhaft königlich, ein erst kürzlich ins Exil gegangener Monarch aus irgendeinem mitteleuropäischen Land. Mindestens. Nicht jemand, der es gewohnt war, sein Frühstück von einfachen Bürgern abgeschlagen zu bekommen. Philip verzog sein Gesicht zu einem gespenstischen Lächeln, als Seine Majestät das Tablett vor ihnen platzierte und elegant hinausrauschte.

Margaret musste diesmal nicht geweckt werden. Sie starrte mit geschwollenen Augen über den Rand der Bettdecke auf die dritte gigantische Ladung Fruchtsaft, Gebratenes, Toast, Marmelade und Kaffee. Sie und Philip sahen einander an. So sehr sie auch Frieden halten wollten in dieser außergewöhnlichen Einrichtung, deren Versorgungsvorkehrungen völlig außer Kontrolle geraten schienen, keine Macht der Welt konnte sie jetzt dazu bringen, ein drittes Frühstück zu verdrücken.

Später, nachdem die beiden frisch Vermählten ihre Rechnung bezahlt und dann eilig abgereist waren, bevor ihnen noch jemand einige Mittagessen anbieten konnte, entdeckte ein verwirrtes Zimmermädchen drei Frühstückstabletts unter ihrem Bett, von denen eines noch völlig unberührt war.

Der Rest der Flitterwochen verlief durchaus angenehm und ohne größere Überraschungen.

* * *

Philip und Margaret liebten sich sehr. Dennoch ging die erste Zeit ihrer Ehe nicht ohne Probleme ab, besonders für Philip. Er fand es sehr schwer, seine Erwartungen von Margaret als Ehefrau von seiner Neigung, mütterliche Verhaltensweisen von ihr zu erwarten, zu lösen, ein Problem, das auch Jahre später noch nicht richtig gelöst werden sollte. Ihr Eheleben wurde dadurch in mehrfacher Hinsicht in Mitleidenschaft gezogen.

Ganz abgesehen von ihrer physischen Beziehung, die bei Philip zwanzig Jahre alte Erinnerungen wachrief und diese in den ungeeignetsten Momenten ins Bewusstsein kommen ließ, gab es solche Dinge wie unnötige Fragen, ob man nach draußen gehen dürfe oder nicht, und Versuche, kleinere Unfälle oder Fehler in einer sehr kindischen Art und Weise zu vertuschen, als ob Margaret so verurteilend und nachtragend gewesen wäre wie seine Mutter.

So verschüttete Philip einmal zu Beginn ihrer Ehe beim Mittagessen etwas Soße über die Tischdecke und verwirrte seine Frau völlig, indem er sich auf eine Art und Weise entschuldigte, als hätte er sie mit dem Feuerhaken halb tot geschlagen. „Aber Schatz", sagte sie nur, „wir waschen die Decke einfach. Das ist doch kein Problem."

Es dauerte eine Weile, bis Philip gelernt hatte, dass der Charakter dieser neuen Frau in seinem Leben gekennzeichnet war durch Annahme und eine liebende Toleranz, die nicht wieder verschwinden würden, nun, da sie ihre beiden Leben in inniger Vertrautheit verbunden hatten. Die Zeit und Beharrlichkeit taten ihr Übriges, ebenso wie der Kontakt zu Margarets Familie, die traditionell patriarchalisch war.

Mr. Puddicombe hieß Philip in seinem Haus immer so willkommen, als ob er sein eigener Sohn wäre. Die Atmosphäre in diesem

Heim war erfüllt von Ordnung und Sicherheit. Philip liebte das und es tat ihm gut. Besonders mochte er die Momente vor den Mahlzeiten, wenn Margarets Vater ein feierliches und zeremonielles Dankgebet sprach. Es passte einfach so gut.

Margarets Probleme waren eher praktischer Natur. Philip verfügte als Hauptmann der Kirchenarmee lediglich über ein wöchentliches Einkommen von fünf Pfund. Davon konnten nur ein Pfund und zehn Schillinge Haushaltsgeld abgezweigt werden. Als Philip eines Tages nach Hause kam, fand er seine hübsche junge Frau in Tränen, weil sie sich schlicht nicht in der Lage sah, mit dieser Summe auszukommen. Sie hatte eine Zeit lang geschwiegen, denn es war ihr bewusst, dass, wenn alle Rechnungen bezahlt waren, es einfach kein Geld mehr gab und Philip durch ihre Traurigkeit sehr bestürzt gewesen wäre. Es stellte sich jedoch heraus, dass es schon eine große Hilfe war, solche Schwierigkeiten anzusprechen, auch wenn eine Lösung nicht in Sicht war. Und außerdem war Pater Goldsmid nicht der Mann, zu dem man ohne weiteres mit Problemen kommen konnte.

Die geistliche Verbindung zwischen Philip und Margaret war in diesen ersten Tagen wahrscheinlich ihre größte Stütze. Sie reservierten jeden Tag eine Zeit zur Stille und zum gemeinsamen Gebet, und an den meisten Abenden machten sie es sich zur Gewohnheit, die Komplet zu sprechen, eine kurze Andacht, die dazu gedacht ist, dem Tag einen geistlichen Schlusspunkt zu setzen.

„O Herr, wir ersuchen dich, komm in unser Heim und vertreibe vor uns die Fallstricke des Feindes …"

Diese trostreichen Worte waren der ideale Auftakt für die Nachtruhe am Ende eines anstrengenden oder schwierigen Tages.

Schon bald gab es für Margaret einen neuen Grund zur Beunruhigung. Im Frühling nach ihrer Hochzeit entdeckte sie, dass sie schwanger war. Sowohl für Philip als auch für Margaret bedeutete dies eine große Freude – außer in einer Hinsicht: Philip graute davor, die Neuigkeit seiner Mutter mitzuteilen, weil er instinktiv annahm, dass sie dies als eine letzte Bestätigung seiner „Treulosigkeit" ihr gegenüber auffassen würde.

Und er hatte völlig Recht damit. Sie bekam einen heftigen Wutanfall, bei dem sie Philip vorhielt, er sei sexsüchtig und habe nur deshalb geheiratet, um seine unersättlichen Gelüste zu stillen. Diese schmerzhafte Episode führte zu einer weiteren Phase des kommunikativen Stillstandes, die so lange dauerte, bis Margaret hochschwanger war. Philip und Margaret schliefen als verheiratetes Paar nicht ein einziges Mal mehr in dem Haus in Newcastle. Philip hätte es einfach nicht geschafft. Und Margaret war damit natürlich sehr einverstanden, konnte es allerdings noch immer nicht begreifen, warum Philip sich unter diesen Umständen überhaupt bemühte, Frieden zu halten.

Die letzte Phase der Schwangerschaft gestaltete sich sehr schwierig für Margaret. Sie war mit Paul schon recht lange über die Zeit und hatte zum Zeitpunkt seiner Geburt zehn ziemlich einsame und unglückliche Tage im Krankenhaus verbracht, während sich ihre Stiefmutter zu Hause um Philip kümmerte.

Die Ankunft eines echten, lebendigen Babys schien, wie dies meist der Fall ist, die Tristesse und die Monotonie des Wartens vergessen zu machen. Paul war ein wunderschönes, gesundes Kind, und Margaret war zwar erschöpft, aber stolz und glücklich.

Philip sah seinen Sohn nicht erst an dem Tag nach seiner Geburt. Als er ihn dann erblickte, war er außer sich vor Freude und konnte seine Blicke nicht mehr von diesem perfekten Miniaturspiegelbild seiner selbst reißen, das da so sanft mit den Augen zwinkernd im Krankenhausbettchen lag. Seine Freude musste einen Ausdruck finden, und so fuhr er wenig später wie verrückt auf dem Fahrrad durch seinen Pfarrbezirk (er war inzwischen Experte auf den zwei Rädern) und rief aus vollem Hals: „Es ist ein Junge! Es ist ein Junge!" Selbst Peter Goldsmid schaffte es, seine jähzornigen Charakterzüge in etwas zu verdrehen, das einem Lächeln ähnelte, und ein oder zwei Worte des Glückwunsches zu grunzen.

Margarets Rückkehr nach Hause war ein großes Fest. Philip befestigte ein Arrangement aus Blumen und Wimpeln rings um die Front des kleinen Hauses, in dem sie seit ihrer Hochzeit gelebt hatten, und hängte ein großes Schild mit der Aufschrift „WILLKOMMEN ZU HAUSE" über die Haustür. Es war ein Ereignis wie bei der Königsfamilie.

Jetzt waren sie zu dritt.

Die erste Reaktion von Edith Ilott auf die Geburt eines Jungen war positiver, als Philip erwartet hatte. Sie schickte ein Glückwunschtelegramm und versuchte später, ihre Versöhnung mit der Familie zu zementieren, indem sie ihm immer wieder kleine Geschenke mitbrachte. Dies konnte sie jedoch nicht von der Bemerkung abhalten, dass Philip und Margaret „besessen" von ihrem Sohn seien. Sie hatte offensichtlich Probleme mit den ständigen Diskussionen um Pauls allgemeines Wohlbefinden und damit, dass verschiedene Dinge wie zum Beispiel Mahlzeiten so eingerichtet wurden, dass sie dem Baby passten. Sie mag auch einen gewissen Ärger über die Tatsache empfunden haben, dass ihr nie erlaubt wurde, auf ihren Enkel aufzupassen, wenn sonst niemand dabei war. Philip konnte sich einfach nicht von der Angst lösen, dass seine Mutter Paul etwas antun könnte, wenn sie alleine bei ihm war.

Nach der Geburt von Paul nahm Philips Arbeit in der Pfarrei sogar noch zu. Die Jugendarbeit wuchs, während sich der Gottesdienstbesuch in der Missionskirche unter seinem tatkräftigen Einsatz verdoppelte und verdreifachte. Viele junge Leute brachten ihre Eltern und Freunde mit, damit sie das erlebten, was sie selbst so begeisterte. Es war eine erfüllende und spannende Zeit.

Aber es war auch eine extrem angefüllte Zeit. Die Kombination aus Philips tief sitzendem Bedürfnis, der Beste zu sein, wo er nur konnte, und dem ständigen Druck von Peter Goldsmid war dafür verantwortlich, dass Philip es sich zur Gewohnheit machte, ununterbrochen zu arbeiten; eine Angewohnheit, die mit den Jahren schlimme Auswirkungen auf bestimmte Aspekte seines Familienlebens haben sollte.

Im Moment jedoch war es ein sehr befriedigender Lebensstil. Auch Margaret hatte genug zu tun in der Pfarrei: Sie leitete eine Frauengruppe, organisierte Basare und andere Veranstaltungen und kümmerte sich natürlich um Paul. Es gab kaum dunkle Wolken am Horizont und – abgesehen von Philips Krankheit – nur einen wirklich schwarzen Moment während der restlichen Zeit, die die Ilotts in Ashford verbrachten.

Eines Tages ging Philip in die Kirche und stellte fest, dass Rowdys ohne Rücksicht auf Verluste über alles, was nicht niet- und nagelfest war, hergefallen waren. Bücher waren zerfetzt und mit Tomatensauce übergossen worden, das Altartuch war von oben bis unten durchgerissen und die Standbilder von dem Heiligen Franz und der Jungfrau Maria enthauptet. Die Zerstörung war so umfassend, dass die Kirche während der Restaurierungsarbeiten geschlossen werden musste und anschließend neu geweiht wurde, bevor sie wieder benutzt werden konnte. Es war ein beunruhigendes Ereignis, zumal die Übeltäter weder gefasst noch überhaupt identifiziert wurden.

Abgesehen davon war die Zeit in Ashford jedoch eine sehr glückliche. Philip war ein noch überzeugterer Anglo-Katholik als je zuvor. Er schlich sich auch häufig in eine leere römisch-katholische Kirche, um eine Kerze anzuzünden und seine Gebete zu sprechen. Die Kathedrale von Westminster wurde für ihn zu einer Mini-Pilgerstätte. Es war verführerisch, einfach zu glauben, dass eine unveränderte Mischung aus wild entschlossenem Einsatz und einer angemessenen Portion Gebet das Rezept für permanentes Glück war.

Nach drei Jahren erhielt Peter Goldsmid die Nachricht, dass Philip und Margaret daran dachten wegzuziehen, was natürlich einen völlig vorher. Warum um alles in der Welt wollten sie mit einem Baby, das noch kein Jahr alt war, an irgendeinen Ort ziehen, den sie nicht kannten, wo sie doch hier ein vernünftiges Haus und eine blühende Gemeinde hatten? Wahnsinn! Absoluter und völliger Wahnsinn!

Aber Philip konnte inzwischen eine recht gute Haltung stiller Sturheit an den Tag legen. Er hatte entschieden, dass es Zeit war zu gehen, und nichts würde ihn davon abbringen. Er ließ die Proteste des vor Wut schäumenden Priesters über seinen Kopf ziehen und bewarb sich als Assistent bei einem Kaplan, der im Jugendregiment der Königlichen Nachrichtenübermittler in Denbury am Rande von Dartmoor arbeitete. Die Aussicht, seine Fähigkeiten, die er in der letzten Zeit erworben hatte, in einer Umgebung anwenden zu können, die ihm von seiner Militärdienstzeit sehr vertraut war, schien ihm äußerst attraktiv. Die Arbeit in der Armee würde ihm vielleicht die Möglichkeit eröffnen, allein stehende Gläubige wie Sandy zu unterstützen und denen, die an nichts glaubten, Jesus vorzustellen.

Philip und Margaret verließen Ashford mit großer Trauer im Herzen, aber auch voller Zuversicht für die Zukunft. Peter Goldsmid, der Pate des kleinen Paul war, brummte immer noch gereizt, als sie abfuhren. Philip war ein großer Verlust für ihn.

* * *

Denbury war ein totales Desaster.

Man hatte Philip glauben lassen, dass er Firmlinge unterrichten und Hauskreise leiten und daneben in der Kantine mitarbeiten sollte. Es stellte sich jedoch heraus, dass es die Verpflegung der jungen Soldaten war, die alle Kraft und Zeit des jungen Paars in Anspruch nahm.

Philip hieß jeden Morgen um sechs den Bäcker willkommen, legte Unmengen an Brötchen, Sandwiches und Kuchen bereit, um für die endlosen Schlangen von ausgehungerten Fünfzehn- und Sechzehnjährigen gerüstet zu sein, die in der Kantine auftauchten, sobald sie der täglichen Routine entkommen konnten. So lebhaft war das Geschäft, dass der kleine Paul stundenlang im Kinderwagen blieb, da Margaret bei der Fütterung der Raubtiere mithelfen musste.

Das alles wäre nicht so schlimm gewesen, wenn sie ihre Sache gut gemacht hätten. Die langen Schlangen hungriger Burschen schienen die Theke zu überschwemmen. Sie kamen aus allen Ecken der Britischen Inseln, und einige von ihnen hatten einen so starken Akzent, dass es unmöglich war zu verstehen, was sie sagten. Viele aufgebrachte Kunden deuteten entrüstet auf ein gut gefülltes Tablett mit irgendwelchen Nahrungsmitteln, von denen Philip eben noch behauptet hatte, sie nicht zu kennen. Der nächste Kunde in der Schlange mochte in einem anderen, aber ebenso unverständlichen Dialekt nach derselben Sache fragen. Und es waren so viele. Philip fühlte sich wie Charlie Chaplin in einer wilden Slapstickkomödie – bloß lustig war es nicht.

Margaret erging es kaum besser. Ihre erste Exkursion in die mystische Welt der Milchshakes war zutiefst deprimierend. Ihr allererster Kunde kam nach dreißig Sekunden wieder und drehte ein volles Glas um. Nichts lief heraus. Die Mixtur des Erdbeermilchshakes hatte sich verfestigt.

Sechs Wochen dauerte dieser Zustand an. Das junge Paar brauchte niemanden, der ihnen zu einem radikalen Wechsel riet. Philip schrieb dem Vorsitzenden des Militärressorts der Kirchenarmee, der daraufhin nach Devon kam, um die Lage zu erkunden. Es dauerte nicht lange, bis er Philip zustimmte. Was hier gebraucht wurde, war ein Lebensmittellieferant, kein Evangelist. Auch er teilte die Ansicht, dass eine Rückkehr zur Gemeindearbeit für Philip doch wesentlich sinnvoller sei.

Philip war enorm erleichtert, dass ihm nicht geraten worden war, er solle sich zusammenreißen und weitermachen. Er kratzte die Reste seines Selbstbewusstseins zusammen und bewarb sich um eine Stelle in Leavesden in Hertfordshire. Die Tatsache, dass Leavesden in der Diözese von St. Alban lag, verlieh dem Ganzen einen besonderen Reiz. Allein schon der Name Alban hatte einen warmen und anziehenden Klang. Es wäre nur zu schön, die Herausforderung einer neuen und vielseitigen Gemeindearbeit angehen zu können. Eine neue Möglichkeit, hart zu arbeiten und zu glänzen.

Auf der Zukunft lag nur ein Schatten: die Angst vor weiterer Krankheit. Die Ursache jener mysteriösen Zusammenbrüche, die Philip seit seinen Anfangstagen bei der Kirchenarmee hartnäckig verfolgten und die den Priester in Ashford so zur Raserei gebracht hatten, war immer noch nicht richtig geklärt. In Philips Herz nagte die Angst, dass dieses alte Etikett der „Überarbeitung" völlig unzutreffend sein könnte und er eines Tages einer wesentlich besorgniserregenderen Diagnose gegenüberstehen würde.

# 8. Kapitel

# Leavesden – Ein Ruf, ein dunkles Geheimnis und eine Gabe Gottes

## (1962-1971)

„Wir haben alle notwendigen Untersuchungen durchgeführt."

Der Gesichtsausdruck von Dr. Parson-Smith, der am Ende von Philips Krankenhausbett saß, verhieß nichts Gutes. Der kleine Halbkreis aus Medizinstudenten, die hinter dem angesehenen Neurologen standen, beugte sich ein wenig vor, um genau mitzubekommen, was er jetzt sagte.

„Alles deutet in dieselbe Richtung, fürchte ich. Es gibt nur eine mögliche Antwort."

Philip spürte, wie sich jeder Muskel in seinem Körper zusammenzog, als er auf die nächsten Worte des Doktors wartete. Seitdem er zu den Untersuchungen hier ins Charing-Cross-Krankenhaus gekommen war, hatte er Angst vor diesem Moment gehabt. Nun sollte er endlich den wahren Grund für seine Anfälle erfahren, die ihn schon so lange beunruhigt und die nun auch seine Arbeit in Leavesden unterbrochen hatten.

Und dabei war alles so gut gelaufen …

Philips neuer Pfarrer hieß auch Peter, war aber ganz anders. Peter Smith war ein gut gekleideter, gut aussehender Mann, ein überzeugter Anglo-Katholik und ein wahrhaft mitfühlender Christ. Von dem Moment an, als Philip sah, wie er den Bahnsteig heruntergeschritten kam, um sie vom Zug abzuholen, hatte er das Gefühl, dass die Entscheidung für Leavesden richtig gewesen war. Der Priester fand die Ilott-Familie auf den ersten Blick sympathisch. Als er ihnen half, ihre Habseligkeiten aus dem Kofferraum seines

Autos zu laden, bemerkte er eine kleine Zinndose, schwarz mit roten und gelben Streifen und mit einem Schlüssel im Deckel.

„Was bewahren Sie denn in dieser Dose auf, Philip?", fragte er.

„Alles Geld, was wir haben", antwortete Philip einfach, „in kleinen Umschlägen."

„Das macht mich ganz sentimental", sagte Pater Peter mit einem kleinen Lächeln. „All das Geld, das Sie haben – in kleinen Umschlägen …"

Die Ilott-Familie fühlte sich in ihrem städtischen Bungalow schon bald zu Hause. Peter Smith und seine Frau Mary halfen, wo sie nur konnten. Die Arbeit in der Pfarrei war so vielseitig und anstrengend, dass Philip voll ausgelastet war.

Der Priester war ein sehr strukturierter Mann, der seine Pflichten mit Stil und Geschick ausführte. Jede Predigt enthielt drei feste Hauptpunkte, sodass man – wie Philip es ausdrückte – immer wusste, wie lange die Predigt noch dauern würde. Seine Effektivität war jedoch nicht ohne Gnade. Menschen aus allen Gesellschaftsschichten hatten Grund, dankbar zu sein, dass sie diesem Diener Gottes begegnet waren.

Da war zum Beispiel der alte Tommy, ein Landstreicher, der Weihnachten immer in Leavesden verbrachte. Er schlief nachts im Heizungskeller der Kirche und verbrachte offenbar die meiste Zeit des Tages damit, gierig zu lesen, bis man bei genauem Hinsehen erkannte, dass er die Bücher oder Zeitungen ständig verkehrt herum hielt. Bei Philips erstem Weihnachtsfest in Leavesden brachte Tommy ihn ganz schön in Schwierigkeiten, indem er Heiligabend die Heizung ausdrehte, weil es dort unten so „schrecklich heiß" geworden war. Peter Smith, der Philip die Verantwortung dafür übertragen hatte, dass die Kirche zur Mitternachtsmesse warm war, fand das überhaupt nicht lustig. Tommy hingegen störte das wenig. Solange er von den Gemeindegliedern Essen bekam und es schaffte, genug Geld für einen gelegentlichen Schluck zusammenzuschnorren, war ihm alles andere so ziemlich egal. Dennoch schätzte er seine weihnachtliche „Unterkunft".

Dann war da Fred, der Küster der Kirche, der gleichzeitig Bewohner der örtlichen Nervenheilanstalt war. Fred war völlig harmlos und zuverlässig, aber Mrs. Flowers, die Irin, die das Pfarrhaus putzte, lebte in panischer Angst, sie könnte das Opfer einer Wahnsinnstat dieses sanften, hart arbeitenden Hausmeisters werden.

Die „All Saints"-Gemeinde in Leavesden beherbergte auch eine örtliche Zigeunerfamilie, die man in anderen Kirchengemeinden weniger herzlich willkommen geheißen hatte. Einmal, als Peter Smith im Ausland war, kamen sie mit einem ganz jungen Baby zur Kirche und baten um die Taufe. „Wir wollen, dass das Kind hier klargemacht wird", sagten sie.

Die Kirche war voll mit Familienangehörigen und Freunden der Familie, als die üblichen rituellen Fragen gestellt wurden:

„Entsagst du, im Namen dieses Kindes, dem Teufel und all seinen Werken, der eitlen Pracht und Herrlichkeit dieser Welt mit all ihren Begierden und den fleischlichen Gelüsten ...?"

„Ich empfehle sie aus vollem Herzen!", entgegnete der Vater laut und rief damit ein brüllendes Gelächter der Versammelten hervor, von denen viele unter Alkoholeinfluss standen, der sie ziemlich enthemmte. Es war eine Art Stammesreligion, die sie in die Kirche geführt hatte, aber zumindest waren sie da und wurden willkommen geheißen.

Philip hatte zahlreiche und vielfältige Pflichten. Hausbesuche und Jugendarbeit nahmen viel Zeit in Anspruch, aber sein neuer Pfarrer ermunterte ihn auch, Erfahrungen in so vielen verschiedenen Arbeitszweigen wie möglich zu sammeln. Der Priester war ein sehr guter, unaufdringlicher Lehrer, gründlich und sehr gewissenhaft in allem, was er tat, und immer darauf bedacht, eine anständige Ausbildung zu gewährleisten. Die neue Pfarrei war in jeder Hinsicht so, wie Philip es sich erhofft hatte.

Sowohl Philip als auch Margaret waren der festen Überzeugung, dass Paul so bald wie möglich einen Bruder oder eine Schwester haben sollte, aber die bittere Enttäuschung zweier Fehlgeburten schien dieser Hoffnung ein Ende zu setzen. Schließlich zogen sie die Möglichkeit einer Adoption in Erwägung und nach langen Diskussionen ließen sie sich durch das zuständige Amt der Diözese registrieren.

Die Eignungsprüfung war lang und, besonders für Margaret,

sehr schwer. Sie musste sich medizinischen Tests unterwerfen, um nachzuweisen, dass sie selbst keine Kinder bekommen konnte. Eine in jeder Hinsicht schmerzliche Erfahrung nach den Qualen ihrer Fehlgeburten. Schließlich bestätigten die Untersuchungen, was Philip und Margaret ohnehin schon wussten. Nun hieß es warten. Sie wussten genau, was sie wollten. Es sollte ein Mädchen sein; ein besonderes, anderes, ausgesuchtes kleines Mädchen, das niemals mit ihrem Bruder Paul verglichen würde. Tief in Margaret und Philip gab es einen Brunnen aus Liebe und Fürsorge, der nur darauf wartete, über das vierte Familienmitglied ausgegossen zu werden, wenn es denn käme.

Schließlich, eines Morgens, klatschte ein weißer Umschlag auf die Matte vor der Haustür der Ilotts, gerade nachdem Philip von der Eucharistie zurückgekommen war, die jeden Morgen in All Saints gefeiert wurde. Der Brief setzte sie darüber in Kenntnis, dass ein kleines Mädchen zur Adoption freigegeben war, das vielleicht zur Familie passen würde. Sein Name war Melanie.

Philips Eltern hatten sich für das folgende Wochenende angesagt. Als sie da waren, fuhren sie Philip, Margaret und Paul mit ihrem Auto zu der kleinen Melanie. Nicht, dass sie eine Adoption gutgeheißen hätten. Natürlich nicht. „Ihr müsst verrückt sein!", sagte Edith Ilott. „Ihr wisst doch gar nicht, was ihr da auf euch nehmt."

Mit Furcht und Zittern, aber nicht abgeschreckt von dieser so typisch düsteren Vorhersage, führte Philip seine Frau und seinen Sohn in die Entbindungsklinik in Cambridge, wo die Mutter des Babys ihr Kind erst gut einen Monat zuvor entbunden hatte. Zu Margarets großer Erleichterung entschlossen sich ihre Schwiegereltern, im Auto zu bleiben.

Nach einer kurzen Wartezeit erschien eine Schwester mit einem Baby, das auf den ersten Blick unmöglich klein schien und mit einem lächerlich langen, gestreiften Wollhemd bekleidet war. Während sie die winzige Figur in dem Fußballtrikot anstarrten, mussten Philip und Margaret lachen, als sie sahen, wie sich Melanies winzige Zunge direkt vor ihrem Mund rosig zusammenrollte. Sie hatte ein süßes kleines Gesicht.

„Ist das meine Schwester?", fragte der dreijährige Paul ganz aufgeregt.

„Na ja, vielleicht, mein Junge", sagte Margaret ruhig, während sie sich setzte, sodass Paul das Gesicht des Babys sehen konnte. „Was sagst du dazu?"

„Tja", antwortete der kleine Junge ernst, „du musst sie küssen, Mama."

Margaret küsste Melanie sanft.

„Und jetzt du, Papa", befahl Paul.

Philip ließ sich gehorsam herab.

„Jetzt ich."

Paul platzierte seine Lippen vorsichtig auf eine der rosigen Wangen, setzte sich wieder hin und sah seine Mutter und seinen Vater strahlend und voller Zuversicht an. „Jetzt gehört sie zu uns", erklärte er bestimmt, bevor er quer durch das Zimmer zum Fenster lief, um zu sehen, ob er seine Oma und seinen Opa entdecken konnte.

Irgendwie war Pauls Gewissheit ein Siegel auf die Entscheidung, an deren Schwelle Philip und Margaret gerade standen. Wenn Melanies Mutter bereit wäre, sie freizugeben, dann war dies das Kind, das sie adoptieren wollten. So schnell wie möglich. Sie verließen die Entbindungsklinik in einem Zustand zitternder Erregung und bedauerten, dass sie das Baby nicht auf der Stelle hinten ins Auto legen und mit nach Hause nehmen konnten. Es sollte mehr als zwei Wochen dauern, bevor endlich das vierte Mitglied zur Familie stieß, vierzehn Tage, in denen Paul einen Teil des Tages am Fenster stand, angestrengt die Straße hinuntersah und immer wieder die gleiche eindringliche Frage stellte: „Wann kommt denn meine Schwester? Wann kommt denn meine Schwester?"

Schließlich kam Melanie. Es folgte eine Zeit nervenaufreibender Ungewissheit, in der geprüft wurde, ob die Ilotts der neuen Situation gewachsen waren. Die junge Mutter des Babys kämpfte zudem mit ihrem nur zu verständlichen inneren Widerstand, das Adoptionsformular zu unterschreiben. Es war eine enorme Erleichterung, als die Formalitäten endlich geklärt und die Ilotts zu viert waren.

Philips Anteil an der praktischen Arbeit mit seiner Tochter war viel größer, als er erwartet hatte. Während eines Kurzbesuchs der Familie bei den Puddicombes in Beckenham wurde Margaret sehr krank. Der Arzt diagnostizierte eine Hirnhautentzündung und brachte sie schnell ins Krankenhaus, wo sie ein paar Wochen in Isolation verbringen musste. Ihre Mutter und ihr Vater hätten sich gerne so lange wie nötig um Melanie und Paul gekümmert, aber Philip blieb hart. Sein kleines Mädchen hatte ohnehin schon einen rauen Start ins Leben gehabt, da ihr wirklicher Vater sich schon vor ihrer Geburt aus dem Staub gemacht hatte und ihre Mutter wegen der schwierigen Umstände gezwungen war, sich von ihr zu trennen. Er war fest entschlossen, dass die Trennung von Margaret so kurz nach ihrer Familienerweiterung so wenig Schaden wie möglich anrichten sollte. Seine neue Tochter sollte nicht wie ein Päckchen von einem zum anderen gereicht werden. Er würde sich um sie kümmern.

Margarets Familie wurde durch diese Demonstration sturer Unabhängigkeit ein wenig vor den Kopf gestoßen, aber Philip ließ nicht mit sich reden. Er machte alles für Melanie, wechselte ihr die Windeln, fütterte sie und ging mit ihr spazieren. Er liebte es besonders, die winzige Gestalt zu baden und dabei ihre herrlichen, klitzekleinen Hände und Füße zu bestaunen, immer auf der Hut, ihre Ärmchen und Beinchen nicht zu verletzen, die so dünn und zerbrechlich schienen.

Er war zutiefst und ganz offensichtlich stolz auf seine beiden Kinder. Fast jeden Tag nahm er sie nachmittags mit in den Zoo am Crystal Palace, Melanie in ihrem Kinderwagen, während Paul nebenhertrottete. Sie bummelten durch den Park, sahen sich die großen Dinosauriermodelle an und überlegten, ob Paul tatsächlich aus seinen Augenwinkeln gesehen hatte, wie sich einer von ihnen einen oder zwei Zentimeter bewegt hatte.

Jede Nacht schliefen sie alle drei zusammen in demselben Zimmer in dem Haus in Beckenham, der Teil einer zusammengeschweißten Familie, die auf ihr fehlendes Gegenstück wartete. Margaret ging es tatsächlich noch einige Wochen lang ziemlich schlecht und lange Zeit konnten Philip und Paul sie wegen der

Ansteckungsgefahr nur durch eine Glastüre sehen. Als sie dann schließlich zurück nach Hause kam, war sie immer noch blass und dünn. Das Erste, was sie machte, war, das kleine Mädchen, das sie gewonnen und so bald darauf wieder zeitweilig verloren hatte, in die Arme zu schließen.

Zwei Wochen später reisten die Ilotts zurück nach Leavesden, und Philip nahm seine Arbeit wieder auf, sehr zur Erleichterung von Peter Smith, der während der langen unfreiwilligen Abwesenheit seines Assistenten extreme Geduld bewiesen hatte. Margaret war immer noch nicht in der Lage, alleine mit den Kindern und der Hausarbeit fertig zu werden, sodass Philip ziemlich kurzsichtig das Angebot seiner Mutter, eine Zeit lang nach Leavesden zu kommen und im Haushalt zu helfen, annahm. Wie nicht anders zu erwarten, führte ihre Aufopferung zu verschiedenen Problemen. Als Philip einmal von einem anstrengenden Arbeitstag zurückkam, fand er seine Mutter in Tränen aufgelöst auf der Treppe des Hinterausgangs vor, weil sie mit Margarets Krankheit „nicht fertig wurde". Sie beklagte sich: „Margaret geht es nicht besser, und egal, was ich mache, nichts ist ihr recht."

Ihr fiel es auch schwer, mit der Vielfältigkeit und der allgemeinen Unvorhersehbarkeit von Philips Tagesablauf klarzukommen. Wenn er fünf Minuten zu spät zum Essen kam, folgten Ausbrüche und Bitterkeit. Die ständige Sorge wegen der Spannungen zwischen ihrem Mann und ihrer Schwiegermutter waren Margarets Gesundheit nicht gerade zuträglich. Schließlich kehrte Edith Ilott in gegenseitigem Einvernehmen nach Newcastle zurück, während Margaret ins Pfarrhaus zog, wo Mary Smith sich mitfühlend um sie kümmerte.

Es dauerte eine ganze Zeit, bis Margaret sich völlig von ihrer Krankheit erholt hatte. Aber in den späteren Jahren lernte Philip den Bund enorm zu schätzen, der zwischen ihm und dem Baby Mel in jenen ersten paar Wochen gewachsen war, als er alles war, was es hatte.

Philip wusste, dass er allen Grund hatte, zufrieden zu sein: Er konnte in einer Pfarrei wie Leavesden arbeiten, seine Familie war wieder vollzählig, und mit Peter Smith hatte er einen Mann, von dem er viel lernen konnte. Und doch, als die Monate ins Land zogen, entwickelte sich und wuchs in ihm ein neues Verlangen. Schließlich musste er Peter Smith erzählen, was er auf dem Herzen hatte.

Die zwei Männer fuhren zusammen in dem blauen Ford Cortina des Pfarrers aufs Land, fanden einen geeigneten Platz, parkten das Auto und begaben sich auf einen Spaziergang über die Felder und durch die Hecken.

Nun schüttete Philip sein Herz aus. Es sei nicht so, erklärte er, dass er auf die Arbeit, die er nun seit einiger Zeit machte, nicht mehr stolz sei. Im Gegenteil, die gesamte Zeit bei der Kirchenarmee sei sehr positiv gewesen und es bedeute ihm immer noch sehr viel, diese unverwechselbare graue Kirchenarmeeuniform zu tragen, selbst wenn die Leute nicht immer wussten, was sie zu bedeuten hatte. Peter Smith musste still in sich hineinlächeln, als Philip ihm schilderte, wie man ihn einmal für einen Soldaten der kanadischen Armee gehalten hatte, ein andermal für einen Angestellten des Friedhofs. Es sei alles gut gewesen, es habe sich ja auch gelohnt, er habe eine Menge gelernt und er danke Gott dafür, aber jetzt, und besonders, nachdem er in Leavesden unter solch einem kompetenten Pfarrer gearbeitete hätte, glaube er, zu mehr berufen zu sein. Er hatte eine andere Sehnsucht.

Philip wollte selbst die Sakramente spenden, das Brot und den Wein in seinen eigenen Händen halten und den Leuten in den Bänken das Wesen jener mächtigen Symbole vermitteln können. Dieser Moment, das Herz der Eucharistiefeier, schien ihm das Ventil zu sein, durch welches das Lebensblut der Kirche floss, um ihre Glieder zu nähren. Er wollte die Trauben selbst in Händen halten, sie mit der eigenen Hand auspressen und sehen, wie der Saft floss. Wenn er im Moment bei der Messe assistierte, empfand er das jedes Mal so, als ob er nur den Saum des Kleides einer neuen Berufung berührte.

„Pater Peter", schloss er, „ich glaube ganz sicher, dass ich einen Ruf zum Priester habe. Jeden Tag – jedes Mal, wenn ich in die Kirche gehe – wird dieses Gefühl ein bisschen stärker. Ich würde mich sehr gern dem Auswahlverfahren stellen. Wirklich."

Einige Momente gingen die beiden Männer schweigend Seite an Seite, während Philip ziemlich besorgt auf die Reaktion des älteren Mannes wartete. Es war eine große Erleichterung, als die Worte schließlich kamen.

„Philip, ich stimme dir voll und ganz zu. Ich selbst habe auch schon seit einiger Zeit diese Sehnsucht in dir wahrgenommen. Ich denke, du solltest mit dem Bischof von St. Alban Kontakt aufnehmen und ihn bitten, dich vor eine Auswahlkommission zu stellen."

Das Auswahlverfahren selbst verlief nach diesem Gespräch bemerkenswert glatt. Der Bischof war sehr hilfsbereit, und als die Mitglieder von All Saints von Philips Plänen erfuhren, unterstützten sie ihn ebenso, wie das ihr Pfarrer getan hatte.

Es gab da nur zwei Probleme. Das erste waren die finanziellen Schwierigkeiten. Philip musste sich bei einer recht dienstbeflissenen Lady vorstellen, die keinen Zweifel daran ließ, dass er als Priester in der Ausbildung einen großen Teil seiner Ausbildungs- und Lebenshaltungskosten selbst würde aufbringen müssen. Könnte er garantieren, wollte sie wissen, dass Margaret während des zweijährigen Kurses nicht wieder schwanger würde? Es war eine höchst demütigende Frage. Sie schien eine ganz unpassende Reaktion auf eine so ernsthafte Berufung zu sein. Er erklärte, dass Margaret bereits zwei Fehlgeburten gehabt hätte und dass sie sich aus diesem Grund entschlossen hätten, Mel zu adoptieren.

Es war ein verletzendes Gespräch, aber das zentrale Problem blieb bestehen: Wie würde er das Geld zusammenbekommen, um für die nächsten zwei Jahre die Bedürfnisse seiner Familie befriedigen zu können?

Mit der ihm eigenen Gründlichkeit schrieb Philip mehr als hundert Briefe an Organisationen und Gesellschaften, in denen er um finanzielle Unterstützung bat. Schließlich, mit einer besonders hilfreichen Zuwendung der British Legion (einer Reservistenvereinigung, der er während seiner Zeit in der Armee beigetreten war), schaffte er es, ausreichend Geld und Zusagen zusammenzubekommen, um seine Studiengebühren decken zu können und noch ein wenig extra zur Verfügung zu haben.

Dann sprang seine Pfarrei ein. Eine äußerst tatkräftige und großzügige Dame namens Mary Rawlings hatte eine Reihe von Leuten dafür gewonnen, sich zu verpflichten, für die Dauer von Philips Ausbildung wöchentlich eine bestimmte Summe zur Lebenshaltung zur Verfügung zu stellen. Es war ein Angebot, das aus einer echten Zuneigung heraus geboren war, und die Ilotts nahmen es dankbar an.

Das zweite und schwerwiegendere Problem war Philips Gesundheitszustand. Die Anfälle, die Peter Goldsmid in Ashford so in Rage gebracht hatten, hatten ihn auch während seiner ersten Jahre in Leavesden immer wieder ans Bett gefesselt. Schließlich hatte der dortige Arzt, der ebenso wie seine Kollegen in der Vergangenheit vor einem Rätsel stand, Philip zu neurologischen Untersuchungen ins Charing-Cross-Krankenhaus geschickt.

Der folgende Monat schien eine Ewigkeit zu dauern. Während eines Großteils seines Aufenthaltes lag Philip zwischen einem alkoholkranken Landstreicher auf der einen und einem Mann, der nicht ein einziges Wort Englisch sprach, auf der anderen Seite. Auf der Station herrschte eine deprimierende Atmosphäre, und Philip war nicht dazu aufgelegt, anderen Unterstützung oder Trost zukommen zu lassen.

Im Gegenteil, ihm graute davor, dass seine Mitpatienten von seinem Beruf erfahren könnten. In seinem derzeitigen Zustand – ängstlich, ausgeliefert und durch seine Sorgen ernsthaft untergewichtig – sah er sich völlig außer Stande, mit seinen eigenen Problemen fertig zu werden, geschweige denn mit denen anderer Leute. Ihm graute auch vor dem Ergebnis der Untersuchungen, nicht nur, weil er sich vor der Krankheit fürchtete, sondern auch, weil seine Beschwerden, was immer sie auch sein mochten, möglicherweise seine Ausbildung zum Priester verhindern konnten. Und das, wo die Ordination doch gerade erst wie ein Leuchtfeuer in der Zukunft zu scheinen begann.

Das Warten war ein Elend. Die langen Tage wurden nur durch Margarets regelmäßige Besuche unterbrochen. Die meisten Sachen, die sie mitbrachte, wurden aus sehr überzeugenden Gründen von dem Mann aus Glasgow aus dem Bett gegenüber annektiert. Philip hatte wenig oder keine Kraft zum Widerstand.

Jetzt, als sich Dr. Parson-Smith anschickte, das abschließende Urteil zu verkünden, konnte er kaum atmen.

„Die Ergebnisse Ihrer Untersuchungen lassen nur den Schluss zu, dass Sie an Epilepsie leiden."

Es war so schlimm, wie er befürchtet hatte, oder schlimmer noch. Fast automatisch jagten seine Gedanken zu seiner Mutter. Man stelle sich nur vor, wie schockiert und angewidert Edith Ilott sein würde, wenn sie hörte, dass ihr Sohn an dieser schrecklichen „Nicht-ganz-richtig-im-Kopf-Sache" namens Epilepsie litt. Philip war entmutigt, verlegen und tief beschämt, dass er an einem Gebrechen litt, das er nicht unter Kontrolle hatte. In der Vergangenheit hatte es da wenigstens noch dieses ehrenwerte Gefühl gegeben, dass seine Zusammenbrüche auf Überarbeitung zurückzuführen seien. „Nervliche Überanstrengung, alter Junge. Sie haben sich selbst zugrunde gearbeitet." Bemerkungen wie diese vom Doktor konnte man wesentlich leichter annehmen, da sie einen ehrenhaften und fast lobenswerten Grund lieferten, warum man so völlig zusammengebrochen war. Dieses Mal war es anders – furchtbar anders. Er stellte sich vor, wie er sich auf dem Boden wälzte mit Schaum vor dem Mund, und er verabscheute den Gedanken, Phenobarbital nehmen zu müssen, um seine Krankheit in den Griff zu bekommen. Es war, so dachte er, als wäre man aussätzig. Er war unrein und unfähig, sich mit normalen Leuten zu umgeben.

Niemand durfte von dieser schrecklichen Sache erfahren!

Als Margaret kam, ließ er sie an seinen von panischer Angst erfüllten, stürmischen Gefühlen, die das Urteil des Arztes hervorgerufen hatte, teilhaben. Zusammen beschlossen sie, dass außer den Ärzten niemand erfahren sollte, an welcher Krankheit Philip wirklich litt. Seine Angst war so greifbar, dass Margaret gar nicht erst versuchte zu diskutieren.

Was die Gemeinde anging, lautete die Diagnose „nervliche Erschöpfung". Die sah darin nichts Verwunderliches. Philip hatte in der Vergangenheit erzählt, wie schon seit dem Beginn seiner Zeit bei der Kirchenarmee die Leute gesagt hätten, Gott könne Bruder Ilott nur dadurch zur Ruhe bringen, wenn er ihn ans Bett fesselte.

Über die Jahre hatte Philip fast selbst daran geglaubt. Und wie auch immer, er litt ja tatsächlich an nervlicher Erschöpfung, verursacht durch die Sorgen um das Ergebnis der Untersuchungen. So war in seiner Täuschung auch ein Funken Wahrheit.

Auf diese Weise tröstete sich Philip und versuchte, seinen Zustand zu verdrängen, während er auf die Zusage des Colleges in Rochester wartete, für das er sich beworben hatte.

Weihnachten rückte immer näher, und als er eines frostigen Nachmittags an einer Schar Adventssänger, die vor der Post in Leavesden standen, vorbeiging, flehte er Gott an, dass es ihm doch möglich wäre, sich zum Priester ausbilden zu lassen. Gott schien sein Gebet erhört zu haben, denn am Morgen des Heiligen Abends kam mit der ersten Post ein ganz besonderes Geschenk in einem blauen Umschlag. Zitternd vor Spannung, riss Philip den Umschlag auf und überflog den Inhalt. Ein Freudenschrei machte jedem, der sich in der Nähe befand, klar, dass Philip Ilott definitiv für das nächste Jahr einen Studienplatz erhalten hatte. Zwei Jahre später würde er als Kurat nach Leavesden zurückkehren und wenig später wäre er dann Priester.

Die Ausbildung war sehr hart. Philip hatte große Mühe, wieder diszipliniert zu studieren. So musste er seine Prüfung in Kirchengeschichte wiederholen, während er in den anderen Fächern ganz gut abschloss. Er war damit jedoch keinesfalls allein. Kommilitonen, die verschiedene Laufbahnen etwa in der Juristerei, dem Bankwesen oder in anderen Berufen aufgegeben hatten, waren in akademischer Hinsicht genauso eingerostet. Manch reuevolles Mitgefühl wurde geteilt.

Wenn es allerdings ums Predigen ging, hörte das Mitgefühl auf. Die Predigtnachbesprechungen konnten gnadenlos und vernichtend sein. Aber wenigstens machte jeder dies auf gleiche Weise durch und ohne Zweifel konnten viele zukünftige Versammlungen direkt von diesen Übungen gegenseitiger Kritik profitieren.

Gelegentlich zog sich Philip zurück und entspannte sich beim Krocket oder Bowling, aber das bestimmende Thema jener zwei Jahre war harte Arbeit. Die meiste Zeit studierte er zusammen mit vier oder fünf anderen Studenten in einem kleinen Zimmer, saß in Vorlesungen oder nahm an den Gottesdiensten im Dom teil. Es war ein Mittel zum Zweck, und die einzige Möglichkeit, das Ziel zu erreichen, war durch ziemlich entbehrungsreichen Fleiß.

Von seiner Familie sah Philip während jener zwei Studienjahre sehr wenig.

Ein dunkles Ereignis während dieser Zeit war der Tod von Philips Oma in einem Newcastler Seniorenheim. Im Alter von achtundachtzig Jahren starb sie an einem Herzinfarkt und hinterließ Philip und Margaret zweihundert Pfund. Philip und sein Vater wohnten der Beerdigung bei. Edith Ilott weigerte sich. Es war ein trauriger Tag.

Der Tag von Philips Ordination war – nach dem Tag seiner Hochzeit – der wunderbarste in seinem bisherigen Leben. Er erwachte morgens voller Begeisterung, immer noch in Retraite, wie alle Kandidaten in der Woche vor ihrer Ordination, und wünschte sich, dass Margaret da wäre, um ihm zu helfen, den Knopf durch das Loch hinten an seinem Kragen zu bekommen. Wenn er jetzt seinen ersten klerikalen Kragen kaputtmachen würde ... Horror! Und wenn er zu spät zur St. Paul's-Kathedrale käme? Doppelter Horror!

Natürlich traf nichts von diesen Schreckensvorstellungen ein. Der Knopf ging rein, die Fahrt verlief ohne besondere Vorkommnisse und der Gottesdienst ging glatt über die Bühne. Am gleichen Morgen hatten die Proben in der St. Alban's-Abtei stattgefunden, ein bewegender Moment für Philip, der, nachdem die Proben vorüber waren, vor dem Schrein niederkniete und seine letzten Gebete sprach, bevor er sich auf den Weg zur Kathedrale machte. Dort an dem Ort zu knien, wo sein alter Freund begraben lag, war eine elektrisierende Erfahrung.

Später, während des eigentlichen Ordinationsgottesdienstes, kamen Philip die Tränen. Das Empfinden, nach Hause an den Ort zu kommen, wo Gott ihn haben wollte, war überwältigend. Durch die Gnade der Weihe, durch die Kraft des Heiligen Geistes im Auflegen der Hände durch den Bischof spürte er, dass er eine besondere zusätzliche Hilfe empfing, etwas, das über alles hinausging, was er als Hauptmann der Kirchenarmee erlebt hatte. Und als

Zeugen dieses großen Ereignisses saßen Margaret und Paul in der Versammlung (Mel war noch zu klein), außerdem Margarets Eltern. Ja, sogar Philips Mutter und Vater hatten die Einladung angenommen, zu jener strikt begrenzten Anzahl von Gästen zu gehören, die jedem Ordinanden zugestanden wurde.

Als Philip, nachdem er den Segen unter Handauflegung erhalten hatte, wieder stand, war es, als flüsterte Alban ihm ins Ohr: „Darauf haben wir lange gewartet, nicht wahr, Philip?"

„Das haben wir, ja. Dies ist so ein glücklicher Tag!"

„Weißt du, was Gott jetzt sagt, Philip?"

„Was sagt er denn?"

„Er sagt: ‚Philip, du glaubst, dass dies ein glücklicher Tag für dich ist. Wenn du aber erst wüsstest, was er für mich ist!'"

Philips Rückkehr nach Leavesden war ein Anlass zu großer Freude. Bei einer extra für ihn organisierten Willkommensparty war der Gemeinderaum gerammelt voll mit Leuten, die ihn während der letzten zwei Jahre treu unterstützt, für ihn gebetet und auf ihn gewartet hatten. Plötzlich war er Pater Philip mit einem weißen Stehkragen statt Hauptmann Ilott in Uniform.

Die Kirchenarmeeuniform und die Einsetzungspapiere mussten, ebenso wie die von Margaret bei ihrer Hochzeit, an die Zentrale zurückgegeben werden. Philip verspürte ein wenig Trauer, dass er auf diese Weise eine solch wichtige Ära seines Lebens beenden musste. Auf der anderen Seite trat er jetzt einen neuen und aufregenden Dienst an. Es war Zeit, nach vorne zu sehen. Als geweihter Diakon durfte er nun Beerdigungen und Taufen vollziehen, während er sein Anerkennungsjahr absolvierte.

Im folgenden Jahr wurde Philip zusammen mit einigen anderen seiner Mitdiakone zum Priester ernannt. Nun konnte er Hochzeiten durchführen und – aus seiner Sicht am wichtigsten – er durfte der Eucharistiefeier vorstehen, die Symbole für den Leib und das Blut Christi weihen und sie mit seinen eigenen Händen den Leuten darreichen, die jede Woche am Altargitter knieten.

Sein erster Abendmahlsgottesdienst war eine festliche Angelegenheit. Überall waren Leute und es herrschte ein Stimmengewirr, wie beim Empfang einer Hochzeit oder bei der „Night at the

Proms" in der Royal Albert Hall. Die Familie von All Saints hatte sich vollzählig eingefunden, um ihren neuen Priester zu sehen. Zusammen mit ihm stiegen sie zu dem emotionalen und geistlichen Crescendo der Messe auf, dem Moment, als Philip, erfüllt von einer Mischung aus Demut und Macht, sich zu der Versammlung drehte und, während er die Hostie mit beiden Händen hochhielt, ihr den Leib Christi darreichte.

* * *

Es gab etwas, das Philip alleine tun musste, etwas, wozu er erst seit seiner Priesterweihe in der Lage war.

Oft, nachdem Margaret ihre beiden Fehlgeburten erlitten hatte, hatte ihn das Schicksal dieser beiden kleinen Leben umgetrieben, die verloren waren, bevor sie eine Chance gehabt hatten zu erfahren, was Leben wirklich war. Eines Tages, ohne irgendjemandem von seinem Vorhaben zu erzählen, schlich er sich in die Kirche und schloss die Türen hinter sich fest zu. In vollem Talar feierte er ein Requiem, um die Seelen der beiden ungeborenen Kinder, die in seiner Vorstellung weder Geschlecht noch Namen hatten, zur Ruhe zu bringen. Er betete still, dass sie Frieden finden mögen, und sprach sie dann laut an, als ob sie nebeneinander vor ihm sitzen würden.

„... tut mir so Leid, dass eure Mutter euch nicht bis zur Geburt austragen konnte. Uns beiden tut es so Leid und so weh. Wir vermissen euch sehr ..."

Der Frieden, den Philip wenig später empfand, als er die Kirche verließ und die Tür hinter sich schloss, war immens. Eine große Erleichterung machte sich in ihm breit. Mit den Jahren wurden sein Interesse und sein Mitgefühl für Fehlgeburten und abgetriebene Babys immer größer und stärker. Immer, wenn er an einer Klinik vorbeiging, wo Abtreibungen vorgenommen wurden, oder die gynäkologische Abteilung in einem Krankenhaus besuchte, erfüllte ihn bei dem Gedanken an die Kinder, die vor ihrer Zeit verloren gingen, ein Gefühl der Trauer. Jedes Mal hoffte und betete er, dass, welcher Priester auch immer zuständig war, er etwas für die Seelen dieser kleinen menschlichen Wesen, die einmal Leben in sich getragen hatten, tun würde.

Philips drei Jahre als Kurat in Leavesden waren sowohl für die Pfarrei als auch für ihn selbst von großem Nutzen. Während dieser relativ friedlichen Zeit lernte er sein „Handwerk" und warf sein gesamtes bemerkenswertes Talent und seine Energie in die Weiterentwicklung des Gemeindelebens, besonders der Jugendarbeit. Die Vorstellung, ohne ihren energischen jungen Kuraten auszukommen, muss für Peter Smith und die Gemeinde sehr schwierig gewesen sein. Als die Zeit zu gehen kam, war sich Philip sehr unsicher, wie sein Pfarrer die Nachricht aufnehmen würde.

Peter Goldsmid und Peter Smith waren zwei sehr unterschiedliche Männer, aber sie hatten eins gemein. Sie wurden beide wütend, als sie von Philips Umzugsplänen hörten. Im Fall von Peter Smith war die Wut vielleicht sogar gerechtfertigt. Mit seiner tief sitzenden Angst vor Ablehnung durch Autoritätspersonen hatte Philip wieder einmal mit seinen Plänen so lange wie möglich hinterm Berg gehalten und den Moment, an dem er sein Vorhaben mitteilen musste, so lange vor sich hergeschoben, bis mehr oder weniger vollendete Tatsachen geschaffen worden waren.

Bereits kurz nach seiner Berufung zum Priester war Philip unruhig geworden. Er fing an, Geschmack an dem Gedanken zu finden, eine eigene Kirchengemeinde zu haben, mit allem, was das bedeutete. Ein echter Pfarrer zu sein, all die Sachen zu tun, die echte Pfarrer taten – das wäre herrlich. Es würde irgendwie seine persönlichen Errungenschaften besiegeln und es ihm ermöglichen, einen Dienst aufzubauen, der, wie es schien, in Leavesden täglich größer wurde.

Als einige Monate später ein Mitglied der Pfarrei beiläufig bemerkte, dass er gehört hätte, eine Kirche namens St. Alban's in Ventnor bräuchte in Kürze einen neuen Priester, spitzte Philip die Ohren. Durch einen Bekannten schaffte er es, den Priester, der für die Ernennung eines Mannes für St. Alban's verantwortlich war, davon in Kenntnis zu setzen, dass er sich gerne bewerben würde. Er erhielt mit der Post eine ermutigende Antwort. Ohne irgendjemand – außer Margaret – von seinen Plänen zu unterrichten, reiste er an einem seiner freien Tage auf die Isle of Wight und wurde dort am Bahnhof in Shanklin von Pater Peter Hewitt abgeholt. Dieser zeigte ihm die Kirche und den Pfarrbezirk, in dem in Kürze die Stelle des Priesters frei werden würde.

Die Ilotts hatten früher schon einmal ihren Sommerurlaub auf der Insel verbracht und sie hatte ihnen schon damals sehr gefallen. Philip ließ sich verzaubern von Ventnor, wo er bisher noch nicht gewesen war, insbesondere von der Lage der Kirche und des Pfarrhauses, das seines wäre, wenn er angenommen würde. Zwischen dem Haus und der Kirche verlief eine lange, steinerne Treppenflucht, die nach unten zur Hauptstraße und dann, weit darunter, zu einer kleineren Küstenstraße führte. Die Sicht von diesen beiden Gebäuden war an diesem sonnigen Tag eine unendliche Fläche aus Himmel und Meer, unaussprechlich still und friedvoll.

Im kühlen Inneren der Kirche deutete Peter Hewitt auf einen Konsekrationsstein in der Mitte des Altars. Er war den weiten Weg von der St.-Alban's-Abtei, wo Philip ordiniert worden war, hierhergebracht worden. In diesem Moment schien das eine besondere Bedeutung zu haben.

Nach einem guten Mittagessen und der Fortsetzung des Rundgangs durch den Pfarrbezirk reiste Philip voller Begeisterung nach Leavesden zurück. Es folgten viele Diskussionen und Gebete mit Margaret. Dann fassten sie einen Entschluss: Wenn Peter Hewitt ihm den Posten als Priester anbot, dann würden sie gehen.

Etwa eine Woche später kam ein Brief von der Isle of Wight. Das schwachblaue Schriftbild war an den Stellen, wo die Maschine gesprungen war, von Hand korrigiert worden. Pater Hewitt bot Pater Ilott förmlich die Position des verantwortlichen Priesters in der St.-Alban's-Kirche, Ventnor, an.

Die Familie war außer sich vor Freude. Aber es blieb eine Hürde: Peter Smith musste noch informiert werden.

Obwohl sich die letzten Ereignisse sehr schnell entwickelt hatten, war doch mehr als ein Jahr vergangen, seit Philip zum ersten Mal von der freien Stelle in Ventnor gehört hatte. Der Gemeindepriester aber wusste noch nicht einmal, dass sich sein Kurat mit Abwanderungsgedanken trug. Philip machte sich ziemliche Sorgen.

Nicht, dass Peter Smith so jähzornig wie Peter Goldsmid war, aber auch er konnte gelegentlich sehr streng sein. Das dritte Mitglied des Leitungskreises in Leavesden, William Smith, der Seniorkurat – und außerdem Peter Smiths Vater –, machte ab und zu dumme Fehler bei seiner Arbeit. Mehr als einmal hatte Philip mitbekommen, wie der ältere Mann sehr direkt von seinem Sohn in dessen Studierzimmer zurechtgewiesen worden war. Wenn er schon keine Skrupel hatte, seinem eigenen Vater zu sagen, was er über reine Formfehler dachte, was würde er einem Juniorkuraten sagen, der seit zwölf Monaten heimlich geplant hatte wegzuziehen? Womöglich würde er Philip für schrecklich undankbar halten, nachdem die Gemeinde ihn während seiner zwei Jahre im College und während der häufigen Zeiten der Krankheit unterstützt hatte? Auf der anderen Seite waren acht Jahre vergangen, seit Philip und Margaret mit dem kleinen Paul nach Leavesden gezogen waren; drei Jahre als Hauptmann der Kirchenarmee, zwei im College und wieder drei Jahre in der Pfarrei als Kurat. Damit hatte er doch gewiss seine Schuldigkeit getan, oder etwa nicht?

Die Mitarbeitersitzungen in All Saints wurden immer dienstags morgens abgehalten. Philip entschloss sich, die Nachricht von seiner Abreise in der Sitzung der nächsten Woche weiterzugeben, nachdem die normalen Punkte abgehandelt und William Smith gegangen war.

Als der Zeitpunkt da war, fielen ihm die Worte schwer. „Oh, übrigens, Pater Peter", begann er, während er versuchte, seiner Stimme einen Unterton von strahlender Beiläufigkeit zu verleihen, „ich muss Ihnen da etwas sagen, was meine Zukunft betrifft . . ."

Er fuhr fort und berichtete von seinem immer stärker werdenden Wunsch nach größerer Unabhängigkeit und Verantwortung. Er schilderte, wie sehr er von dem Namen „St. Alban's" auf der Isle of Wight angezogen worden sei und wie bedeutsam es geschienen habe, dass ein Teil des Gefüges der Kirche einmal an der Stelle gewesen sei, an der er ordiniert worden war. Schließlich, und nicht ohne ein Zittern in der Stimme, bekannte er, dass man ihm bereits die freie Stelle angeboten hatte und er im Begriff war, sie anzunehmen.

Zuerst glaubte er, der Gemeindepriester hätte nicht gehört, was er gesagt hatte. Peter Smith saß nämlich bewegungslos neben dem großen Sekretär, dem Glanzstück seines Arbeitszimmers, starrte in die Ferne und sagte nichts. Eine lange, zermürbende Zeit herrschte völlige Stille. Dann, langsam und mit geübter Sorgfalt, legte der Priester den Stift, den er in der Hand gehalten hatte, auf den Schreibtisch und sprach mit unerbittlicher Entschlossenheit: „Nun, das werden wir sehen!"

„Was meinen Sie damit, Pater?", fragte Philip nervös.

„Ich meine genau das, was ich gesagt habe", erwiderte der andere Mann, der immer noch nicht in Philips Richtung blickte. „Wir werden sehen, ob Sie irgendwo anders hingehen. Vielleicht lasse ich Sie nicht weg!"

Das Kind in Philip schrie auf. Sein Magen zog sich zusammen. Etwas aus seinem Inneren preiszugeben und dann auf Ablehnung zu stoßen, war immer noch ein Albtraum. In den acht Jahren, die er mit Peter Smith in Kontakt gestanden hatte, hatte er nicht ein einziges hartes Wort geerntet. Jetzt aber herrschte in dem Studierzimmer eine Atmosphäre voller Zorn und Ablehnung.

„Möglicherweise schreibe ich dem Bischof von Portsmouth und setze ihn davon in Kenntnis, dass Sie die Stelle nicht antreten werden", fuhr der Priester eiskalt fort. „Ebenso werde ich mich an den Zuständigen der Pfarrei in Ventnor wenden. Ich werde einfach darauf hinweisen, dass Ihre Ernennung dort weder mit meinem Wissen noch mit meiner Zustimmung erfolgt ist."

Es folgte eine weitere lange Stille. In den beiden regungslosen Figuren tobten die Stürme weiter. Der eine war ein Sturm purer Wut und Enttäuschung darüber, dass jemand, der einem so nahe zu sein schien, ohne Rücksprache seinen Wegzug planen und in die Wege leiten konnte. Der Sturm in Philip verband Elemente der Panik und der Verzweiflung. Panik war seine übliche Reaktion auf Ablehnung. Die Verzweiflung war ein Produkt seiner Angst, dass er in alle Ewigkeit verdammt sein könnte, ein Flüchtling vor seiner eigenen Kindheit zu sein. Wann würde er endlich richtig erwachsen und Herr seiner selbst werden? Alles, was er jetzt wollte, war eine Gelegenheit, wegzulaufen.

Und die kam.

„Sie können jetzt gehen", sagte Peter Smith tonlos, immer noch in die Ferne blickend.

Philip verließ ohne ein Wort den Raum und eilte auf direktem Weg zu Margaret, um das Ergebnis dieses Treffens in ihren Schoß zu legen.

Wie alle verliebten Paare seit Menschengedenken machten sie sich mit einer Liste von Rechtfertigungen an die Arbeit, einander zu trösten. Hatten sie die Frage des Umzugs nicht häufig und ausführlich besprochen? Natürlich hatten sie das! Hatten sie nicht – zusammen und auch jeder für sich – bezüglich der Pfarrei in Ventnor gebetet? Mit Sicherheit! Und dann gab es da ja auch die Frage des Schulwechsels der Kinder. Paul war jetzt neun Jahre alt. War es nicht von großer Bedeutung, die negativen Folgen zu bedenken, die ein Schulwechsel zu einem späteren Zeitpunkt hätte? Musste man als verantwortungsbewusste Eltern nicht auch an solche praktischen Dinge denken? Natürlich musste man das! War Peter Smiths Reaktion auf Philips Neuigkeiten nicht unnötig aggressiv gewesen? Ja, pflichtete Margaret wütend bei, auf jeden Fall! Wenn Pater Peter glaubte, Philip gehöre hier in Leavesden für den Rest seines Lebens zum Inventar, dann lag er einfach falsch. Vorsichtig umgingen sie die Tatsache, dass Philip den Konflikt mit seinem Gemeindepriester hätte vermeiden können, wenn er ihn von Anfang an ins Vertrauen gezogen hätte.

Bedauerlicherweise wurde der Konflikt für alle Zeiten in jenes Arbeitszimmer weggeschlossen. Philip und Peter haben diese Angelegenheit nie wieder von Herz zu Herz besprochen. Philip jedenfalls war noch nicht in der Lage, irgendetwas aus seinem tiefsten Inneren anzusprechen, außer mit Margaret. Arbeits- oder Dienstangelegenheiten durften gerne diskutiert werden, aber die dunklen und verzweifelten Stellen seiner Persönlichkeit waren noch zu weich und zerbrechlich, um von irgendjemand sonst berührt oder inspiziert zu werden.

Die nächsten Tage waren tatsächlich sehr schwer. Durch ihren Dienst waren die zwei Männer gezwungen, sich zu begegnen, aber ihre Beziehung war unangenehm angespannt und ihre Gespräche verliefen eher einsilbig. Philip wachte jeden Morgen mit einem überwältigenden Gefühl des Grauens auf angesichts der Tatsache, wieder mit dem Seniorpriester die Messe lesen zu müssen.

Am Ende war es Mary Smith, die die Situation entspannte, indem sie als Übermittlerin der Gefühle und Gedanken ihres Mannes fungierte. Seine erste Reaktion, sagte sie, sei die Folge seines Schocks gewesen. Die Vorstellung, dass Philip gehen könnte, war ihm nie gekommen. Er war ebenso bestürzt wie wütend. Sie erzählte Philip und Margaret, wie traurig sie und Peter seien, dass sie die Gemeinde verlassen wollten, und wie sehr alle sie vermissen würden. Alles in allem leistete sie eine phantastische unsichtbare Reparaturarbeit, wie Ehefrauen dies so häufig tun. Aber dennoch, der Bund zwischen den zwei Priestern war nie mehr ganz derselbe.

Die vielleicht heilsamste Begebenheit zwischen jenem ersten Gespräch und Philips Abreise war William Smiths Beerdigung. Peter Smith sah sich nicht in der Lage, die Predigt zu halten, und bat Philip, sie zu übernehmen, vielleicht in der Hoffnung, dass dies als eine tiefe Geste der Versöhnung interpretiert würde.

Schließlich rückte der Tag der Abreise der Ilotts immer näher. Auf einem Abschiedsfest im Garten des Pfarrhauses wurden Philip und Margaret Geschenke und ein Geldbetrag überreicht, gefolgt von einer Abschiedsrede von Pater Peter, die zu halten ihm wohl sehr schwer gefallen sein musste. Für Philip war es ein wunderschönes, aber auch trauriges Ereignis. Acht Jahre sind eine lange Zeit, und er hatte viele Freunde gewonnen. Wenn es doch nur nicht zu diesem Unbehagen wegen seines Fortgangs gekommen wäre. Es war in der Tat eine ziemliche Erleichterung, als der Tag der Abreise gekommen war.

Philip, Margaret, Paul und Mel machten sich mit dem Zug von der Victoria Station auf den Weg, nur mit Handgepäck und einem Goldfisch namens Margaret in einer Flasche, der bei einem Ruck des Zuges auf den Boden des Abteils schwappte und hastig wieder zurück in sein Reisebehältnis gesteckt werden musste.

Ihre erste Nacht auf der Insel verbrachten sie im Haus von Richard Dawes, dem Schatzmeister der Kirche, einem Mann, der vom ersten Moment ihres Treffens an Philips neu erlangter Empfindsamkeit seine dominante Persönlichkeit aufzwang. Im Laufe ihres Gesprächs am ersten Abend machte er unzweideutig klar, dass er seine gestrenge Hand über alle wichtigen Aspekte der Pfarrei hielt und dass Philip gut daran täte, seine relative Bedeutungslosigkeit für den Ablauf der Dinge zu begreifen.

Offensichtlich zogen da neue, andere Stürme auf.

Am folgenden Tag strahlten jedoch das Neue, das Aufregende – und die Sonne. Nachdem Richard Dawes sie am Morgen in Ventnor abgesetzt hatte, erkundeten die Ilotts freudig das große, luftige Pfarrhaus unterhalb der oberen Straßenebene und anschließend die St.-Alban's-Kirche ein paar Stufen weiter unten. Paul und Mel konnten es kaum fassen. Dort, nicht weit vom unteren Ende der Stufen, die in der Nähe ihres neuen Hauses begannen, war das Meer! Sie würden am Meer wohnen! Herrlich!

Dann kam der Umzugswagen, der von einem örtlichen Urgestein namens Mr. Mew gesteuert wurde. Er wurde von Mr. Mew und einigen Angestellten entladen, während die Familie dabeistand und zusah. Es wurde eine ziemlich nervenaufreibende Angelegenheit. Obwohl der ältliche Mr. Mew selbstbewusst und fröhlich war, sah er so aus, als ob ihn ein kleiner Windstoß von den Stufen fegen und hinunter ins Meer tragen könnte. Dennoch bestand er darauf, unter viel Gekeuche und Gejapse große, schwere Teile aus dem Lkw ins Pfarrhaus zu tragen.

„Er wird sich noch einen Bruch holen, wenn er nicht aufpasst", sagte Philip zu einem der anderen Träger.

„Er hat schomma ein' gehabt", grinste der Mann. „Versuchen Se ma', ihn aufzuhalten – ich kann's nich', un' er is' mein Vatter!"

Als der alte Mann dann auch noch in die Hände spuckte und sich anschickte, das senkrecht stehende Klavier vom Lkw zu ziehen, hatten die Ilotts endgültig genug und beschlossen, einen Spaziergang hinunter zum Meer zu machen.

„Ich habe ihnen gesagt, wohin sie die restlichen Sachen stellen sollen", sagte Philip zu Margaret. „Lass uns mal mit den Kindern den Strand ansehen."

Der Spaziergang die Klippenstufen hinunter war herrlich. Unterwegs schwärmte Margaret von dem Pfarrhaus. Noch nie hatten sie so ein Haus gehabt – vier Schlafzimmer, ein großes Wohnzimmer und eine schnuckelige Küche mit Blick auf das Meer. Für Philip gab es ein Arbeitszimmer – ebenfalls mit Seeblick – und einen separaten Hintereingang, sodass dienstliche Besucher nicht durch den Familientrakt des Hauses mussten. Außerdem war da noch ein ziemlich großer Garten. Er war nicht gerade in bestem Zustand und würde eine Menge harter Arbeit erfordern, aber man konnte ihn bestimmt wieder sehr schön herrichten. Alles in allem hätte das Pfarrhaus von St. Alban's – oder das Pastorat, wie Philip es zu nennen pflegte – nicht passender sein können.

Die Zeit, die Philip, Margaret, Mel und Paul an diesem Tag am Strand von Ventnor verbrachten, war eine jener seltenen, besonderen Zeiten, wo die Gegenwart voller Frieden ist und die Zukunft einem warm zuzwinkert. Während die Kinder glücklich im Sand spielten, hatten es sich Philip und Margaret in zwei der am Strand stehenden Liegestühle bequem gemacht und genossen die Sonne.

„Ich glaube, dass wir hier sehr glücklich werden, Darling“, sagte Philip.

In diesem Moment kam der Aufseher über die Liegestühle. Nachdem er sein Geld bekommen hatte, blieb er noch einen Moment stehen und nahm Philips Kragen in Augenschein. „Sind Sie der neue Priester?“, erkundigte er sich.

„Ja“, sagte Philip, „der bin ich.“

Der Mann zog seine Spitzkappe nach hinten. „Dann werden wir uns noch öfters treffen“, sagte er.

„Das kann ich mir schwer vorstellen“, sagte Philip freundlich lächelnd. „Ich fürchte, ich werde nicht viel Zeit haben, um am Strand zu sitzen.“

„Wir werden uns trotzdem noch öfters sehen“, sagte der Mann. „Ich bin nämlich nicht nur für die Liegestühle zuständig.“

„Oh, Sie sind nicht nur . . .“

„Ich bin auch der Bestatter.“

# 9. Kapitel

# Isle of Wight –
# Härten und Heilung
## (1971-1978)

---

„Haben Sie schon Richard Dawes gefragt, was er davon hält?"

Philip biss jedes Mal die Zähne zusammen, wenn er diese Frage, die ihn rasend machte, zum x-ten Mal hörte. Immer, wenn er eine Veränderung oder eine Innovation oder irgendetwas vorschlug, das finanzielle Ausgaben beinhaltete, verwies man ihn einigermaßen ängstlich auf den Schatzmeister der Kirche, so, als hätte der verantwortliche Priester überhaupt keine Entscheidungsbefugnis.

Philips Befürchtungen zu Anfang seines Dienstes hatten ihren guten Grund. Richard Dawes, ein großer, schlanker Mann mit einer recht beeindruckenden Narbe auf einer Seite seines Gesichts, hatte es sich offensichtlich zur Aufgabe gemacht, den neuen Priester so umfassend zu bezwingen, wie er es mit dessen Vorgänger getan hatte. Und er machte seine Sache gut. Abgesehen von seiner natürlichen dominanten Art und dem in jeder Hinsicht wichtigen Zugriff auf die Finanzen der Kirche hatte er eine äußerst effektive Art und Weise, der Gemeinde Missbilligung und Ablehnung zu signalisieren. Und die Gemeinde schien vor einem Schatzmeister wesentlich mehr Ehrfurcht zu haben als vor einem Mann mit weißem Stehkragen, der erst seit fünf Minuten da war.

Dawes war von seiner kirchlichen Prägung her nicht anglo-katholisch. Das Innere der Kirche zu schmücken zum Beispiel, eine von Philips ersten Prioritäten, wurde von ihm als Geldverschwendung angesehen. Nur durch eigens für diese Zwecke gedachte Spenden und praktische Hilfe aus der Gemeinde konnte Philip in jenen ersten Tagen etwas in dieser Richtung bewirken. Richard

Dawes war der Ansicht, dass Geld am besten für Sozialprojekte ausgegeben wurde, besonders (und sehr lobenswert in Philips Augen) für junge Leute, aber auch für verschiedene andere soziale Belange. Die Vorstellung, die „Kirche herauszuputzen", wie er es ausdrückte, war völlig inakzeptabel. Deshalb weigerte er sich schlichtweg, hierfür Gelder zur Verfügung zu stellen. Das Geld für Kerzen oder Weihrauch sollte lieber an christliche Hilfsorganisationen oder an die Hungernothilfe Oxfam überwiesen werden. Und nicht zu vergessen, schlug der Schatzmeister auch noch vor, ob es nicht besser wäre, wenn Philip weniger über die Sakramente und mehr über die Gleichnisse predigen würde?

Die Gottesdienste wurden fast unerträglich. Als ein Mitglied des Chores nahm Richard Dawes jeden Sonntag seinen Platz oben im Orgelchor ein, dominierte die Lage mit seiner erhöhten Gegenwart und diente Philip als ständige Erinnerung daran, dass die wichtigste Person in der Kirche zutiefst missbilligte, was er sagte und tat.

Seine Reaktion auf Weihrauch brachte Philip besonders aus der Fassung. Wenn der Rauch nach oben zur Decke zu ziehen begann, wedelte der Schatzmeister demonstrativ mit dem Gottesdienstblatt oder einem Liederbuch die Luft unter seiner Nase. Die Geste war unmissverständlich negativ und erregte bei dem Priester dort unten in der Regel einen stillen, ablenkenden Zorn.

Philip ertrug seine immer schlechter werdende Beziehung zu Richard Dawes nahezu achtzehn Monate. Sie verdarb ihm den ansonsten sehr erfüllenden Start seines Dienstes in Ventnor. Philip war weitgehend unabhängig von Peter Hewitt, dem Dekan des Pfarrbezirks, dessen Kirche gut acht Kilometer weiter westlich lag. Es war auch ein interessanter, gut gemischter Bezirk. Es gab ein Viertel mit sozialem Wohnungsbau, ziemlich viele Reihenhäuser und einige große, teure Privathäuser. Es gab auch eine Gesamtschule und eine Grundschule der Church of England, auf die Mel und Paul gingen. Und das sehr gerne.

Im Gegensatz zu dem, was der Schatzmeister der Kirche von ihm zu glauben schien, hatte Philip ein ebenso großes Interesse an wirklichen Menschen und wirklichen Problemen wie daran, das

Innere der Kirche so schön zu gestalten, dass das Volk Gottes seinen Herrn darin anbeten konnte. Durch seine übliche Mischung aus Begeisterung und Energie brachte er neues Leben nach St. Alban's, wobei er sowohl Erwachsene als auch junge Leute in solchen Scharen anzog, wie sie die Kirche bisher noch nicht gesehen hatte. Die Beschäftigung mit den Menschen aus seiner Pfarrei und seine Besuche waren ehrlich und ausdauernd. Aber die Feindseligkeit dieses einen Mannes warf einen Schatten auf alles andere.

Es sollte nahezu zwei Jahre dauern, bis dieser Konflikt gelöst war. In der Zwischenzeit kam es zu zwei bedeutsamen Ereignissen.

Das erste war der Tod von Philips Mutter.

Edith Ilott hatte Krankenhäuser immer gehasst. Sie konnte noch nicht einmal Mitglieder ihrer eigenen Familie besuchen, wenn sie dort behandelt wurden. Die Zeit, die sie in einer Privatklinik hatte verbringen müssen, als Philip geboren wurde, hätte sie fast zerstört. Die physische Verwundbarkeit in einer solchen Situation war völlig untragbar für jemanden, der neurotisch unfähig war, Unvollkommenheit zu akzeptieren.

1972 erkrankte sie schwer und wurde zu Untersuchungen in das Newcastler Krankenhaus gebracht. Eine Zeit lang waren die Ärzte nicht in der Lage, eine Diagnose zu stellen, aber nach einer Reihe von Röntgen- und anderen Untersuchungen entdeckten sie einen bösartigen Tumor an ihrer Luftröhre. Es musste eine Notoperation durchgeführt werden. Schließlich, 1973, kehrte die unglückliche Frau zum Sterben zurück in das Haus, in dem Philip aufgewachsen war.

Kurz vor dem Ende reiste Philip mit dem Zug nach Newcastle, um seine Mutter ein letztes Mal zu besuchen. Es war ein erbärmlicher Anblick, wie sie im Bett lag in dem Haus, das ihr einmal so viel bedeutet hatte. Philip zuckte fast zusammen, als er sah, wie schmerzlich dünn und schwach sie geworden war. All ihre Kraft und Dominanz, auch die Fähigkeit und der Wille, andere zu verletzen, waren fort, dahingerafft durch dieses Etwas, das ihr das Atmen beinahe unmöglich machte. Während er neben ihr saß und daran dachte, wie viele Male er als Kind versucht hatte, mit Geschenken ihr Wohlwollen zu erlangen, und als Erwachsener mit

Errungenschaften, da spürte er, wie ein Seufzer durch seinen Körper schauderte. Die Geschenke waren kaum beachtet, einmal sogar mit Absicht kaputtgemacht, und die Errungenschaften herabgesetzt oder öffentlich verhöhnt worden. Gab es irgendetwas, was er diesem zerbrechlichen Rest einer Person anbieten konnte, was sie, selbst zu diesem späten Zeitpunkt, Wert genug achten würde, es anzunehmen? Er hatte nur eine Sache, die er ihr anbieten konnte, ein letztes Geschenk, das angenommen oder verworfen werden konnte. Das Risiko, verletzt zu werden, war jetzt nicht geringer als zuvor.

„Mutter ..." Philip lehnte sich zum Sprechen vor, kaum in der Lage, die Angst und die Erregung zu beherrschen, die sich hinter seinen Worten verbarg. „Mutter, ich kann dir die Heilige Kommunion geben und dich mit Öl zur Heilung salben, wenn du willst. Als Priester kann ich das ..."

Edith Ilotts vom Schmerz erfüllte Augen sahen einen Moment lang in die besorgten Augen ihres Sohnes. Dann sagte sie mit all der Kraft, die sie aufbringen konnte. „Oh, ja, bitte!"

Ruhig und professionell reichte Philip das Sakrament dar, salbte den Kopf seiner Mutter im Zeichen des Kreuzes mit Öl und betete für ihre Heilung. Dann legte er seine Arme sanft um die abgemagerte Gestalt und küsste sie auf die Stirn.

Plötzlich waren alle Ruhe und Professionalität dahin. Überwältigt von dem Bewusstsein, dass er zum ersten Mal seiner Mutter etwas hatte geben können, was sie auch wirklich wollte, brach Philip zusammen und heulte wie ein Kind. Gemeinsam weinten sie eine lange Zeit, das erste Gefühl, das sie in mehr als fünfunddreißig Jahren teilten.

Am nächsten Tag küsste Philip seine Mutter noch einmal zum Abschied und kehrte zurück auf die Isle of Wight, zutiefst dankbar, dass er diese wenigen Minuten echter Kommunikation hatte erleben dürfen. Sein Vater blieb in Newcastle, um seine im Sterben liegende Frau zu versorgen. Auch er war in einem emotional aufgewühlten Zustand. Während Philip die Heilige Kommunion darreichte, hatte er sich nicht in der Lage gesehen dabeizubleiben. Nun, da seine Frau im Sterben lag, schien er eine merkwürdig isolierte Person zu sein, die auf Schmerz und gleichzeitig auf Erleichterung wartete.

Zwei Wochen später, als Philip nach der Messe gerade dabei war, sich in der Sakristei umzuziehen, erschien Margaret in der Tür, ihre Augen voll dunkler Neuigkeiten und Mitleid. Sie nahm eine seiner Hände sanft in ihre und sah ihn direkt an. Margaret konnte immer direkt sein, wenn es sein musste.

„Schatz, deine Mutter ist gestorben."

Philip hatte geglaubt, er wäre auf diesen Moment einigermaßen vorbereitet. Vielleicht war es ein Teil von ihm auch. Pater Philip, der Priester, Ehemann und Vater, hätte diese Nachricht möglicherweise mit der angemessenen Fassung getragen; aber der kleine Philip Ilott, der verzweifelte Junge, der von seiner Mutter immer so verletzt worden war und der sich so viele Jahre lang solche Mühe gegeben hatte, sich die Liebe und Bewunderung zu verdienen, die nur sie ihm geben konnte, wurde völlig aus der Bahn geworfen.

Mami war tot! Es gab nichts mehr, was er von Mami erwarten konnte, denn sie war tot, für immer gegangen.

Philip brach über der Kommode für das Messgewand an der Seite der Sakristei zusammen und heulte seinen Verlust mit großem, qualvollem Schluchzen heraus. Mami hatte niemals wirklich gesagt, dass es ihr Leid tat, was sie getan hatte, und er hatte ihr nie wirklich vergeben, und jetzt war es zu spät.

Margaret und Paul reisten zur Einäscherung nach Newcastle. Mel und Paul wurden bei Joan und Wilf Philpott gelassen, zwei Freunden, die in einem großen, schlossförmigen Haus in Ventnor lebten.

Die Ilotts konnten die kühle Oktoberatmosphäre nicht besonders genießen, während sie mit dem Zug Richtung Norden fuhren. Philip war völlig beherrscht von der Frage, was er bei der Bestattung sagen würde, und Margaret hatte ihr Grauen davor, auch nur in der Nähe des Hauses ihrer Schwiegermutter zu sein, nie verloren.

Zum ersten Mal war Philip nicht besonders stolz auf seine Rede. Das einzig Positive, was er über seine Mutter sagen konnte, war, dass sie ihn geboren hatte, sodass ein Priester daraus werden konnte. Er erzählte ein wenig über seinen Vater und drückte dann einen Knopf, um den Sarg dem feurigen Ofen zu übergeben.

Die Rückreise nach Ventnor verlief keineswegs angenehmer als die Hinreise und es gab eine neue Komplikation. Philips Vater hatte ohne Diskussion oder Konsultation angekündigt, dass er die Arbeit als Testamentsvollstrecker abwickeln, sein Haus verkaufen und dann zu der Familie seines Sohnes ziehen würde. Philip und Margaret waren zu verblüfft, um sich damit auseinander zu setzen. Sie hatten einfach zugestimmt. Und nun war es offenbar beschlossene Sache.

Philip versuchte, die Unterbringung seines Vaters, der so viel gelitten hatte, weitherzig zu akzeptieren, aber es war sehr schwierig. Er verachtete seinen Vater und empfand ihm gegenüber immer noch einen tief verwurzelten, kaum zugelassenen Zorn wegen seiner Schwäche in der Vergangenheit.

Außerdem musste er im Pfarrhaus sein Studierzimmer räumen und nach unten in ein Zimmer unter dem Haus ziehen, das bisher als Abstellraum gedient hatte, damit sein Vater ein Wohn- und Schlafzimmer hätte.

Die ganze Situation rief ein unbehagliches Echo in Philips Herz hervor. In diesen ehemaligen Gerümpelraum zu ziehen, der nur von außerhalb des Hauses betreten werden konnte, war ein kleines bisschen wie in den Schuppen seiner Kindheit geschickt zu werden, besonders, da sein Vater ständig präsent war und so Erinnerungen und Gefühle wachrief, die mit diesem Teil seines Lebens zusammenhingen.

Manchmal, wenn er in jenen ersten Tagen in seinem neuen Arbeitszimmer saß, strömte seine ganze emotionale Erfahrung wieder durch ihn hindurch. Philip war ausgestoßen, während oben die wichtigen Leute in dem wirklich wichtigen Teil des Hauses ein wichtiges Leben lebten. Natürlich war das albern, das wusste er auch. Er und Margaret hingen sehr aneinander. Außerdem war sein Vater sehr großzügig und machte überhaupt keine Probleme. Es war lediglich das Gefühl, dass die Vergangenheit in die Gegenwart eingedrungen war, und das mochte er gar nicht. Es raubte ihm den Frieden.

Das zweite wichtige Ereignis in Philips Leben vor der Lösung des schwelenden Ilott-Dawes-Konflikts war die Begebenheit, wo er in einem Augenblick von seiner Epilepsie geheilt und im Geist getauft wurde.

Philip hatte sich erfolgreich eingeredet, dass die Epilepsie eine Sache der Vergangenheit war. Fünf ganze Jahre, bevor er auf die Isle of Wight gekommen war (die Zeit seiner theologischen Ausbildung und die Zeit als Kurat in Leavesden), hatte er nicht einen einzigen Anfall erlitten. Vielleicht war die Krankheit ja einfach verschwunden. Vielleicht hatte Gott sie geheilt. Philip hatte keine Ahnung von solchen Sachen, aber er hatte eine vage Vorstellung, dass so etwas möglich sein müsste.

Seine einzige bisherige Erfahrung mit Heilungsdienst war eine durch und durch negative gewesen. Während seiner Ausbildung am College der Kirchenarmee wurde Philip das Opfer eines besonders bösartigen Grippevirus. Während er im Bett lag und abwechselnd schwitzte und zitterte, wurde er von einem jungen Kommilitonen aufgesucht, der den enthusiastischen und praktisch unauslöschlichen Glauben hatte, dass Gott immer und alle Krankheiten heilte. Nachdem er laut und im Brustton der Überzeugung für Philip gebetet hatte, nahm er in Anspruch, dass die Genesung jetzt stattgefunden haben müsse und dass, wenn der Invalide sein Bett verlassen und zu seiner Arbeit zurückkehren würde, er seine Heilung empfinge. Bereit, alles zu versuchen, schleppte Philip seinen schmerzenden Körper aus dem Bett und versuchte, seine Pflichten wieder aufzunehmen. Eine halbe Stunde später wieder ins Bett zurückgetragen werden zu müssen und sich dabei noch schlechter als vorher zu fühlen, war Philips Glauben an Heilungswunder nicht gerade zuträglich gewesen.

Allerdings hätte er auch dann nicht um Gebet gebeten, wenn er der Überzeugung gewesen wäre, dass eine Heilung tatsächlich möglich wäre. Als sie auf der Isle of Wight ankamen, war Margaret noch immer die einzige Person, außer den Ärzten, die von seiner Epilepsie wusste. Und er hatte bestimmt nicht vor, solch ein unliebsames Geheimnis irgendjemandem aus der Ventnorer Gemeinde anzuvertrauen. Außerdem, wenn sie sowieso verschwunden war, auf welche Weise auch immer, sollte man sie am besten vergessen.

Aber die Anfälle kehrten zurück, nachdem Philips Mutter 1972 zu Untersuchungen ins Krankenhaus gekommen war. Sechs Jahre waren seit dem letzten Zusammenbruch vergangen, aber nun war er zum ersten Mal seit langem wieder richtig angespannt. In jenen Tagen zog er keine Verbindung zur Krankheit seiner Mutter. Es schien Philip, dass dieses beschwerliche Gefühl allein auf die Probleme mit Richard Dawes zurückzuführen war. Der Stress, Sonntag für Sonntag den Gottesdienst unter dem missbilligenden Auge des Schatzmeisters abhalten zu müssen, war beinahe unerträglich geworden.

Vielleicht war es kein Zufall, dass sich der erste Zusammenbruch in der Kirche beim Abschluss eines Gottesdienstes ereignete. Philip wollte gerade den Segen sprechen, als er dieses innere Schlingern spürte, das in der Vergangenheit immer vor einem Anfall aufgetreten war. Eine verzweifelte Panik ergriff ihn. Er würde hier am Altar vor Richard Dawes und all den anderen Leuten zusammenbrechen. Er biss die Zähne zusammen und zwang sich, das Segenswort zu sprechen.

„Der Friede Gottes, der höher ist als alle Vernunft, bewahre eure Herzen und Sinne in der Erkenntnis und der Liebe Gottes und seines Sohnes Jesus Christus, unseres Herrn . . ."

Philip spürte, wie sein Bewusstsein schwand, während er fortfuhr.

„. . . und der Segen Gottes, des Allmächtigen, des Vaters, des Sohnes und des Heiligen Geistes, sei mit euch und bleibe bei euch immerdar."

Als er diesen letzten Satz gesprochen hatte, wurde alles dunkel. Im letzten Moment des Bewusstseins merkte er, dass er wie eine Stoffpuppe nach hinten über den Altar fiel. Die kleine Mel in ihrem rot-weißen Chorkostüm sah mit vor Entsetzen weit aufgerissenen Augen zu, wie die schockierten Gottesdienstbesucher den schlaffen Körper ihres Papas aufhoben und in die Sakristei trugen. War Papa tot? Wohin brachten sie ihn? Sie drehte sich zu ihrem Bruder, aber dessen Gesicht spiegelte die gleiche Angst wider, die auch sie empfand. Unten im Hauptschiff der Kirche deutete ein besorgtes Gemurmel an, dass die versammelten Gottesdienstbesucher kaum weniger bestürzt waren. Philip war so plötzlich und in solch einem wichtigen Moment zusammengesackt und gefallen, dass es fast wie eine dramatische Szene aus einem Film wirkte.

Als Philip erwachte, fand er sich im Pfarrhaus wieder. Man musste ihn die Stufen zu seinem Haus hinaufgetragen haben. Wie furchtbar peinlich! Jemand sagte etwas. Einer der Leute, die in dem Dunst um sein Bett herumstanden, redete mit den anderen.

„... fast gestorben. Ich bin mir nicht ganz sicher, was es ist, aber er hat irgendeinen heftigen Anfall erlitten."

Es war der örtliche Arzt, der da sprach. Er hatte offensichtlich keine Ahnung, dass Epilepsie für den Zusammenbruch verantwortlich war.

Als der Nebel sich verzogen hatte, erkannte Philip die anderen beiden Personen, die zu ihm hinunterstarrten, die Stirn sorgenvoll in Falten gelegt. Eine war Margaret. (Die gute Margaret! Sie musste sich schreckliche Sorgen machen.) Die andere Person war eine Lady namens Brenda Wright. Sie war dabei gewesen, als er umkippte. Brenda war die Krankenschwester, die für diesen Bezirk zuständig war, eine wirklich fürsorgliche Person und eine gute Freundin. Sie sollte eine der wenigen Leute der Gemeinde werden, die den wahren Grund für Philips Krankheit kannten, und eine ganz treue Freundin sowohl in praktischen Dingen als auch durch permanentes, manchmal wahrhaft aufopferndes Gebet.

Verzweiflung überkam Philip, als er der Realität dessen, was gerade in der Kirche passiert war, ins Auge sah. Der Dämon in seinem Rücken war nicht tot oder verschwunden – er hatte nur geschlafen. Sechs Jahre lang war er frei von diesem Albtraum gewesen. Sechs Jahre langsam zunehmender Zuversicht, dass er – aus welchen Gründen auch immer – wieder in Ordnung war. Aber es stimmte nicht ... Und warum, wenn er wirklich darüber nachdachte, war es so furchtbar wichtig – so lebenswichtig –, dass die anderen nicht wissen durften, was diese elende Krankheit war? Warum um alles in der Welt sollte er nicht offen damit umgehen? Er kannte die Antwort: Er hatte Angst. Er hatte immer noch Angst, etwas von sich selbst zu verlieren; Angst, verletzlich zu sein; Angst, irgendeinen absurden Standard eines „In-Ordnung-Seins" nicht erfüllen zu können, der vor langer Zeit durch seine Mutter errichtet worden war; Angst – vielleicht die größte von allen –, diese Graffiti auf dem reinen, weißen Blatt seiner Priesterschaft anzuerkennen und aufzudecken.

Ein Priester zu sein, ein Vertreter Gottes, das war die Lösung für einige seiner Identitäts- und Unzulänglichkeitsprobleme und seine schmerzliche Vergangenheit geworden. Das ging weit über das Priestergewand oder andere äußerliche Zeichen seiner Berufung hinaus. Ein Priester zu sein war für Philip so, als ob er eine innere Uniform trug. Allein schon die Existenz von Epilepsie war eine Bedrohung für die hart erarbeitete Sicherheit, die diese innere Identität vermittelt. Und niemand, einschließlich Gott, durfte das aufs Spiel setzen ...

Der Doktor spritzte irgendein Beruhigungsmittel in Philips Arm. Er merkte beinahe sofort, wie er in die Bewusstlosigkeit des Schlafs abdriftete. Einige Stunden später fühlte er sich wieder völlig wohl.

Aber Mel und Paul sollten die ins Priestergewand eingehüllte Gestalt ihres Vaters noch mehr als einmal sehen, wie sie aus der Kirche ins Pfarrhaus getragen wurde. Manchmal ereigneten sich die Anfälle an anderen Orten, aber üblicherweise während der Gottesdienste, wenn Begeisterung oder Stress Philip gleichermaßen in große Anspannung versetzten. Es schien in der Tat Anspannung zu sein, die seine Zusammenbrüche auslöste. Sie ereigneten sich immer häufiger und wurden immer schlimmer. Bald wusste jeder, dass Pater Ilott ein kranker Mann war. Überall, wo er hinging, fragten ihn die Leute nach seinem Gesundheitszustand. Sein Aussehen veränderte sich. Sein Gesicht wirkte blass und abgespannt, sein Körper dünn und schwach. In ganz Ventnor und darüber hinaus gehörte es zum Tagesgespräch, dass der Priester von St. Alban's „ständig krank" war.

Als Philips Mutter starb, wurden die Anfälle noch schlimmer. Margaret machte sich große Sorgen und betete viel, aber Philip war nun noch weniger in der Lage, seine Epilepsie anzuerkennen.

Eines Tages, während der Fastenzeit, klingelte das Telefon im Pfarrhaus. Ein Mönch sei zu einer kurzen Retraite auf der Insel, sagte der Anrufer. Ob er einen Gastprediger für den Passionssonntag haben wolle? Philip nahm das Angebot mit ungespielter Begeisterung an. Ganz abgesehen von der Erleichterung, einmal keine Predigt vorbereiten zu müssen, wäre es ein echtes Vergnügen, jemanden zu bewirten, der den Weg ins Kloster gegangen war, einen Weg, den Philip vor all den Jahren in London verlassen hatte. Er schlug vor, dass der Mönch Samstag- und Sonntagnacht im Pfarrhaus bleiben und dann am Montagmorgen wieder abreisen sollte. Einverstanden.

Als Philip an besagtem Samstagabend nach Hause kam, war der Besuch schon da.

Pater Humphrey Whistler aus Yorkshire war ein anglikanischer Mönch, ein Mitglied der Auferstehungsgemeinschaft. Er war ein großer, schlanker Mann mit ausdünnendem grauen Haar, rötlicher Haut und tiefblauen, stechenden Augen. In seiner Persönlichkeit vermittelte er geradewegs den anziehenden Eindruck einer Verbindung aus Jungenhaftigkeit und Reife. Er war die Sorte Mensch, die Philip immer als „erwachsen" bezeichnet hatte. Er trug einen langen, schwarzen Umhang und eine Soutane mit einem grauen Skapulier darauf – kurz, er war eine beeindruckende Erscheinung.

Philip fand Pater Humphrey auf Anhieb sympathisch. Allein durch seine Gegenwart vermittelte der Mönch eine Atmosphäre von Wohlbefinden und Sicherheit in dem Haus. Es war ein sehr angenehmer Abend. Am nächsten Tag genoss es Philip wie ein Kind, der Gemeinde seinen Gast vorzustellen. Dann setzte er sich und hörte auf die Predigt.

Pater Humphrey sprach ohne Notizen, seine Worte kamen direkt aus dem Herzen. Und er war gut. St. Alban's konnte sich in der Tat glücklich schätzen, am Passionssonntag solch einen Prediger zu haben. Philip atmete auf, während er den wohlgeformten, gleichmäßigen Klängen lauschte, die von der Kanzel schwebten. Vor zwei Tagen, am Freitag, hatte er wieder einen lang andauernden epileptischen Anfall gehabt. Er fühlte sich immer noch äußerst unsicher. Der Gedanke, heute predigen zu müssen, wäre für ihn sehr belastend gewesen. Wie wunderbar, sich jetzt einfach zurücklehnen zu können und jemand anderen – jemand so Fähigen – die Arbeit tun zu lassen. Wenn er sich doch bloß nicht ganz so unwohl gefühlt hätte. Es war schwer, sich auf den Inhalt der Predigt zu konzentrieren, wenn der eigene Körper schmerzte und sich im Kopf alles drehte.

Die übliche Kaffee-und-Plätzchen-Zeit nach dem Gottesdienst war eine glückliche, lebendige Angelegenheit. Die Leute schüttelten dem Besucher der Reihe nach die Hand und genossen die Wärme und die Begeisterung, mit der er jeden von ihnen begrüßte.

Als Philip wenig später mit seinem Gast die Stufen zum Pfarrhaus hinaufstieg, war die Aussicht auf ein gesittetes Sonntagsmittagessen angenehm und wohltuend. Nachdem sie das Haus erreicht hatten, bat er Pater Humphrey, im Wohnzimmer Platz zu nehmen, während er selbst die Sherryflasche und einige Gläser holte. Oben spielten die Kinder mehr oder weniger geräuschvoll, während Margaret in der Küche die letzten Vorbereitungen für das Mittagessen traf. In dem Augenblick, als Philip sich dem Mönch gegenübersetzte und gerade sein Glas an die Lippen führen wollte, wurde der Frieden durch eine einzige Frage in Stücke gerissen. Humphrey Whistler, der die Augen seines Gastgebers mühelos durch seinen eigenen, warm herausfordernden Blick festhielt, sprach mit einer Zuversicht, die absolut zermürbend war.

„Ihnen geht es nicht gut, Pater, nicht wahr?"

Philip übersetzte die Intention hinter dieser Äußerung automatisch in eine Anklage. „Nun", antwortete er abwehrend, „mit meiner Gesundheit steht es nicht zum Besten. Aber ich glaube nicht ..."

„Ich muss Ihnen etwas sagen", fuhr der Mönch unnachgiebig ruhig fort, „ich glaube nicht, dass ich nur deswegen hier bin, damit ich eine Predigt halte und Ihnen einen freien Tag verschaffe. Ich glaube, mein Besuch hat noch einen anderen Grund."

Sehr, sehr vorsichtig hob Philip sein Glas an die Lippen und nahm einen winzigen Schluck. Äußerlich behielt er sich in der Gewalt, aber innerlich brach er in Panik aus. Was wusste dieser Mann? Und woher? Mit wem hatte er gesprochen und was hatte sein Informant gesagt? War das Geheimnis irgendwie geplatzt? Und – das war das Schlimmste – wollte dieser Priestermönch mit den durchdringenden Augen jetzt in jenen geheimen Teil seiner selbst eindringen und sich dort zu schaffen machen?

„Was glauben Sie, was dieser andere Grund sein könnte?", fuhr Pater Humphrey fort.

Philip brauchte jedes Gramm seiner Energie, um seine äußere Erscheinung aufrecht zu halten. Da blieb nichts mehr übrig zum Sprechen.

„Ich glaube, dass ich hier bin, um Ihnen Heilung anzubieten", sagte der Mönch ruhig.

Einen Moment lang herrschte absolute Stille in dem Raum. Dann, erfüllt von einem heftigen Zorn, wie nur tiefe Angst ihn hervorrufen kann, kippte Philip den Rest seines Sherrys mit einem Schluck hinunter, knallte das Glas auf das kleine Tischchen neben seinem Stuhl, sprang auf und verschwand aus dem Zimmer, während sein Verstand weiter Fragen hinausschrie. Was hatte Humphrey Whistler vor? Wie konnte Philip ihn loswerden, ohne die Regeln der Etikette zu brechen, an die er sich immer gehalten hatte? Wie konnte diese ganze furchtbare Situation gelöst werden?

In der Küche stand Margaret am Herd und rührte in einem Topf.

„Margaret!", zischte Philip in einer Tonlage, die gerechten Zorn statt erbärmlicher Angst transportieren sollte. „Dieser Mann, dieser Pater Humphrey, hat gerade gesagt, dass ich Heilung brauche! Und er bietet sie mir an, sagt er! Das ist doch die Höhe, findest du nicht auch, Margaret? Ich meine – was für eine Unverschämtheit! Es fehlt nicht viel und ich schmeiße ihn raus. Im Ernst! Was meinst du?"

Philip hatte keine Zweifel, wie seine Frau reagieren würde. Hatte sie ihn nicht unterstützt, als er in Leavesden Peter Smith von seiner bevorstehenden Abreise unterrichtet hatte? Sie war damals auf seiner Seite gewesen, sie würde es auch jetzt sein. Er wartete darauf, dass sie seinen Zorn und seine Empörung erwiderte.

Aber Margaret liebte Philip zu sehr. Außerdem hatte sie in letzter Zeit selbst sehr unter den persönlichen Kosten für Philips öffentliches Ansehen gelitten. „Nun, wenn er gekommen ist, um dir zu helfen, dann ist er hier, um dir zu helfen. Du solltest lieber hören, was er zu sagen hat, Schatz."

Sie hatte sich zum Sprechen noch nicht einmal herumgedreht, sie hatte einfach nur das weitergemacht, womit sie gerade beschäftigt war, so ruhig, als wäre das alles nur eine ganz kleine Nebensächlichkeit!

Philip war völlig außer sich. Nicht zu fassen, seine Frau war nicht auf seiner Seite! Ihm graute vor der Vorstellung, den Mönch wieder zu sehen, aber da er nicht wusste, was er sonst tun sollte, ging er ängstlich und steif zurück ins Wohnzimmer.

Humphrey Whistler saß immer noch auf seinem Stuhl, offensichtlich von Philips abruptem Abgang und seiner anschließenden Wiederkehr nicht im Geringsten aus der Ruhe gebracht. Er fuhr mit dem Reden fort, als wäre überhaupt nichts geschehen.

„Ich wiederhole, was ich gesagt habe, Philip! Ich bin nicht nur hier, damit Sie einmal nicht predigen mussten. Ich glaube, dass ich hier bin, um Ihnen Gottes Heilung zu bringen. Sie sind ein kranker Mann. Wären Sie bereit, sich die Hände auflegen zu lassen?"

Die schmerzerfüllte Stille wurde unterbrochen, als Margaret die kleine Glocke im Flur läutete, um zum Mittagessen zu rufen. Die Mahlzeit war keine angenehme Angelegenheit mehr. Anschließend war Philip nur zu glücklich, zu seinem gewohnten Mittagsschläfchen entkommen zu können. Vielleicht, wenn er nichts mehr zu dieser Heilungssache sagte, würde Humphrey Whistler einfach annehmen, dass er kein Interesse hätte, und am Montagmorgen abreisen, ohne das Thema noch einmal anzuschneiden. Es war eine schwache Hoffnung, aber, wie sich herausstellte, sie war unbegründet. Abends, als sowohl Margaret als auch Philip anwesend waren, wiederholte der Mönch ruhig sein Vorhaben.

„Ich glaube ganz ehrlich", sagte er mit gütiger Autorität, „sogar ganz fest, dass dies die Gelegenheit des Herrn für Philip ist, die Heilung zu bekommen. Sie haben wirklich keinen Grund, Angst zu haben, Philip. Sie möchten doch geheilt werden, oder?"

Just in diesem Moment war Philip sich da gar nicht mehr so sicher, aber der Kombination aus Margarets stiller Einwilligung zu dieser Sache und der beeindruckenden Gewissheit des Mönchs war kaum zu widerstehen. „Nun", kapitulierte er unwirsch, „also einverstanden, wenn Sie unbedingt wollen. Kann ja nicht schaden, schätze ich."

„Gut!" Pater Humphrey lehnte sich in seinem Stuhl zurück und lächelte Margaret zu. „Nun, meine Liebe, vielleicht könnten Sie einfach mal all die Leute aus der Gemeinde anrufen, von denen Sie glauben, dass sie gerne zu einem Salbungsgottesdienst kommen würden . . ."

Philip fiel die Kinnlade herunter. Was hatte er da gesagt?

„Ich werde morgen früh in der Kirche die Eucharistie feiern", fuhr der Mönch fort. „Darum werden wir all diese guten Leute brauchen. Die sollen kommen und für Philip beten, während ich ihn salbe."

„Nein, das geht so nicht!", schrie Philip innerlich. Das war überhaupt nicht das, was er sich vorgestellt hatte. Er hatte sich ausgemalt, dass Humphrey Whistler diese Salbungssache unter vier Augen – vielleicht noch mit Margaret dabei – machen würde, aber bestimmt nicht mit jemand anderem. Hier im Haus, das würde doch reichen! Oder meinetwegen in der Kirche, wenn die Tür verschlossen war, sodass niemand von außen reinkommen könnte. Warum schien Gott darauf zu bestehen, dass ihm, Philip, öffentlich ein Dienst erwiesen wurde? Was für ein Priester war das, der es nötig hatte, seine Gebrechen ausgerechnet vor den Leuten, die ihn als geistlichen Leiter respektieren sollten, behandelt zu bekommen? Das war eine Privatsache, meine Güte noch mal! Margaret würde das doch sicherlich auch . . .

„In Ordnung, ich mach' mich an die Arbeit."

Margaret stand auf und ging zum Telefon. Sie fing an, verschiedene Leute anzurufen und sie zu fragen, ob sie morgen nicht zur Früheucharistie kommen könnten, um für Pater Ilott zu beten. Unter denen, die sie anrief, waren auch Richard und Val Dawes. Philip stöhnte in seinem Geist. Die ganze Sache geriet außer Kontrolle. Humphrey Whistler und Margaret trieben ihn zu der schlimmsten nur vorstellbaren Demütigung, der öffentlichen Zurschaustellung eines tiefen Risses in dem Stoff seiner priesterlichen

Unverwundbarkeit. Und Richard Dawes würde dabei zugucken! Es klang wie eine Art Tod.

„Ihr Dienst wird durch Ihre ständigen Zusammenbrüche zerstört", brach der Mönch mit seiner bedächtigen Stimme in die dunklen Gedanken ein. „Sie haben einen besonderen Dienst, und der kann nur weitergehen, wenn Sie geheilt sind. Lassen Sie mich Ihnen einmal genau erzählen, was wir morgen tun werden ..."

Philip hörte matt zu, als der Mann ihm gegenüber die praktischen Details der Heilungseucharistie erläuterte. Im Hintergrund hörte man Margarets Stimme am Telefon, wie sie die gleichen Worte immer wieder sanft wiederholte. „... habe gedacht, Sie könnten vielleicht ... Vielen Dank ... Bis morgen dann ..."

Es würde stattfinden und es gab keine Möglichkeit zu entkommen. Bevor sie sich am Abend zurückzogen, beteten Humphrey Whistler und Philip zusammen. Die Gebete des Mönchs waren stark und erwartungsvoll; Philips Gebete waren zögerlich und von Angst durchsetzt. Dann kam die Nacht.

Philip schlief fast überhaupt nicht. Vom späten Abend des Passionssonntags bis zur Morgendämmerung betete er von Zeit zu Zeit, dass dieser unerwünschte, elende Kelch an ihm vorübergehen möge. Aber es war ein jämmerlich unvollständiges Gethsemane. Er konnte sich einfach nicht zu dem „Aber nicht mein, sondern dein Wille geschehe" durchringen.

Um acht Uhr am nächsten Morgen war die Kirche fast voll. Die meisten Leute, die Margaret angerufen hatte, hatten positiv reagiert, einschließlich der Dawes. Die allgemeine Atmosphäre war eine Mischung aus Verwirrung und Bereitwilligkeit. Niemand verstand so ganz, was da eigentlich vor sich ging, aber falls es dem Pfarrer half, dass man da war, dann war das in Ordnung.

„Aber was ist mit Richard Dawes?", dachte Philip, während Pater Humphrey mit der Eucharistie fortfuhr. Woran dachte er gerade, während er dort neben seiner Frau in einer der vorderen Bänke saß? Genauer gesagt, was würde er denken, wenn der Priester, den er so ablehnte, sich vor seiner eigenen Kirche hinknien würde, damit ihm gedient wurde? Was würde er denken, wenn ...

„Würden Sie bitte nach vorne kommen, Pater Philip?"

Pater Humphrey war fertig mit der Evangelienlesung. Es war Zeit.

Philip erhob sich mühsam auf seine Füße, ging nach vorne und kniete sich vor den Mönch, sein Rücken steif vor Nervosität und Furcht. Mit Verwunderung bemerkte er, dass die Hände, die sich sanft auf seinen Kopf legten, zitterten oder vibrierten, als ob sie voller gebändigter Kraft wären. Dann begann das Gebet.

Aber warum, fragte sich Philip, betete Humphrey Whistler in irgendeiner fremden Sprache? Was genau waren diese merkwürdigen Laute, die da zweifellos aus dem Munde des Mönchs sprudelten? Latein vielleicht? Nein, nicht Latein. Er konnte ein wenig Latein. Konnte es Griechisch oder Aramäisch sein? Nein, nichts von beidem. War es möglich, dass ...?

Irgendwo ganz tief in seinem Gedächtnis erinnerte sich Philip vage daran, dass er von Leuten gehört hatte, die in der heutigen Kirche wieder die Gaben entdeckten, die Gott der frühen Kirche gegeben hatte – der Kirche zur Zeit der Apostelgeschichte. Diese Gaben waren Dinge wie Prophetie, Geisterunterscheidung ... und Zungenrede. Das meiste, was er gehört hatte, war jedoch negativ. Priester, die in Zungen redeten, wurden als verrückt angesehen. So in der Richtung. Aber Humphrey Whistler war nicht verrückt. Er war vom Verrücktsein so weit entfernt, wie kaum jemand anders, den er je getroffen hatte. Er war in seinem Denken fast bedrohlich gesund und verfügte über außergewöhnliche Einsicht. Außerdem ließ die Kombination dieses festen, zitternden Drucks auf seinem Kopf und etwas unbeschreiblich Reines in der merkwürdigen Sprache, die seine Ohren erfüllte, ein ganz neues Gefühl in Philip aufkommen. Es war fast so, als ob er festgehalten würde, um etwas zu betrachten. Nur was?

Pater Humphrey fing an, auf Englisch zu beten. Er salbte Philips Kopf mit Öl, bat sehr bestimmt darum, dass der Geist der Krankheit weichen möge und dass Pater Philip freigesetzt würde von der Knechtschaft der Krankheit und des Bösen. Dieses Gebet war solch ein beklemmend genaues Echo von Philips geheimer Ahnung, seine Epilepsie könne eine böse, unreine Sache sein, dass ihn eine neue Angst überfiel. Angenommen, dieses Ding da in ihm – dieses böse Ding – würde hier in der Kirche freigesetzt werden, wie würde er damit fertig werden?

Als der Mönch sein Gebet zum Abschluss brachte, biss Philip seine Zähne zusammen und sehnte das Ende des Gottesdienstes herbei, bevor es zu irgendeiner furchtbaren emotionalen oder geistlichen Explosion kommen konnte. Als er vor über vier Jahren zum ersten Mal den Leuten in Leavesden den Leib Christi dargereicht hatte, hatte es den Anschein gehabt, als ob er die Kontrolle über seinen Dienst und sich selbst erlangt hätte und nie wieder verlieren konnte. Doch jetzt fühlte er sich wie ein nacktes Kind, einzig auf der Suche nach einem Versteck.

Endlich war der Gottesdienst vorbei. Keine Explosionen. Kein Drama. Lediglich, was Philip betraf, ein dumpfes Gefühl und Erleichterung. Die Frage, ob er geheilt war oder nicht, schien irrelevant. Er bedankte sich förmlich bei den Versammelten für ihr Kommen und begleitete Pater Humphrey zurück zum Pfarrhaus. Alles, was er jetzt wollte, war, seinen Besuch los- und selbst in Ruhe gelassen werden. Aber auch nachdem der Mönch Margaret und Philip zum Abschied in den Arm genommen und sie gebeten hatte, in Verbindung zu bleiben, und im Auto eines Freundes weggefahren war, war an Ruhe nicht zu denken.

Philip fühlte sich entblößt, beschämt und ausgesetzt; er war überzeugt, dass nichts jemals mehr ganz so sein könnte wie früher. Er war nicht mehr (in seinen eigenen Augen, wenn auch nicht unbedingt in den der anderen) der Priester, derjenige, der denen Unterstützung anbot, die sie brauchten. Geber sollten nicht nehmen müssen. Bald würde es in der ganzen Pfarrei bekannt sein, dass Pater Philip öffentlich in der Kirche einen Dienst empfangen hatte. Er fühlte sich entlarvt, so, als ob er bei einem Verbrechen oder bei einem unsittlichen Verhalten ertappt worden wäre. Statt eine heilsame Erfahrung zu sein, hatte jener Morgengottesdienst in ihm das Gefühl der Zerbrochenheit und der Verwundung zurückgelassen. Aus irgendeinem Grund fiel ihm sein Traum mit der Kreuzigung wieder ein. Gab es da einen Zusammenhang mit diesen Ereignissen? Wenn ja, hoffte er, dass es auch eine entsprechende Auferstehung geben würde.

Es war nicht leicht, am folgenden Sonntag auf die Kanzel zu steigen. Niemand hatte die Eucharistiefeier am Montagmorgen erwähnt, aber bei denen, die Zeuge des Gebets für Philips Heilung geworden waren, lag eine fragende Aufmerksamkeit in der Luft. Sie wollten wissen, ob sich irgendetwas getan hatte. In einer Hinsicht wusste Philip, dass wirklich etwas passiert war: Die qualvolle Schande, etwas empfangen zu müssen, hatte es ihm auf geheimnisvolle Weise ermöglicht, sich in dieser Zeit vor Ostern auf eine völlig neue Weise mit den Leiden Christi zu identifizieren. Aber das war nicht das, was die Leute wissen wollten. Sie wollten wissen, ob er von seiner Krankheit geheilt worden war.

Er war es nicht. Es wurde schlimmer.

Während Philip sich unter Schmerzen durch die harte Arbeit von Karfreitag und Ostern mühte, hätte er am liebsten zu Gott geschrien, dass er verlassen und gedemütigt war. Es war schon schlimm genug, die Qualen der Offenbarung durchstehen zu müssen, dass die Robe seines Amtes nicht ohne Naht war. Aber dann, nach all dem, noch nicht einmal geheilt zu sein! Was dachte Gott sich dabei?

Immer und immer wieder, während die Anfälle in Häufigkeit und Stärke zunahmen, sagte er zu sich selbst: „Das hast du jetzt davon, dass du dich so hast demütigen lassen! Das hast du jetzt davon, dass jeder dich sehen konnte, wie du ganz unten warst! Das hast du nun von Humphrey Whistler. Ich habe mich in meinem ganzen Leben noch nie so krank gefühlt. Es hat einfach nicht funktioniert."

Als die Kinder etwa zwei Monate später an einem Wochenende nach Hause kamen, fanden sie ihren Vater bewusstlos im Flur liegen. Sie hatten große Angst, schoben aber geistesgegenwärtig ein Kissen unter Philips Kopf und rannten los, um Margaret zu holen, die mit einigen Frauen aus der Kirche Korbball spielte. Diese eilte zurück und rief den örtlichen Arzt, der sofort kam und Philip eine Spritze gab.

Diesmal dauerte der Blackout mehr als neun Stunden.

Als Philip wieder zu sich kam und erfuhr, wie lange er bewusstlos gewesen war, war er voll tiefen Grolls. Groll darüber, dass das

Sakrament des Herrn in seinem Fall nicht funktioniert hatte. Was war so falsch an Philip Ilott, dass er nicht gesund gemacht werden konnte, wenn die richtigen Worte von der richtigen Person am richtigen Ort gesagt wurden? Er grollte noch mehr als vorher darüber, dass Humphrey Whistler sich in sein Leben eingemischt hatte. Er grollte über die Art und Weise, in der sein Selbstbild als liebenswürdiger, gut gekleideter und alles im Griff habender Priester dadurch zunichte gemacht worden war, dass der Mönch aus einer falschen Einschätzung heraus auf dieser „Heilungssache" bestanden hatte.

Aber es sollte noch schlimmer kommen.

Der Doktor vereinbarte für Philip einen Termin bei einem Spezialisten im Krankenhaus von Newport, um sich weiteren Rat zu holen. Am vereinbarten Termin zwei Wochen später fuhr ein Freund Philip und Margaret die rund zehn Meilen von Ventnor nach Newport und wartete dann draußen, während die beiden hineingingen. Der Spezialist blätterte gerade durch Philips Akte, als das nervöse Paar sein Sprechzimmer betrat. Der Ernst, mit dem er die Verschlechterung von Philips Gesundheitszustand erörterte, war beunruhigend.

Schließlich kam er zu seinem Urteil. „Der Zustand Ihrer Epilepsie verschlimmert sich", sagte er, „und es gibt kaum einen Zweifel daran, dass der Stress und die Belastung durch Ihre Arbeit erheblich zu Ihrer Krankheit beitragen. Der letzte Zusammenbruch ist eine sehr ernst zu nehmende Warnung. Neun Stunden sind eine lange Zeit. Es ist absolut unerlässlich, dass sämtliche Anspannung aus Ihrem Alltag verschwindet. Verstehen Sie, was ich meine?"

Philip hoffte, dass er nicht verstand.

„Sie meinen ...?"

„Ich meine", fuhr der Spezialist bestimmt fort, „dass für Sie die Arbeit als Priester nicht nur unpassend ist; sie ist äußerst schädlich, ja vielleicht sogar gefährlich. Sie werden sich nach etwas anderem umsehen müssen. Wenn Sie Ihre Arbeit lediglich zurückschrauben, wird dies keinen großen Unterschied machen. Ihr gesamter Lebensstil muss sich radikal ändern. Das kann nur gewährleistet werden, wenn Sie von Ihrer Gemeindearbeit zurücktreten. Das ist kein

Vorschlag, Pater Ilott! Das ist eine durch und durch ernste medizinische Anordnung."

Wenn Philip sich vorher zerbrochen gefühlt hatte, dann war er jetzt in Stücke geschlagen. Er hatte nicht nur seine Würde verloren, sondern auch noch seine Gemeinde – im Grunde genommen seine Priesterschaft. Es war, dachte er, als ob man ihm seine Seele wegnehmen würde, seine Identität, sein Selbst. Was würde mit dem Glauben derer geschehen, die Zeugen der Handauflegung und der Salbung geworden waren? Wie würden sie mit diesem abgrundtiefen Fehlschlag umgehen? Und was muss ich getan haben, fragte sich Philip im Stillen, als er und Margaret die Rückfahrt von Newport nach Ventnor schweigend ertrugen, dass ich das verdient habe? In das Zimmer dieses Spezialisten zu gehen war, wie in ein himmlisches Büro – oder einen himmlischen Schuppen – zu gehen, um von Gott gefeuert zu werden.

Als sie wieder zu Hause in der Zurückgezogenheit ihres eigenen Wohnzimmers waren, brachen sie gemeinsam in Tränen aus, wie sie es oft taten, wenn schlimme Dinge passierten. Normalerweise gab es jedoch einen kleinen Hoffnungsschimmer in der Mitte von dem, was wie Hoffnungslosigkeit aussah, auch wenn es nur das Wissen war, dass mit der Zeit selbst sehr schwere Dinge leichter werden würden. Dieses Mal war es aber anders, und sie wussten es. Sie hatten sich und die Kinder, aber das Umfeld ihres Lebens sollte ihnen entrissen werden, und es gab nichts, was sie dagegen tun konnten.

Einige Tage lang rackerte sich Philip nach seinem Krankenhausbesuch noch mit seiner Arbeit ab, unfähig, sich dazu durchzuringen, seinem Bischof oder dem Dekan des Pfarrbezirks zu erklären, dass er aus gesundheitlichen Gründen St. Alban's verlassen würde. Er fühlte sich krank und verloren.

Die Monate nach Humphrey Whistlers Besuch waren unbeschreiblich furchtbar. Durch seine Anfälle in Sorge und durch die Erklärung des Arztes erschüttert, schien Philip all seine Kindheitstraumata in seinen Beziehungen mit jenen, die ihm am nächsten standen, auszuleben. Margaret hatte natürlich am meisten zu leiden, aber auch andere blieben nicht verschont.

Ein Freund und Kollege namens Roger Pike kam während jener Zeit öfter über den Kanal, um Philip in Ventnor zu besuchen, ihm die Hände aufzulegen und ihn mit Öl zu salben. So labil war Philip in jener Zeit, dass er gelegentlich wie ein Kind weglief, wenn er wusste, dass Roger sich angekündigt hatte. Er konnte die Aussicht auf einen weiteren Dienst, der ihn möglicherweise wieder zwingen würde, sich zu öffnen, nicht ertragen. Margaret schwankte zwischen Hoffnung und Verzweiflung, Geduld und Zorn. Bei einer Gelegenheit schickte sie Roger sogar wieder weg, weil die Besuche und das Gebet so nutzlos schienen.

Die Sache wurde noch komplizierter, als Brenda Wright und Roger Pike, vereint durch ihre gemeinsame Sorge um Philip, sich ineinander verliebten und entschlossen zu heiraten. Philip, der durch den Schmerz und die Sorgen und das Durcheinander emotional verkümmert war, litt Qualen des Verlustes von Besitzansprüchen, da er meinte, einen Freund zu verlieren, und verhielt sich dadurch zuweilen sehr irrational.

Wenn nicht bald etwas wirklich Dramatisches geschah, schien eine furchtbare Katastrophe unausweichlich.

Margaret betete weiter, ebenso andere Leute. Brenda verbrachte eine ganze Nacht alleine in der Kirche, breitete Philip vor Gott aus und betete, dass er geheilt werden möge.

Genau drei Monate nach dem Tag, an dem Humphrey Whistler für Philips Heilung gebetet hatte, klingelte es an der Tür des Pfarrhauses. Philip, der zu diesem Zeitpunkt der Einzige im Haus war, öffnete die Türe. Draußen stand Dennis Allison. Dennis war Hauptmann der Kirchenarmee und leitete ein Freizeitzentrum in Ryde an der Nordküste der Insel. Er war mit den Ilotts befreundet, seit sie in Ventnor lebten. Es sollte eigentlich nur ein Freundschaftsbesuch werden, aber der junge Mann hatte ganz offensichtlich noch etwas anderes auf dem Herzen. Während sie zusammen Kaffee tranken, schüttete er sein Herz aus.

Ob Philip schon von den Sachen gehört hätte, wollte Dennis wissen, die sich im Zusammenhang mit geistlicher Erneuerung in einigen Gemeinden auf der Isle of Wight ereigneten? Etwas, das als „charismatische Bewegung" bezeichnet wurde, fing an, einen Einfluss auf das Leben der Menschen und die Art und Weise, wie sie beteten und anbeteten, zu haben.

„Weißt du irgendwas darüber, Philip?", fragte Dennis.

„Nein", antwortete Philip, während er seine Kaffeetasse mit unnötiger Wucht hinstellte, „und ehrlich gesagt, will ich auch gar nichts davon wissen, Dennis."

„Aber die Leute sprechen ganz offensichtlich in Zungen und all das!", rief Dennis begeistert. „Es ist echt aufregend!"

„Was meinst du mit ‚sprechen in Zungen'?", fragte Philip misstrauisch. Der Ausdruck war ihm immer noch fremd.

„Es wird manchmal als ‚Beten im Geist' bezeichnet. Paulus spricht davon im ersten Korintherbrief. Komm, wir schauen mal nach, ja?"

Die beiden Männer, von denen der eine von Interesse überfloss, der andere zurückhaltend, aber offen war, lasen zusammen am Küchentisch, was Paulus über Gottes Geschenk des Heiligen Geistes für Leute, die an ihn glaubten, zu sagen hatte.

„Und Zungenrede ist nur eine der Gaben", sagte Dennis. „Eine besondere Sprache, mit der wir zu Gott sprechen können, wenn wir nicht wissen, was wir sagen sollen. Paulus hat sich über die Korinther aufgeregt, weil sie sie zu viel im Gottesdienst benutzt haben und so die Außenstehenden gedacht haben, sie wären alle verrückt. Er schreibt, sie ist hauptsächlich zum persönlichen Gebrauch bestimmt, und dass Liebe viel wichtiger ist. Und wenn wir uns die Apostelgeschichte ansehen, dann sieht man ..."

Der Kirchenarmeehauptmann war nicht mehr zu bremsen. Er kannte sich ohne Zweifel aus. Philip fing an, sich zu fragen, wie er es im Laufe seines Dienstes geschafft hatte, all diese biblischen Verweise auf die Kraft des Heiligen Geistes und die übernatürlichen Gaben zu übergehen oder zu ignorieren, Gaben, die in der Gemeinde des Neuen Testaments fast alltäglich gewesen zu sein schienen.

Dennis lud Philip zu einem Treffen ein, das in wenigen Tagen in Ryde stattfinden sollte. Weil er nichts Besseres zu tun hatte, sagte er zu. Schließlich beteten die beiden Männer um Erneuerung in ihrem eigenen Leben, und Dennis, der dringend noch irgendwo anders hinmusste, verschwand mit einem schwungvollen Wink und einem Lächeln.

Eher gedrückt trug Philip die Kaffeetassen zur Spüle, um sie abzuwaschen. Einen Moment lang war er selbst begeistert gewesen, während sie über die Gaben und Erneuerung und den Heiligen Geist gesprochen hatten. Es galt nur nicht für ihn, das wusste er. Er war ein kranker Mann, der kurz davor stand, sich von der Berufung, die er einst für die Aufgabe eines ganzen Lebens gehalten hatte, zu trennen.

Während er an der Spüle in der Küche stand und eine ungewaschene Kaffeetasse an seinem Finger baumeln ließ, blickte er aus dem Fenster über die herrliche See, der Anblick, der sie alle schon am Anfang so begeistert hatte, als sie nach Ventnor kamen. Was für ein Ausblick! Was für eine Schande, dass sie ihn zurücklassen mussten. Was für ein armseliges, jämmerliches Ende für einen Ort und ein Leben und einen Dienst, die so viel versprechend gewesen waren.

Eine große Trauer überkam ihn, als er zurückdachte an den Tag, der schon so lange zurücklag, als er sich in seinem Pyjama ans Bett gekniet und Jesus gebeten hatte, real für ihn zu werden. Solche Freude hatte ihn in jener Nacht erfüllt. Sein Gebet war ohne Zweifel erhört worden. Und jetzt, selbst wenn er seinen Priesterdienst verlieren würde, hätte er immer noch Jesus. Wie ein kleiner Junge, der sich in der Dunkelheit verirrt hatte, würde er seine Hand ausstrecken und darauf vertrauen müssen, dass Jesus sie ergriff. Solch eine Wärme hatte er in dieser Nacht erfahren; solch eine liebevolle Wärme. Er könnte heute wieder ein bisschen Wärme gebrauchen – Wärme für seinen Körper. Seit die Epilepsie schlimmer geworden war, schien ihm ständig kalt zu sein, als ob er völlig durchgefroren wäre.

Als er bemerkte, dass die ungespülte Kaffeetasse immer noch darauf wartete, gespült zu werden, seufzte Philip und streckte seine Hand aus, um sie in die Spüle zu legen.

Dann kam der Geist.

Zuerst spürte Philip ein Prickeln in seinen Fußsohlen. Dann wurde es zu einer sanften, glühenden Hitze, die sich wie ein Strom durch seine Knöchel, seine Knie, seine Oberschenkel, seine Hüfte, seinen Bauch, seinen Brustkorb, seine Arme, seine Schulter, sein Gesicht zog, bis ganz nach oben in seinem Kopf, sodass der ganze Körper in dem warmen Griff einer Kraft war, die so wohltuend überwältigend war, dass er vor Schreck nach Luft schnappte.

Er ließ die Tasse los und stand stocksteif. Sein Körper und sein Geist badeten in einer Welle der Liebe, der Wohltat und der Ganzheit, die so ähnlich und doch wieder anders war als sein erstes Erlebnis mit der Realität Jesu; anders, weil er wusste, mit einem Wissen, das nicht aus seinem Verstand, sondern aus seinem Geist kam, dass diese glühende Taufe ihn geheilt hatte. Die Epilepsie war verschwunden. Sie würde nie wiederkommen. Er war gesund.

„Ich bin geheilt!", flüsterte Philip. „Ich bin geheilt! Ich *bin* geheilt! Ich bin wieder gesund! Ich bin ..."

Plötzlich erfüllt mit einer überfließenden Dankbarkeit Gott gegenüber, fing er an, laut zu beten. Er suchte nach Worten, um der leidenschaftliche Begeisterung, die in ihm sprudelte, Ausdruck zu verleihen. Ganz unwillkürlich fing er an, Wörter einer ihm völlig unbekannten Sprache zu verwenden. So, wie ein Baby glücklich zu seinem Papa brabbelt, ließ er die Laute aus sich herausfließen. Irgendwo im Hinterkopf hörte er entsetzt seiner eigenen Stimme zu. Das klang genauso wie bei Humphrey Whistler, als er über Philip gebetet hatte bei jener Morgeneucharistie. Was er da gerade tat, musste das sein, was man als „Zungenrede" bezeichnete. Nicht, dass es ihn im Geringsten kümmerte, wie es hieß. Es war aufregend! Es war anders! Es war – natürlich. Noch kümmerte es ihn, wie diese Welle der Wärme und der Lebensenergie hieß. Es war passiert. Es hatte ihn geheilt. Er konnte in Ventnor bleiben. Er konnte weiter Priester mit einer Pfarrei bleiben. Gott sei Dank!

Während er sich von der Spüle abwandte, Tränen in den Augen, zögerte Philip einen Moment und überlegte, was er als Nächstes tun sollte. Es gab keine anglo-katholischen Leitlinien für tief greifende geistliche Erlebnisse am Küchenspülbecken. Er lächelte trocken. Wie ironisch, dass, bei all seiner Liebe zu Zeremonien und wohl geordneten kirchlichen Abläufen, Gott ausgerechnet die Küchenspüle, Symbol für alles Ordinäre, als Schauplatz für seine Begegnung mit Philip gewählt haben sollte. Es schien, als ob er noch nicht einmal angefangen hatte, das Wesen dieses seines Gottes zu verstehen.

Philip wollte gerade nach oben hechten und all seine Tabletten vernichten, als ihm einfiel, dass Margaret sehr bald von ihren Einkäufen zurückkommen musste. Was sollte er ihr sagen? Wie konnte er mit bloßen Worten die Tragweite dessen und die Begeisterung darüber, was passiert war, transportieren? Würde sie ihm glauben, dass er wirklich geheilt war nach all den Jahren?

Er konzentrierte sich einige Momente und versuchte, zusammenhängende Sätze zu formen, die er ihr sagen würde, wenn sie jeden Moment hier durch die Tür kam. Zuerst, dachte er, küsse ich sie wie immer, dann werde ich sie vorsichtig darauf vorbereiten; ich erzähle ihr von dem Besuch von Dennis Allison und was er gesagt hat und werde von dem Punkt aus weitererzählen.

Während er so bei seinen Planungen vor angestauter Aufregung in der Küche seine Runden drehte, stand er genau in dem Moment mit dem Rücken zur Tür, als Margaret vollbepackt vom Einkauf und erschöpft nach dem langen Aufstieg von Ventnor hereinkam. Philip versuchte, seinen Gesichtsausdruck so gut wie möglich zu kontrollieren, drehte sich um und ging langsam auf sie zu, um sie zu küssen.

„Was in aller Welt ist denn mit dir passiert?", fragte Margaret. „Irgendwas ist doch passiert, oder?"

In der Rückschau war Philip sich nie ganz sicher, warum die Tatsache, dass Margaret ihm sein Erlebnis abnahm, ein ebenso großes Wunder wie alles andere schien. Sie betete doch immer im Glauben. Er hatte sich immer als Repräsentant Gottes gesehen, als jemand, der bei der Planung, Vorbereitung und Ausführung schwer schuftete; derjenige, der zwischen Gott und der Versammlung stand, auslegte, vermittelte, repräsentierte und diente – eine Art göttlicher Unterhändler. Dieses plötzliche Bewusstsein, dass Margarets Herz auf direktem Weg vorbereitet worden war für seine Heilung, war der Beginn einer neuen und ziemlich erschreckenden Erkenntnis, dass Gott nach seinem Willen alle weltlichen oder kirchlichen Strukturen umgehen und übergehen konnte und würde. Wie, fragte sich Philip, sollte sich ein „Küchenspülenpriester" verhalten?

Philip bat Margaret, am Küchentisch Platz zu nehmen, machte ihr eine Tasse Tee und erzählte ihr die ganze Geschichte.

„Und ich bin geheilt!", sagte er schließlich. „Ich bin gesund! Es hat sich was getan!"

Margaret glaubte ganz sicher an Philips Heilung, aber ihre erste Reaktion war keine Freude. Nach der Menge an Stunden, die sie und Roger und Brenda im Gebet verbracht hatten, schien es eine schmerzhafte Ironie zu sein, dass ein Zufallsbesuch von Dennis Allison zu dieser Metamorphose geführt haben sollte. Eine kurze Zeit lang war sie ziemlich sauer, aber es war keine Frage, dass Gott etwas wirklich Aufregendes getan hatte.

„Du siehst anders aus, Darling", sagte sie. „Du klingst anders. Du fühlst dich sogar anders an. Ich glaube dir."

Während sie sich über dem Tisch an den Händen hielten, betete das Paar ein oder zwei Minuten zusammen, bis Philip sich nicht mehr beherrschen konnte. Abwechselnd weinend und lachend sprang er auf die Füße und hüpfte aus schierem Überschwang auf dem Küchenboden hoch und runter.

„Weißt du was, Margaret?", sagte er, als er wenig später wieder auf dem Boden angekommen war, „ich fühle mich wie von neuem geboren – von neuem!"

An diesem Sonntag predigte Philip mit einer Begeisterung und einer Gewissheit, die die Leute in der Kirche völlig überraschten. Bis zum folgenden Wochenende hatten etliche Personen Margaret gegenüber bemerkt, wie viel besser Pater Philip doch aussehe.

„Kriegt er jetzt andere Medikamente?", fragten sie.

„Du wirst es ihnen sagen müssen, weißt du, Philip", sagte Margaret später. „Das bist du ihnen schuldig, besonders denen, die zu dem Gottesdienst gekommen sind, wo Pater Humphrey für dich gebetet hat."

Am Sonntag, mitten in den Ankündigungen, lud Philip alle Interessierten ein, abends noch einmal zu einem besonderen Treffen in die Kirche zu kommen. Es gebe da etwas, was er ihnen bezüglich seiner Gesundheit sagen wolle. Die Reaktion der Leute war sehr herzlich. Viele Leute kamen, um zu hören, was er zu erzählen hatte. Philip sprach mit einfachen Worten und ohne Notizen. Er erzählte, dass er drei Monate nach Humphrey Whistlers Eucharistiefeier sehr zu seiner eigenen Überraschung Heilung erlebt hatte.

„Und wenn mir so etwas passieren kann", sagte er, „dann gibt es absolut keinen Grund, warum das nicht mit jedem von Ihnen passieren sollte. Von jetzt an", fuhr er zu seiner eigenen Überraschung fort, „werden diese Dinge ein wesentlicher Bestandteil des Gemeindelebens von St. Alban's sein."

Es war keine Frage, wie die Anwesenden reagierten. Sie waren überrascht. Heilungen? Dienst im Heiligen Geist? Pater Philip nach all der Zeit wieder gesund? Stimmte das und würde es auch so bleiben? Schließlich war es sein Erlebnis gewesen, nicht ihres.

Philip verstand diese Probleme, aber er wusste auch, dass der Heilige Geist auf eine neue Weise nach St. Alban's in Ventnor gekommen war. Dieses Wissen war ein aufregendes inneres Bewusstsein. Jetzt musste er sorgfältig um Weisheit für die nächsten Schritte beten.

\* \* \*

Philip hatte das Bedürfnis, irgendwie den Konflikt zwischen ihm und Richard Dawes beizulegen. Der Schatzmeister konnte ihm immer noch das Gefühl vermitteln, ein kleiner Junge ohne wirkliche Verantwortung zu sein. Manchmal war es Angst, die er fühlte, manchmal war es aber auch beinahe schon Hass. Ihm graute vor den Konflikten, jenen Gelegenheiten, wo er all seinen Mut zusammennehmen und sagen musste: „Es tut mir Leid, Richard, aber ich werde das so machen. Ich denke, dass ich hier einen Auftrag zu erfüllen habe, und ich werde ihn ausführen."

Als er sich einmal auf diese Weise gegenüber Richard behauptet hatte, war Val Dawes dabei. „Na dann", sagte sie, „wir werden ja sehen, wie lange Sie diesen Kurs halten können, nicht wahr ...?"

Es war nicht so, dass Philip dem Schatzmeister Böses wünschte. Vielmehr wäre, ihn als Freund zu gewinnen, die ideale Lösung für das Problem gewesen. Margaret hatte immer schon, seit sie ihn kannte, großes Mitleid mit Richard gehabt. Sie spürte, dass hinter seiner rauen Schale ein unglücklicher kleiner Junge steckte, der sich danach sehnte, geliebt zu werden – ein Opfer von Ablehnung. Philip verstand dieses besondere Problem natürlich besser als die meisten anderen. Richard und Val Dawes wären vielleicht erstaunt gewesen, wenn sie gewusst hätten, wie viel Gebet um ihretwillen von dem Pfarrer ausging.

Wenn es stimmt, was die Schrift sagt, dass „das ernsthafte Gebet eines Gerechten" viel vermag, dann müssen die Mitglieder von St. Alban's tatsächlich enorm von Philips Anwesenheit in der Pfarrei profitiert haben. Abgesehen von seinen Gottesdiensten und den Gebetszeiten mit Margaret hatte Philip zwei recht ungewöhnliche Arten der Fürbitte für die Mitglieder seiner Gemeinde entwickelt.

Die erste praktizierte er in der Kirche, wenn niemand sonst dabei war. Immer wenn jemand aus der Pfarrei ein besonders Gebet oder besonderes Verständnis brauchte oder etwas, das zu geben Philip sich nicht in der Lage fühlte, setzte er sich auf den Platz, wo diese Person normalerweise sonntags saß, und vertraute sie Jesus an. Menschen an Jesus abzugeben hatte etwas sehr Befreiendes, besonders wenn ihre Probleme außergewöhnlich schlimm waren. Manchmal setzte er sich auch auf die Plätze, die für die jungen Ministranten reserviert waren, die ihm bei der Messe assistierten, und bat Gott, sie, ihre Familien und ihn zukünftiges Leben zu beschützen. Während der Zeit, in der er in ständigem Konflikt mit Richard Dawes stand, verbrachte er etliche Stunden auf dem Platz des Schatzmeisters im Orgelchor und betete um Weisheit und Mut für seinen Umgang mit diesem Mann, bat um Vergebung für seine eigenen falschen Gedanken und, besonders wichtig, bat darum, dass ihre Beziehung geheilt oder zumindest stabilisiert würde.

„Wir verstehen ja, dass Sie Schwierigkeiten mit Richard haben", sagten die Leute, „aber, mal ehrlich, wenn es um praktische Dinge und um die Jugendarbeit geht, dann ist er doch echt Gold wert. Macht es da wirklich was aus, wenn Sie in einigen Punkten verschiedene Ansichten haben?"

Philip hatte nicht den geringsten Zweifel, dass es in der Tat etwas ausmachte. Nicht allein wegen der Schwierigkeiten in Sachen

Finanzen und Innovationen, sondern auch, weil seine Entwicklung als Mann und als Priester so lange ernsthaft behindert werden würde, wie er unfähig war, sich in seinen legitimen Zuständigkeitsbereichen wirklich verantwortlich zu fühlen.

Philips andere, weit ungewöhnlichere Gebetstechnik für seine immer länger werdende Liste von Leuten mit besonderen Bedürfnissen war durch die lange Granittreppe, die von der Straße oberhalb der Kirche bis weit hinunter nach Ventnor führte, inspiriert worden. Jeden Sonntag machte ein großer Teil der Gottesdienstbesucher eine beschwerliche kleine Pilgerreise die St.-Alban's-Stufen hinauf bis zu ihrem Ort der Anbetung. Es war wirklich ein ziemlicher Aufstieg. Beerdigungen waren besonders schwierig. Einen Sarg zur Kirche hinauf- oder hinunterzutransportieren, konnte zu einer gefährlichen Angelegenheit werden. Manchmal stolperten und fielen Leute, wenn sie die unbeleuchteten Stufen erklommen. Einer von Philips Sakristanen musste einmal für mehrere Wochen das Bett hüten, nachdem er gestürzt war und sich fast beide Kniegelenke gebrochen hätte. Die Stufen für das Gebet zu nutzen, schien Philip eine wohltuend spürbare Übung zu sein.

Zuerst versuchte er es tagsüber. Indem er die Unmengen von Granitstufen als eine Art riesigen Rosenkranz benutzte, betete er, während er hinaufstieg, auf jeder Stufe für eine andere Person. Das funktionierte einigermaßen, bis er, wie es häufig vorkam, jemanden traf, der auf seinem Weg hinab zum Meer war. Nach dem unvermeidlichen Gespräch, das bei solchen Treffen folgte, hatte er normalerweise vergessen, für wen er gerade gebetet hatte, und geriet total durcheinander, besonders, wenn er im Laufe eines Aufstiegs mehrere Leute traf. Erst als er sich dabei ertappte, wie er zurück nach unten ging, um noch einmal von vorne zu beginnen, merkte er, wie absurd die ganze Sache wurde. Lediglich gereizt zu brummen, dass man von den Leuten unterbrochen worden war, für die man gerade zu beten versuchte, machte überhaupt keinen Sinn mehr.

Er entschied sich, es nachts zu probieren. Ihm war eingefallen, dass in bestimmten Teilen der Welt Pilger die Angewohnheit haben, Treppenfluchten auf ihren Knien hinaufzurutschen. Philip entschloss sich, das Gleiche zu tun. Er erzählte niemandem etwas von seinem Plan, nicht einmal Margaret, teils deshalb, weil er sich ein bisschen schämte, und teilweise, weil es angebracht schien, die Sache als eine persönliche Angelegenheit zwischen ihm und Gott zu betrachten. Margaret jedenfalls würde sich keine Sorgen machen, wo er wäre – er war sowieso ständig irgendwo unterwegs.

Es war eine sehr merkwürdige Erfahrung. In dunklen Nächten fiel überhaupt kein Licht auf die steinernen Stufen. Vermutlich aus diesem Grund traf Philip nie mehr eine lebende Seele, wenn er sich auf seinen anstrengenden Weg auf den Knien von der unteren Straße zur Kirche machte. Hin und wieder jedoch, wenn der Mond hell schien, waren die Stufen beim Aufstieg sanft erleuchtet. Bei dieser Gelegenheit hielt er manchmal inne und sah hinaus auf das Meer, das wie ein silbernes Tablett in der Ferne schimmerte. Egal, wie hell oder dunkel es war, Philip genoss diese persönlichen Gebetszeiten; er war überzeugt, dass Gott warmherzig und bereitwillig gegenwärtig war, um seine Bitten und Fürbitten entgegenzunehmen.

Jede Reise endete oben in der Sakristei von St. Alban's, wo er eine Kleiderbürste nahm und den Staub oder Dreck von seinen Knien abbürstete, falls Margaret etwas merken würde. (Im Winter oder bei schlechtem Wetter hieß es, zurück zu den Kirchenbänken.)

Die letzten paar Stufen vor der Kirche waren für Margaret, Paul, Mel und andere unmittelbare Familienmitglieder reserviert. Auf den ersten Stufen ganz unten betete Philip für die Leute, die ihm die größten Schwierigkeiten machten. Lange Zeit betete er immer die gleichen Gebete auf jenen ersten drei Stufen.

„Vater, segne Richard und Val!", auf der ersten Stufe.

„Herr Jesus, segne Richard und Val", während er auf der zweiten Stufe kniete.

„Heiliger Geist, segne Richard und Val", auf der dritten.

Bis zu dem Zeitpunkt von Philips „Spülbecken-Heilung" war schon eine Unzahl von Gebeten zum Himmel geschickt worden für diesen Mann, der seit ihrer Ankunft auf der Insel Philips inneren Frieden so nachhaltig gestört hatte.

Die endgültige Lösung des Problems war schließlich Philips brandneuem Selbstbewusstsein zuzuschreiben, das ein Nebenprodukt seiner jüngsten Erfahrung mit dem Heiligen Geist zu sein schien. Es geschah auf einer Ausschusssitzung des Gemeinderats, auf der von Philip wieder einmal das Thema der Kirchendekoration aufgebracht worden war, und wieder einmal hatte der Schatzmeister der Kirche heftig dagegen protestiert, wertvolle Finanzen zu vergeuden, um das Gebäude „herauszuputzen".

„Aber Richard", argumentierte Philip, „Sie schmücken doch Ihr eigenes Haus auch und sorgen dafür, dass es schön aussieht. Sollten wir das Gleiche nicht mit dem Kirchengebäude tun?"

„Ich fürchte, ich sehe da den Zusammenhang nicht", war die kühle Erwiderung.

„Aber sicher . . ."

Während die Auseinandersetzung weiterging, eskalierten die Spannung und die negativen Gefühle, bis Richard Dawes, als er merkte, dass Philip nicht von seiner Position abweichen würde, das spielte, was er offensichtlich für seine Trumpfkarte hielt.

„Nun", sagte der Schatzmeister abweisend, „wenn Sie immer noch darauf bestehen, Geld für solche Zwecke auszugeben, sehe ich mich außerstande, meine Position im Gemeinderat aufrechtzuerhalten. Ich trete zurück."

Philip wusste nur zu gut, wie die nächste Sequenz des Drehbuches auszusehen hatte. Und die anderen Ratsmitglieder wussten es auch. Pater Philip würde nun etwas Versöhnliches wie etwa „Nein, nein, das wäre undenkbar, Richard" sagen und klein beigeben. Oder zumindest würde er einen Kompromiss suchen. Und es war ja auch undenkbar. Philip wusste das. Wie konnte man den Leuten von St. Alban's die Dienste eines Mannes entziehen, der so im Zentrum des Lebens und der Aktivitäten der Pfarrei stand? Wie würde er unabhängig davon jemals den Mut finden, den Konflikt zu solch einem dramatischen Schlusspunkt zu führen? In seinem ganzen Leben hatte er das noch nicht gekonnt. Aber etwas Neues lebte in ihm. Mit beträchtlicher Überraschung hörte Philip sich sagen: „Wie Sie meinen, Richard. Ich nehme Ihren Rücktritt mit sofortiger Wirkung an."

Niemand in dem plötzlich still gewordenen Saal war eigentlich überraschter als Philip. Was hatte er da bloß getan? Wäre es möglich gewesen, er hätte seine Worte zurückgeholt. Würde die Kirche ohne Richard Dawes' Mitarbeit wirklich zurechtkommen? Würden die anderen Leute ihn unterstützen oder nicht? Im Moment sahen sie nur ziemlich geschockt und verängstigt drein. Der Schatzmeister (oder besser: Ex-Schatzmeister) erhob sich langsam auf seine Beine, ging ohne ein weiteres Wort hinaus und ließ Val, seine Frau, verlegen in der peinlichen Stille sitzen.

Die Entfremdung dauerte zwei bis drei Monate an. Es kam schließlich zu einer Versöhnung, nachdem Richard Philip besucht hatte, um sich für die Art und Weise, wie er geredet hatte, zu entschuldigen, und er eingestand, einige neue Lektionen gelernt zu haben. Danach verbesserte sich die Beziehung, ja, mit der Zeit wurden die beiden Männer Freunde und entwickelten einen gegenseitigen Respekt, wie er wohl in jenen ersten Tagen undenkbar gewesen wäre.

Für Philip war dies ein sehr wichtiger Sieg, zum einen deshalb, weil es für die Pfarrei und ihr Umfeld nur gut sein konnte, dass sich endlich einmal jemand gegenüber einer solch dominanten Persönlichkeit behauptet hatte, aber auch, und das war entscheidender, weil er, Philip Ilott, zum ersten Mal weder weggerannt war noch Kompromisse gemacht hatte. Vielleicht war dies ein Anzeichen für eine neue innere Festigkeit, eine Freiheit, in problematischen Situationen und Beziehungen erwachsener zu sein. Philip sah diese Freiheit in Verbindung zu seiner Erfahrung, die er kürzlich in der Küche des Pfarrhauses gemacht hatte.

Nun faszinierte und begeisterte ihn die Aussicht herauszufinden, wie diese Heilung anderen Menschen zugänglich gemacht werden konnte.

## 10. Kapitel

# Isle of Wight – Wunder

---

„... du stellst meine Füße auf weiten Raum."

Philip sprach diese Worte leise vor sich hin, als er den Versammlungsraum im Obergeschoss des Kirchenarmee-Freizeitzentrums in Ryde betrat. Seit seiner Heilung war ein Monat vergangen, und jetzt, auf Dennis Allisons Einladung, besuchte er eine der neuen Erweckungsveranstaltungen, um von dem, was er erlebt hatte, zu erzählen.

Am Vorabend war Philip während seiner regelmäßigen Zeit der Bibellese auf den 31. Psalm gestoßen. Einige Zeilen waren ihm besonders aufgefallen: „... du siehst mein Elend an und nimmst dich meiner an in Not; und übergibst mich nicht in die Hände des Feindes; du stellst meine Füße auf weiten Raum." Aus irgendeinem Grund waren ihm diese Worte besonders ins Auge gesprungen. Nun, da er den riesigen Saal betrachtete, wo die Versammlung in Kürze stattfinden sollte, fragte er sich, ob an diesem Abend etwas Besonderes passieren würde. Es war nicht die Art von Verbindung, wie er sie früher hergestellt hätte, aber ein neues Bewusstsein der Unmittelbarkeit und der engen Gemeinschaft mit Gott in den alltäglichen Dingen fing an, ihm eine ganz andere Sicht der Welt zu vermitteln. Hier stand er nun, im Begriff, seinen Platz auf einem der Stühle einzunehmen, die an der Wand dieses enormen Obergemachs aufgestellt worden waren, völlig im Frieden, dass der Heilige Geist ihn durch jene Bibelstellen auf das vorbereitet hatte, was auch immer nun kommen würde.

Siebzig oder achtzig Leute hörten gefesselt zu, als Philip von seiner Heilung erzählte. Seine Zuhörer kamen aus den verschiedensten Denominationen, und sie alle waren fasziniert von dem, was sie hörten. Als er schloss, fiel ein tiefes Schweigen auf den

Saal. Es gab eine kurze Pause, dann fing eine andere Stimme am anderen Ende des Zimmers an zu reden. Es war ein junger Mann, den Philip noch nie zuvor gesehen hatte, ein Bewohner der Insel, der, wie Philip später erfuhr, nichts von der St.-Alban's-Gemeinde wusste. Die Worte, die er sprach, schienen eine Prophetie zu sein, als hätte Gott dem Redner die Worte eingegeben. Philip nahm staunend die persönliche Bedeutung dessen, was gesagt wurde, in sich auf.

„Es wird einen neuen Frühling auf der ganzen Insel geben, ihr werdet Gottes Gegenwart in ihrer ganzen Kraft erleben. Es wird Zeiten der Anfechtung und des Leides geben, aber versteht, dass ihr fest stehen müsst. Und das Haus auf dem Hügel ist der Ort der Heilung . . .“

Philip spürte, wie sich seine Nackenhaare aufrichteten, als er dieses Wort begriff.

„Das Haus auf dem Hügel ist der Ort, wo alles wieder gut wird.“

Philip wusste, dass der junge Mann von St. Alban's sprach. Er hatte noch mit keinerlei Heilungsdienst in der Kirche begonnen, aber dies schien ein klares Zeichen zu sein, dass bald etwas Neues und Aufregendes passieren würde. Er konnte die Erregung und die Spannung, die er nach diesen Worten empfand, kaum beherrschen. Zu sehen, dass es Menschen durch die Kraft Gottes tatsächlich besser ging, Zeuge dafür zu sein, wie Gott in seiner nahen, liebenden Realität leidende Menschen anrührte, hier auf der Isle of Wight und in seiner eigenen Kirche – was könnte erfüllender sein?

Die Versammlung endete mit einem zwanglosen Abendmahlsgottesdienst, der auf Dennis Allisons Wunsch von Philip geleitet wurde. Philip hatte sich bei dem Gedanken nicht ganz wohl gefühlt. Es war noch vor der Zeit, in der das anglikanische Abendmahl all jenen zugänglich gemacht wurde, die ein gutes Verhältnis zu ihrer eigenen Kirche hatten, und der Gedanke, das Brot mit römisch-katholischen Christen, mit Methodisten, Pfingstlern und mit Mitgliedern der Vereinigten Reformierten Kirche zu brechen, war mehr als nur ein wenig beunruhigend. In der Atmosphäre aber, die bei der Versammlung herrschte, verschwanden seine Vorbehalte und sein Unbehagen jedoch ganz einfach. Die Leute im Raum waren nicht Mitglieder verschiedener Kirchen, nein, heute waren sie alle Mitglieder der einen Kirche, der Kirche Jesu Christi, und Jesus selbst war in ihrer Mitte, so, wie er es versprochen hatte, wenn zwei oder drei in seinem Namen zusammenkamen. Das Brot wurde still und in der Stimmung einer beherrschten Begeisterung von einem zum anderen weitergegeben, gefolgt vom Wein. Jeder sprach seinen Nachbarn mit Namen an, während er das Sakrament weitergab: „John, der Leib Christi ... Mary, das Blut Christi ...“

Es war eine neue und stärkende Erfahrung für Philip, die sogar noch kostbarer wurde durch das Versprechen, dass Heilung nach St. Alban's kommen würde. In jener Nacht, als er wieder zu Hause war, beschrieb er Margaret, die wegen der Kinder zu Hause geblieben war, im Detail, wie die Versammlung abgelaufen war. Beide entschlossen sich, Literatur zu der neuen Erweckungsbewegung ausfindig zu machen, um den Strom, in dem sie jetzt zu treiben schienen, besser zu verstehen. Nicht, dass Philip irgendein Verlangen oder die Verpflichtung verspürt hätte, seine katholische Seite aufzugeben oder zu verwässern. Vielmehr erfuhr sein sakramentales Leben eine Bereicherung, die Hand in Hand ging mit einer viel größeren Erwartungshaltung beim Gebet, beim Bibelstudium und bei den neuen Hauskreisen, die direkt aus seinem erneuerten Verständnis erwuchsen. In seinen persönlichen Gebetszeiten merkte Philip, wie er für die allgemeine Gabe der Liebe betete, die es ihm ermöglichen würde, seiner Pfarrei in der bestmöglichen Weise zu dienen. In dieser Liebe inbegriffen, da war er sich sicher, wären all jene spezifischen Gaben, die sie brauchen würden.

Als Reaktion auf das, was in der Versammlung in Ryde geschehen war, entschloss sich Philip, einen regelmäßigen Heilungsgottesdienst einzuführen, der einmal im Monat im Rahmen der Benediktion abgehalten werden sollte, einen Gottesdienst, den man als Gottes Nachwort zum Tage beschreiben könnte. In einem sakramentalen Akt, der der Heiligen Kommunion ähnelt, hält der Priester eine große runde Oblate hoch und macht über der Versammlung das Zeichen des Kreuzes, fast so, als ob sie nun, da der Tag dem Ende zugeht, von der untergehenden Sonne gesegnet würden.

Philip glaubte, dass Heilung, statt ein losgelöster Vorgang zu sein, im Rahmen eines sakramentalen Akts geschehen sollte. Die anglikanische Ausrichtung des Gottesdienstes schien geeignet zu sein, weil er zu diesem Zeitpunkt keinen Grund hatte zu glauben, dass irgendjemand anders als die Mitglieder seiner eigenen Gemeinde sich am vierten Sonntag des Monats einfinden würde. Der Gemeinderat wurde nicht konsultiert.

Philip kündigte also einfach eines Sonntagmorgens im Gottesdienst an, dass die erste Gelegenheit, sich die Hände auflegen zu lassen, in zwei Wochen sein würde und dass alle eingeladen wären, Heilung für sich selbst oder stellvertretend für jemand anderen zu suchen.

Am ersten Abend war die Kirche voll. Es war, als ob die Gemeinde von St. Alban's wusste, dass etwas Außergewöhnliches mit ihrem Priester geschehen war, und sie wollten an diesem Wunder teilhaben. Nach einem Lied und der Lesung der Schrift sprach Philip kurz über einige der Wunder Jesu und erklärte, was nun geschehen sollte. Dann lud er die, die Gebet wünschten, ein, in den vorderen Teil der Kirche zu kommen, um ihnen die Hände aufzulegen.

Fast die gesamte Versammlung nahm seine Einladung an, jeder Einzelne hungerte nach Hilfe in irgendeinem Gebiet seines Lebens. Es war eine gewaltige Ermutigung für Philip, so viele Leute zu sehen, die etwas für sie völlig Neues machten, weil sie seinen Glauben an Gottes fürsorgliche Gegenwart „aufgeschnappt" hatten. Einer nach dem anderen kam zu ihm und vertraute sich ihm an. Arthritis, Rückenschmerzen, Migräne, Magenprobleme, Konflikte in der Familie, das Scheitern der Ehe – es gab ebenso viele Probleme, wie es Menschen gab. In jedem einzelnen Fall legte Philip, der sich immer noch sehr auf unbekanntem Terrain bewegte, seine Hände auf den Kopf der Person und betete ein Heilungsgebet.

„Im Namen Gottes, des Höchsten, und durch seine unendliche Liebe und Kraft mögest du freigesetzt werden. Im Namen Jesu Christi, des Fürsten des Lebens, möge sein ewiges Leben durch dich fließen. Im Namen des Heiligen Geistes mögest du völlig erhalten bleiben zur Ehre Gottes und zum Lob seines heiligen Namens." Dann folgte ein Gebet für das spezielle Bedürfnis. „Möge unser Herr in deine Arthritis hineingehen und anfangen, sie zu heilen, und sie wegnehmen nach seinem Willen."

Soweit Philip wusste, empfing bei diesem ersten Treffen niemand eine direkte physische Heilung. Ihn warf das nicht um. Die Frage, was denn die Leute denken würden, wenn „nichts passierte", kam ihm so nie. Vor nicht allzu langer Zeit wäre dies noch seine größte Sorge gewesen. Jetzt hingegen erlebte er eine neue Freiheit, gehorsam zu sein und das Resultat seiner Gebete in der Hand Gottes zu lassen. Gleichzeitig war er voller Erwartung und unerschütterlicher Gewissheit, dass alles gut gehen würde. Das Ausmaß seiner Gewissheit beunruhigte ihn beinahe. Seit seiner Ordination hatte er so etwas noch nicht erlebt. Es schien so, als ob sie in die Fundamente seiner Geistlichkeit eingelassen worden wäre – vielleicht, überlegte er, an die Stelle, wo früher sein störrisches Vertrauen auf sich selbst gewesen war.

Ironischerweise, aber in Philips Fall vielleicht vorhersagbar, war die erste Person, die eine Heilung erfuhr, kein Mitglied seiner eigenen Kirche. Unten, am äußersten Ende des Pfarrbezirks von St. Alban's, war eine Schule für „anfällige Kinder", die von Nonnen aus dem Kloster der „Gesellschaft von St. Margaret" geleitet wurde. Fast hundert Jungen und Mädchen, die an Asthma, Drüsenkrankheiten und verschiedenen anderen Krankheiten litten, wurden vom Lehrkörper der St.-Catherine's-Schule liebevoll umsorgt. Nicht alle Lehrer waren Nonnen.

Eine Dame, die Mitglied in der St.-Alban's-Gemeinde war, kam regelmäßig mit ihrem Mann, der abends die Orgel spielte, zum Gottesdienst. Im Bewusstsein von Philips eigener Heilung und begeistert und ermutigt durch die neu eingeführten monatlichen Heilungsgottesdienste, bat sie Philip eines Tages, nach St. Catherine's zu kommen oder einige der kranken Kinder zur Kirche kommen zu lassen.

Bereitwillig nahm er Kontakt mit dem Schulkaplan und der verantwortlichen Schwester auf. Mit ihrem Einverständnis und ihrer Kooperation wurde ein Tag vereinbart, an dem Philip für einige Kinder in der Schulkapelle einen Gottesdienst halten sollte.

Es war zutiefst bewegend, all die Kinder vor ihm in der Reihe zu sehen, während er sprach. Obwohl sie von ihrem Alter her von neun bis in die frühen Teenagerjahre reichten, waren die meisten von ihnen durch die chronischen Krankheiten zu klein für ihr Alter und sehr schmächtig gebaut. Nachdem er seine junge, aber aufmerksame Zuhörerschaft begrüßt hatte, lud Philip alle ein, die speziell für sich beten lassen wollten, sich vorne ans Altargitter zu knien, damit er ihnen seine Hände auf den Kopf legen konnte.

„Wenn ihr wollt", sagte er, „könnt ihr einfach Jesus bitten, in eurem Herzen zu leben, und ich bete dann mit euch."

Eine ganze Reihe Kinder kam und kniete sich recht unsicher an das hölzerne Geländer. Philip ging von einem zum anderen und gab sich unendlich Mühe, jedes der geflüsterten Worte zu verstehen. Er betete leise mit jedem der kleinen Bittsteller, bis er an das Ende der Reihe kam. Die anderen waren auf ihre Plätze zurückgekehrt, nur ein Mädchen war noch übrig. Sie war eine schlichte kleine Kreatur, sehr blass, sehr dünn, sehr klein. Sie hatte dunkles, glattes Haar und ihre braunen Augen sahen durch die billige Kassenbrille riesig groß aus. Sie war vielleicht neun oder zehn Jahre alt, ein dünnes, kleines Stückchen ängstlicher Menschheit, das nervös nach oben schaute, als Philip vor ihr stand. Er spürte ihre Furcht und so sprach er sehr leise.

„Wie heißt du, meine Kleine?"

Ihre geflüsterte Antwort war so gedämpft, dass man sie unmöglich verstehen konnte. Philip kniete sich hin und hielt sein Ohr direkt an ihren Mund. Dann wiederholte er seine Frage.

„Ich heiße Naomi", hauchte das kleine Mädchen. „Ich bin zehn."

„Und was soll Jesus für dich tun, Naomi?"

Naomi ließ den Kopf hängen. Die Sorgenfalten auf ihrer Stirn wurden größer, aber sie sagte nichts.

Philip wartete einen Moment und lehnte sich ein wenig zurück. „Es ist egal, was für ein Problem du hast, Naomi", sagte er, „wenn Jesus in deinem Herzen lebt. Kannst du mir sagen, was dich so bedrückt?"

Naomi hob wieder ihren Kopf. Während sie Philip in die Augen sah, beschlugen die dicken Brillengläser ein wenig. „Das ist es", flüsterte sie, „das kann er nicht."

„Wer kann was nicht, mein Schatz?" Er wollte unbedingt Naomis Problem verstehen. Ganz offensichtlich lag hier irgendetwas sehr im Argen.

„Jesus."

„Ja?"

„Er kann nicht in meinem Herzen wohnen."

Philip dachte einen Moment nach. Er war etwas verwirrt, aber entschlossen zu helfen. Sanft und so beteuernd, wie er nur konnte, redete er weiter. „Naomi, Jesus kann in dem Herzen von jedem Menschen wohnen. Du musst ihn nur bitten. Nichts macht ihn glücklicher, als wenn kleine Mädchen wie du seine Freunde werden. Das verspreche ich dir, wirklich. Ehrlich."

Naomi war offensichtlich nicht überzeugt. Langsam und ernst schüttelte sie ihren Kopf. „Jesus kann nicht in meinem Herzen wohnen", wiederholte sie. „Es geht nicht."

Was konnte das bloß sein? Was sollte so ein kleines Ding wie sie Schlimmes getan haben, dass sie glaubte, Jesus könnte nun nicht mehr ihr Freund werden? Philip redete noch leiser. „Warum nicht, Naomi? Sag mir, warum kann Jesus nicht in deinem Herzen wohnen?"

„Weil", sagte sie mir ganz dünner Stimme, „ich ein Loch in meinem Herzen habe."

Philip schluckte einmal tief und sah einen Moment nach unten. Als er aufsah und sprach, hatte er seine Stimme wieder unter Kontrolle. „Naomi", sagte er, „Jesus weiß alles über das Loch in deinem Herzen und er kann dir helfen. Er möchte, dass es dir wieder besser geht. Lass uns zusammen beten und ihm sagen, dass er das tun soll."

Als Philip über der kleinen Gestalt betete, wunderte er sich über seine eigene Zuversicht, einem kranken Kind mehr oder weniger zu versprechen, dass ihm durch sein Gebet geholfen würde. Das Bewusstsein für seine Verantwortung war gelinde gesagt beunruhigend. Aber irgendetwas sagte ihm, dass es in diesem speziellen Fall das Richtige war. Es war das erste Mal, dass er meinte, in Sachen

Heilung eine spezifische Weisung erlebt zu haben, aber natürlich konnte ihre Richtigkeit nur auf eine Art und Weise bestätigt werden. Aus diesem Grund empfand Philip wenige Wochen später eine tiefe Freude und Erleichterung, als er hörte, dass die Ärzte nach einigen Routineuntersuchungen keine Spur mehr von dem Loch in Naomis Herz finden konnten.

Später, bei anderer Gelegenheit, wurde ein weiteres kleines Mädchen von zystischer Fibrose geheilt, einer Krankheit mit tragisch lebensverkürzender Wirkung. Warum gerade diese Kinder geheilt wurden, während so viele andere leidende Fälle unberührt blieben, überstieg Philips Verstehen. Aber in dem Maße, wie er mit der Zeit lernte, dieser stillen inneren Stimme zu vertrauen, begleitete sie seinen Heilungsdienst, bis sie schließlich ein ständiger und willkommener Teil der monatlichen Heilungstreffen in St. Alban's wurde.

Eine Dame hatte seit langer Zeit unter furchtbaren Rückenschmerzen zu leiden. Sie war fast vollständig in ein therapeutisches Korsett eingehüllt, als sie sich eines Abends unter Mühen zu der Schlange am Altar schleppte und vor Erschöpfung kniend darauf wartete, bis sie an der Reihe war. Sie war zum ersten Mal in der Kirche. Philip wusste nichts über sie, kannte noch nicht einmal ihren Namen, aber als er sich nach vorne beugte, um zu fragen, wofür sie Gebet haben wollte, tauchten bestimmte Erkenntnisse klar in seinem Bewusstsein auf, wie es charakteristisch für das Reden des Heiligen Geistes schien. Philip, der sein Wissen allein aus dieser inneren Stimme bezog, teilte der schmerzerfüllten Bittstellerin mit, dass ihre Rückenprobleme voll und ganz auf familiäre Probleme zurückzuführen seien, insbesondere mit ihrem Mann und einem ihrer Kinder. Ihre Verwunderung, dass Philip offensichtlich die Schwierigkeiten kannte, die sie durchmachte, war nur noch vergleichbar mit Philips eigenem Erstaunen, dass Gott so anschaulich, so persönlich an den Alltäglichkeiten normaler Männer und Frauen beteiligt war, und dass er, Philip Ilott, als ein Kanal für diese Anteilnahme gebraucht werden konnte. Dass es wirklich einen Gott gibt, der wirklich etwas tut – dieses Verständnis schien endlose Tiefen zu haben. Zum ersten Mal begriff Philip ein wenig davon, was vor all den Jahren geschehen war, als Pater Cross sich an dem Tag vor jener Zugfahrt von Chester nach London zur Seite gedreht hatte, um für Weisung zu beten.

Ein paar Tage später kam die Dame mit den Rückenproblemen zurück. Sie trug kein Korsett und hatte auch keine Schmerzen mehr. Ihre Augen strahlten vor Glück, als sie erzählte, wie sie das Korsett abgenommen hatte, sobald sie nach dem Gottesdienst zu Hause angekommen war. Die Schmerzen waren sofort verschwunden und es gab keine Anzeichen, dass sie wiederkehren würden. Ihr wirkliches Problem war die emotionale Last gewesen, die sie trug. Diese Erkenntnis und die Lösung der familiären Konflikte setzten ihrem körperlichen Leiden ein Ende und gaben ihr ein neues, dynamisches geistliches Bewusstsein.

Während immer mehr Menschen durch Philips Dienst Heilung erfuhren, wurde immer deutlicher, dass es dabei nur sehr wenige feste Regeln gab. Der physische Akt der Handauflegung und das eigentliche Gebet um Heilung blieben mehr oder weniger gleich, aber es gab keinen Zweifel, dass Gott die heilte, die er dazu bestimmte, und zwar auf die Art, die ihm dafür am besten schien. Die Tatsache, dass heute eine Person von Arthritis geheilt wurde, war in keiner Weise eine Garantie dafür, dass jemand mit einem ähnlichen Leiden am nächsten Tag oder auf die gleiche Weise geheilt wurde. Philips Leben wurde dadurch reicher, wenn auch weniger vorhersagbar. Wenn einem Mann oder einer Frau einmal die Hände aufgelegt worden waren und sie die Schlange am Altar verlassen hatten, gab es keine Möglichkeit zu sagen, was Gott mit ihnen tun würde.

Eine Frau beispielsweise, die eine Zeit lang mit einem Magengeschwür zu tun gehabt hatte, kam ein paar Tage, nachdem für sie gebetet worden war, wieder auf Philip zu. Ihr Gesicht spiegelte eine merkwürdige Kombination aus Zufriedenheit und Verwirrung wider.

„Die Sache ist die, Pater", sagte sie, „da ist etwas Lustiges passiert. Ich habe nicht darum gebetet und ich weiß auch nicht unbedingt, ob ich das will, aber ich habe es, und es scheint zu funktionieren."

Geduldig erkundigte sich Philip, was „es" denn sei.

„Wissen Sie – eine Sprache. ‚Zungenrede' nennen Sie das, nicht wahr?"

„Ah!", rief Philip aus, „ich verstehe. Und Sie sagen, das hilft?"

„Nun", erklärte sie, „ich habe zu Hause gearbeitet, so wie immer, als es einfach anfing. Und es kommt immer wieder. Ich meine, ich kann es stoppen, wenn ich will, aber ich will eigentlich gar nicht, weil ich mich nachher viel besser fühle, wissen Sie."

Wieder einmal gab der Heilige Geist Philip im Stillen ein, was er sagen sollte. „Was da geschieht", sagte er, „ist, dass Gott die Zungenrede benutzt, um Ihr Gefühlsleben wachzurufen, damit er so das Geschwür heilen kann. Wenn Sie diese neue Sprache benutzen, löst das die Säure, die Sie krank gemacht hat."

Was auch immer Philip oder besagte Dame von dieser neuartigen Analyse gehalten haben, ist nicht wirklich wichtig, weil das Geschwür mit der Ausübung der Zungenrede immer kleiner wurde, bis es vollständig verschwand. Anschließend konnte die Dame frei entscheiden, ob sie ihre Gabe weiter praktizieren wollte oder nicht.

Es war herrlich zu sehen, wie Gott Menschen half. Aber für Philip war es nicht weniger herrlich zu sehen, wie auch die Qualität der Beziehungen in der Gemeinde sich änderte. Die Leute gingen liebevoller miteinander um, waren wesentlich offener und weit eher bereit, die tieferen Dinge des Lebens anzusprechen. Nach und nach wurde Kirche etwas, das man machte, statt eines Ortes, zu dem man einmal in der Woche ging. Es war die Antwort auf das Gebet, das auch weiterhin Philips leidenschaftlichstem Wunsch entsprach: „Bitte gib mir – gib uns allen – die Gabe der Liebe."

Die Liebe wuchs weiter, besonders in Philips Beziehung zu den Dawes. Val wurde schwer krank und ließ sich einige Male die Hände auflegen, und später (ein Augenblick, der eine lange zurückgehaltene Freudenträne in Philips Auge steigen ließ) kniete Richard Dawes selbst am Altargitter und bat um Gebet.

Leben zieht Leben an. Vielleicht nicht allzu überraschend, dauerte es nicht sehr lange, bis die monatlichen Gottesdienste Menschen aus einer Vielzahl anderer Denominationen anzogen. So groß war der Bedarf, dass Philip die Hilfe eines Methodistenpastors und einer Nonne aus dem Kloster in Anspruch nehmen musste, die ihn bei den Gebeten unterstützten. Baptisten, Methodisten, Pfingstler, Anglikaner verschiedener Schattierungen – sie alle begaben sich auf der Suche nach Leben und Heilung zu dem Haus auf dem Hügel.

Jemand, der sein ganzes Leben lang Methodist gewesen war, erzählte Philip, dass eine Gruppe aus seiner Gemeinde seit Jahren unerschütterlich für Erweckung auf der Isle of Wight gebetet hatte. In ihren wildesten Träumen hätten sie sich nicht vorstellen können, dass eine anglo-katholische Kirche das Zentrum dieser Erweckung hätte sein können. Die Pfingstler waren sogar noch verwirrter. Der größte Teil des Abendgottesdienstes war ihnen ein völliges Rätsel, ebenso wie Philips Talar und das generelle Ethos des Kirchengebäudes. Inmitten all dieser Merkwürdigkeiten spürten sie jedoch (und in vielen Fällen erlebten sie es selbst) die Liebe und die heilende Gegenwart Jesu, die alles andere zu heiligen schien.

Innerhalb weniger Monate wurde es unmöglich für Philip, seinen Heilungsdienst auf einen einzigen monatlichen Gottesdienst zu beschränken. Es gab nicht nur viele Anfragen von anderen Organisationen und Kirchen, sondern auch eine zunehmende Zahl von Not leidenden Einzelpersonen, die sich ihren Weg zur Tür des Pfarrhauses bahnten, jeder von ihnen in der verzweifelten Hoffnung auf individuelle Hilfe bei seinem speziellen Problem.

Philip arbeitete immer mehr. Er tat sein Bestes, jeder Bitte um Seelsorge oder Gebet nachzukommen. Seine neue Einsicht, dass der wirkliche Seelsorger, Heiler und Helfer immer der Heilige Geist war, eröffnete unbegrenzte Aussichten auf einen wirkungsvollen Seelsorgedienst.

Philips Arbeit erstreckte sich mittlerweile so häufig über die Grenzen des Pfarrbezirks hinaus, dass einige Mitglieder von St. Alban's anfingen, ein wenig Verdruss darüber zu empfinden und auszudrücken, dass sie ihren Priester mit so vielen anderen Leuten teilen mussten. Philip war sich dieser negativen Gefühle sehr wohl bewusst und schaffte es, ihnen mit der richtigen Kombination aus Standhaftigkeit und Diplomatie zu begegnen.

Er war sich jedoch weit weniger der negativen Auswirkungen seiner neuen Arbeit auf seine eigene Familie bewusst. Aus Sicht der Kinder hätte das Leben jetzt viel besser sein sollen. Papa war nicht mehr krank, also sollte er doch mehr Zeit haben, um mit ihnen zu spielen. Tatsächlich aber war es so, dass seine Heilung den Beginn einer Zeit markierte, die so von den Bedürfnissen anderer Leute außerhalb der Familie bestimmt war, dass die Kinder nur während des Urlaubs, wenn sie Ventnor verließen, wirklich etwas von ihm zu sehen bekamen.

Philip hatte immer schon hart gearbeitet. Aber nun war er im gleichen Maße mit seiner Arbeit wie mit seiner Frau verheiratet und möglicherweise mehr Vater für seine Versammlung als für seine Kinder. Wie so viele echte, hingegebene Arbeiter im Reich Gottes zuvor und seitdem liebte Philip seine Frau und seine Kinder, war aber blind für ihre unmittelbaren und grundlegenden Bedürfnisse nach mehr von ihm in ihrem Leben.

Doch wie leicht konnte das passieren, wenn Stunde um Stunde und Tag für Tag solche tragisch dringenden Fälle kamen, die die eher routinemäßigen Erfordernisse des familiären Lebens in den Schatten stellten.

Da war zum Beispiel der Fall eines Babys namens Harry.

Eines Tages arbeitete Philip in seiner Höhle unter dem Haus, als es an der Tür klopfte. Es war Margaret. „Darling", flüsterte sie, „da ist eine Familie mit einem Baby. Sie fragen, ob du vielleicht für den kleinen Jungen beten könntest. Er ist sehr krank."

„Natürlich", antwortete Philip, legte seinen Stift hin und erhob sich. „Sag ihnen, sie sollen ..."

„Schatz, ich muss dir das erklären,", unterbrach ihn Margaret. Ihre Augen waren voller Besorgnis. „Das Baby ist wirklich sehr krank. Es hat eine Gehirnentzündung und Wasser im Kopf. Dafür gibt es keine Therapie. Alles, was sie tun können, ist die Flüssigkeit ablassen und einen Schlauch in seinen Kopf stecken. Es ist so ein ernster Zustand. Wenn du ihnen Hoffnung machst und dann ..."

Margarets Stimme stockte und verstummte, aber Philip wusste, was sie sagen wollte. Wenn er sich darauf einließ, für das Kind zu beten und es trotzdem starb, dann wäre das eventuell schlimmer, als wenn er der Familie erst gar keinen Grund zur Hoffnung gegeben hätte. Alles, was er tun konnte war, sich vorsichtig vortasten und darauf zu vertrauen, dass er klar erkennen würde, was er tun sollte.

Er nickte langsam. „Vielleicht ist es besser, wenn du sie bittest, hier nach unten zu kommen, Margaret", sagte er leise. „Dann können wir überlegen, was wir tun."

Ein paar Augenblicke später geleitete Margaret zwei Damen durch die Tür. Die, die Harry auf dem Arm hielt, war seine Mutter, die andere seine Großmutter. Beide waren sie gezeichnet von den angestauten Sorgen und von Kummer. Vorsichtig zog Harrys Mutter das Tuch zur Seite, das um ihr Baby gewickelt war, um den Blick auf den geschwollenen Kopf freizugeben, der so typisch für diesen speziellen Zustand war. Die beiden Frauen erzählten abwechselnd, dass sie, nachdem Harry geboren und seine Krankheit diagnostiziert worden war, davon gehört hätten, wie Leute in der Kirche auf dem Hügel in Ventnor geheilt wurden. Ob Philip glaubte, dass man irgendetwas für Harry tun könnte?

Es war ein schwieriger Augenblick. Philip sah das Gesicht des schlafenden Babys ein oder zwei Minuten durchdringend an und versuchte, sich darauf zu konzentrieren, was er sagen konnte. Gott liebte Harry. Das wusste er sicher. Gott wollte nicht, dass Menschen litten, weder durch Kummer noch durch Schmerzen. Das war etwas, dessen er sich absolut sicher war. Auf der anderen Seite wusste er auch aus Erfahrung, dass nicht jeder, der um Gebet anhielt, geheilt wurde. Den Grund hierfür kannte er immer noch genauso wenig wie bei jenem ersten Abendgottesdienst, es war einfach eine Tatsache. Während er leise um Leitung und Mut bat, formte sich in seinem Denken eine Idee, eine Möglichkeit, wie man an diese spezielle Situation herangehen konnte. Er hoffte nur, dass es wirklich eine Eingebung des Heiligen Geistes war.

„Ich werde für Harry beten", erklärte er den beiden besorgt wartenden Frauen, „aber während ich ihm die Hände auflege, werden wir alle das Gleiche tun. Beten wir jetzt für ihn, während er schläft."

Harrys Mutter und Großmutter waren nur zu bereit, alles zu

tun, was helfen könnte. Gemeinsam legten die drei Erwachsenen ganz sanft ihre Hände auf den winzigen Körper, während Philip für das immer noch schlummernde Kind betete.

„Im Namen Gottes, des Höchsten, und durch seine unendliche Liebe und Kraft, mögest du freigesetzt werden, Harry. Im Namen Jesu Christi, des Fürsten des Lebens, möge sein ewiges Leben durch dich fließen. Im Namen des Heiligen Geistes mögest du völlig erhalten bleiben zur Ehre Gottes und zum Lob seines heiligen Namens. Lieber Vater, komm in die Krankheit des kleinen Harry und fange an, sie zu heilen und nimm sie weg nach deinem Willen. In dem Wissen, dass du ihn liebst, bitten wir dies in Jesu Namen. Amen.“

Es war der erste von zahlreichen Besuchen, die fast alle nach dem gleichen Muster abliefen. Mutter und Großmutter kamen mit Harry in Philips Kellerzimmer. Alle drei legten dann die Hände auf das Baby, während Philip betete. Harrys Vater, ein selbst ernannter Agnostiker, wollte sich nicht an dem beteiligen, was für ihn zu Beginn wie eine sinnlose Aktivität ausgesehen haben musste.

Interessanterweise schlief Harry bei jeder Zusammenkunft während der Zeit, in der Philip ihn sah. Seine mentale Vorstellung des kleinen Jungen war die eines Babys mit geschlossenen Augen. Und doch entwickelte er – vielleicht wegen der Stärke seines Verlangens, dass es Harry gut gehen sollte – eine tiefe Zuneigung zu der wehrlosen kleinen Seele, die da so still in den Armen seiner Mutter lag. Zwischen den Besuchen hielt Harrys Mutter Kontakt zu Philip und berichtete ihm von den Ergebnissen der Untersuchungen, die regelmäßig im Krankenhaus von Southampton durchgeführt wurden. Es war unbeschreiblich spannend zu hören, dass sich der Zustand des Kindes parallel zu den Besuchen langsam, aber sicher verbesserte. Schließlich teilte Harrys Mutter in einem denkwürdigen Brief mit, dass die Gehirnentzündung völlig geheilt war. Die Ärzte konnten keine Anzeichen mehr dafür finden.

Inzwischen waren fast zwei Jahre vergangen. In der ganzen Zeit hatte Philip Harry nie wach gesehen, nie einen Laut von ihm gehört und war ihm auch nie auf eine andere Weise begegnet als in den Armen seiner Mutter oder Großmutter. Da nahm unerwartet der zuständige Priester des Pfarrbezirks, in dem Harrys Familie lebte, Kontakt mit Philip auf, um einen Besuch bei Harry vorzuschlagen, damit er den kleinen Jungen einmal in Aktion sehen könne, nun, da es ihm gut ging. Ebenso, fügte er hinzu, würden sich Harrys Mutter und Großmutter danach sehnen, Philip wiederzusehen, und auch Harrys Vater, dessen Agnostizismus ein Schatten seiner selbst geworden war.

Begeistert und ein wenig nervös machten sich Philip und Margaret am vereinbarten Tag auf den Weg, um mit den Eltern Tee zu trinken und Harrys zweiten Geburtstag zu feiern. Das Haus war bezaubernd, ein altes Landhaus aus Backsteinen, mit niedlichen Rosen, die rund um die verwitterte Eingangstür wuchsen. Es war niemand zu sehen, als sie anklopften, aber die Tür wurde fast unmittelbar nach ihrem Anklopfen von Harrys Mutter geöffnet, die sie anstrahlte und willkommen hieß. Sie geleitete die Gäste hinein zu ihrem Mann und zur Großmutter des kleinen Jungen, die gerade eifrig den Tisch für den Nachmittagstee vorbereitete. Es war herrlich, in solch eine warme und von Dankbarkeit erfüllte Atmosphäre zu kommen, aber bis jetzt war von dem Geburtstagskind noch nichts zu sehen.

„Er spielt hinten im Garten", erklärte Harrys Vater. „Ich rufe ihn mal rein."

Ein paar Sekunden später war Harry im Zimmer, rot vom Rennen und vor Gesundheit strotzend. Er blieb stehen, sobald er durch die Tür kam und stand einen Moment lang bewegungslos da, während er die beiden Besucher musterte.

Was als nächstes geschah, war eines der merkwürdigsten und sicherlich eines der bewegendsten Ereignisse, die Philip je erlebt hatte. Zweijährige Kinder sind eine nette, aber vorsichtige Bande. Sie brauchen bei Fremden ihre Zeit, umkreisen sie sozusagen misstrauisch, bevor sie sich ihnen wirklich nähern. Das war bei Harry nicht der Fall. Es gibt nur eine Art und Weise, wie man den Gesichtsausdruck des kleinen Jungen beschreiben kann, als seine Augen zum ersten Mal mit Philips zusammentrafen. Es war der Ausdruck eines Wiedererkennens und der Freude. Mit einem kleinen

Aufschrei rannte er quer durch das Zimmer und warf sich Philip mit ausgestreckten Händen entgegen, um von ihm auf den Arm genommen zu werden. Nachdem sie sich auf einen Stuhl in der Nähe gesetzt hatten, umarmten sich der Erwachsene und das Kind wie zwei alte Freunde, während der Rest der Familie erstaunt zusah. Es gab keinen Zweifel, irgendwie wusste Harry, dass zwischen ihm und diesem Mann, der da zu seinem Geburtstagstee gekommen war, etwas geschehen war. Sie hatten bereits eine Beziehung, die durch eine Kommunikation aufgebaut worden war, die nichts mit den natürlichen Sinnen zu tun hatte. Harry schien dies als völlig normal hinzunehmen. Hier saß er nun, auf dem Schoß eines alten Freundes. Was sollte da noch eine Rolle spielen? Doch für Philip war es ein weiteres Geheimnis, über das er brüten konnte. *Wie* hatte Harry ihn erkannt? Er hatte keine Ahnung. Es war wieder Gott, der da am Werk war, das allein wusste er. Man konnte das nur akzeptieren.

Eigentlich waren alle Erfahrungen seines Heilungsdienstes so. Es machte keinen Sinn, sich als tiefgründiges und geistlich einsichtsvolles menschliches Wesen auszugeben – auch wenn dies gelegentlich sehr verlockend gewesen sein mochte –, weil Gott es war, der heilte, Gott, der ihm die individuellen Informationen zukommen ließ, und Gott, der die Mittel und Wege festlegte, durch die jeder Einzelne die Hilfe bekam, die er brauchte. Philip war seit seiner Heilung weder vollkommen noch vollmächtig geworden, sondern einfach nur verfügbarer und vielleicht auch auf eine konstruktive Art und Weise kindlicher, was seine Fähigkeit anging, Ehrfurcht und Demut zu empfinden, wenn er daran dachte, wie dramatisch der Heilige Geist solch einen unvollkommenen Botschafter gebrauchte.

Philip hätte mit Sicherheit niemals angenommen, auch nur annähernd Vollkommenheit erreicht zu haben. Ganz abgesehen von der Unausgewogenheit zwischen seiner Arbeit und der Familie gab es immer noch viele Dinge in seinem Leben, die ihm Schwierigkeiten bereiteten, besonders, seit sein Vater bei ihnen eingezogen war.

Physisch geheilt und auf eine neue Art mit Gottes Geist erfüllt, war er immer noch ein Sklave der Monster und Gespenster früherer Jahre, und die konnten bisweilen sein Familienleben stark beeinträchtigen.

Da war zum Beispiel diese merkwürdige Unfähigkeit, Geschenke auszupacken. Sie brachte seine Kinder aus der Fassung und machte sie rasend. Zu Weihnachten oder an seinem Geburtstag suchten sie mit viel Bedacht ihre Geschenke für Papa aus, wickelten sie in Geschenkpapier und übergaben sie ihm aufgeregt, wenn die Zeit dafür gekommen war. Aber er öffnete sie nicht! Manchmal dauerte es zwei Tage, bis Philip sich dazu durchringen konnte, tatsächlich einmal den Inhalt dieser liebevoll zubereiteten Päckchen in Augenschein zu nehmen. Es war nicht richtig – er wusste das, aber er wusste nicht, woher sein Unvermögen kam, und auch nicht, wie er es ändern sollte.

Dieses und andere Probleme seines Lebens hingen irgendwie mit der Vergangenheit zusammen, da zumindest war er sich sicher. Es war frustrierend. So viele Wunden seines frühen Lebens waren geheilt worden, und er hatte wirklich gehofft, dass die neue Phase seines geistlichen Erlebens bedeutete, dass er sich von nun an nur noch mit der Gegenwart und der Zukunft auseinander setzen musste. Auf der anderen Seite wusste er jetzt mit größerer Gewissheit als je zuvor, dass Gott Dinge verändern konnte. Nicht ohne ein ängstliches Flattern im Herzen entschloss sich Philip, sich an die Ausgrabung jener Erinnerungen heranzumachen, die sein Bewusstsein seit Jahren so ängstlich verdrängt hatte. Dann, wenn diese dunklen und geheimen Verletzungen ans Tageslicht gekommen waren, könnte Gott sie doch heilen – oder?

Aber um was für Erinnerungen würde es sich dabei handeln?

## 11. Kapitel

# Isle of Wight – Erinnerungen

„Du verfluchtes Weibsstück! Du kannst immer nur an dich denken, was?"

„Sei doch kein verdammter Idiot! Was ist denn mit dem Kind, das du mir gemacht hast? Das habe ich nie gewollt!"

Philip war wieder fünf, mitten in einem furchtbaren Streit, der sogar noch schlimmer war als sonst.

Papa war am Morgen auf Heimaturlaub vom Krieg zurückgekommen. Von dem Moment an, wo er durch die Türe gekommen war, hatte es Krach gegeben.

Während des gesamten Mittagessens und den ganzen Nachmittag hindurch hatte es im Haus der Ilotts immer stärker gestürmt. Nun brach ein Gewitter aus laut schreienden Stimmen, stampfenden Füßen und zuschlagenden Türen aus.

Normalerweise wurde Papa nie besonders wütend. Mama war zu stark für ihn. Er wurde eher still oder weinte. Manchmal jedoch sagte Mama etwas so Verletzendes und Gemeines, dass Papa doch durchdrehte. Er war dann so wütend, dass es ihm egal zu sein schien, was er sagte oder machte.

Heute war es wieder so weit.

Es hatte damit angefangen, dass Mama zu Papa gesagt hatte, er hätte genauso gut im Krieg bleiben können, bei dem, was sie von ihm hätte. Papa sagte, es sei andersherum. Mama liebe ihn nicht mehr. Es wäre überhaupt keine Liebe mehr da in ihrem Haus, und er wünsche sich, er könne für immer abhauen und nie mehr zurückkommen.

Den ganzen Tag über bekämpften sie sich mit Worten, und als es vier Uhr war, war die Luft so voll mit spitzen, gefährlichen Gefühlen, dass Philip sicher war, dass es nicht mehr lange dauern würde, bis sie sich mit Fäusten und Fingernägeln und Zähnen bekriegen würden.

Besorgt lief er im Flur hin und her, während er das schreckliche Geschrei aus dem Wohnzimmer hörte. Plötzlich mischten sich Geräusche von Schlägen und Fausthieben unter das Stimmengewirr.

„Du verfluchter, nutzloser Blödmann ...!"

„Du dummes, verfluchtes Weibsstück ...!"

Unfähig, es noch länger auszuhalten, stürzte Philip durch die Tür. Er musste sie aufhalten, bevor sie sich wirklich ein Leid antaten. Schließlich war alles doch hauptsächlich seine Schuld, oder? Zumindest sagte Mama das immer, wenn der Streit am schlimmsten war.

„... dieses Kind, das ich nie haben wollte ... Wenn ich dieses Kind nicht hätte, das du mir gemacht hast ..."

Dort in dem Wohnzimmer, eingebrannt wie eine Szene in einem alten Film vor den braunen Gardinen mit den Messingringen oben, schlugen sich seine Eltern, als ob sie sich gegenseitig umbringen wollten. Doch wenn Philip nicht geboren wäre, wäre alles in Ordnung ...

Es lag jetzt an ihm, irgendwas zu tun, um sie zum Aufhören zu bewegen. Während er unaussprechliche Qualen litt, warf er sich Papa zu Füßen, drückte sein Gesicht an die raue khakifarbene Uniform und versuchte, seine Arme um die Beine seines Vaters zu schlingen. Alles, was er wollte, alles, was er je gewollt hatte, war Liebe. Und hier waren die beiden wichtigsten Menschen in seinem Leben, hassten sich und hassten ihn, wo eine Familie doch eigentlich warmherzig und liebevoll sein sollte. Wenn er doch nur etwas tun könnte, um diesen furchtbaren Streit zu beenden.

Er schrie, damit sie ihn hören konnten. „Hört auf! Mama – Papa, bitte hört auf! Bitte ..."

Mit einem einzigen zornigen Stoß seines Beins ließ Papa ihn über den Boden wirbeln, so stark, dass sein Kopf fast gegen den Kaminsims geknallt wäre. Benommen, aber entschlossen rappelte er sich wieder auf, rannte quer durch das Zimmer zurück und versuchte, seinen Körper von neuem zwischen Mama und Papa zu zwängen. Er konnte jetzt seine Tränen nicht mehr zurückhalten.

Sie schienen wie ein Strom ohne Unterbrechung zu fließen. Er konnte nicht mehr richtig sehen, er konnte nur noch schreien in der Hoffnung, dass sie ihn hörten.

„Mama, bitte hör doch auf zu kämpfen! Papa, bitte, kannst du nicht ...“

Momentan vereint in ihrer Wut über seine Einmischung in ihren Konflikt, packten ihn die Erwachsenen und schleuderten ihn mit atemberaubender Härte gegen die Wand. Er bekam noch mit, wie sein Kopf dumpf gegen etwas Hartes schlug, dann wurde eine Zeit lang alles schwarz.

Als er wieder zu sich kam, kniete Mama neben ihm. Ihre Augen funkelten vor Ärger und Skepsis. „Du verfluchter Junge“, zischte sie. „Das hast du absichtlich gemacht, um uns einen Schrecken einzujagen.“

„Mama, nein! Ich war ...“

„Du hast nur so getan, du kleine Ratte ...“

„Philip, Schatz, bist du in Ordnung? Du warst ganz weit weg.“

Mitten in diese schreckliche Szene im Haus der Ilotts in Newcastle brach plötzlich Margarets Stimme herein.

Philip blinzelte etwas verwirrt und sah um sich. Er war gar nicht in Newcastle. Er saß in einer Steakbar auf der Isle of Wight. Er war auch nicht mehr fünf Jahre alt, er war erwachsen, verheiratet, der verantwortliche Priester von St. Alban's. Seine Frau saß neben ihm und machte einen besorgten Eindruck. Sie berührte seine Hand und wartete auf eine Antwort.

„Ich ... ich glaube schon, Margaret. Es war wieder so eine Erinnerung. Eine scheußliche diesmal ... wirklich scheußlich. Ich war noch ziemlich klein und ...“

Philip hielt abrupt inne, als er mit Schrecken bemerkte, dass der sanftmütige ältere Herr, der da auf der anderen Seite des Tisches zufrieden auf seinem Steak herumkaute, der gleiche Mann war, der ihn in jener Szene quer durch das Zimmer geschleudert hatte, die ihm vor ein paar Augenblicken wieder ins Bewusstsein gekommen war.

So etwas geschah inzwischen häufig, seit er mit dieser „Heilung der Erinnerungen“-Sache angefangen hatte. Er fand sich dann plötzlich dabei wieder, wie er ein Geschehnis aus der Vergangenheit noch einmal durchlebte, eine Sache, die seit dem Tag, an dem sie geschehen war, nie mehr bis in sein Bewusstsein vorgedrungen war. Die meisten dieser Erinnerungen waren schmerzhaft. Sie hatten jahrelang zugeschüttet gelegen, weil sie zu schwer gewesen waren, als dass er sich ihnen hätte stellen können.

Es war eine merkwürdige, verwirrende Erfahrung, aber er war sich sicher, dass sie von Gott kam. Sie fing auch an, einen reinigenden Effekt auf die finsteren Seiten seiner Persönlichkeit zu haben.

Zuerst war Philip sich nicht klar gewesen, wie er mit solch unzugänglichen Stellen in Berührung kommen sollte. Vielleicht hatte er die Antwort aber auch die ganze Zeit schon gewusst.

Es war Roger Pike, den er brauchte. Er schrieb einen Brief, in dem er erklärte, wo seine Probleme lagen, und bat seinen Priesterkollegen um einen Besuch; gleichzeitig schlug er einen Termin vor. Er war froh, als er den ersten Schritt getan hatte.

Es war so schwierig, anderen Heilung anzubieten, wenn man selbst Gefühle der Unzulänglichkeit hatte, aber als der Termin für Rogers Besuch immer näher rückte, fing Philip an, die Nerven zu verlieren.

Wollte er das wirklich, noch mehr unsichtbare Stücke herausmeißeln, wo auch immer sie versteckt lagen? War er nicht von Epilepsie geheilt und von Gott auf alle mögliche Weise berührt worden? Das reichte doch bestimmt, oder?

Als der vereinbarte Tag da war, war Philip das reinste Nervenbündel. Er wollte nicht schon wieder schwach und verletzlich sein. Er wollte sich nicht öffnen und Dinge erzählen und dann vielleicht zusammenbrechen, wenn es wirklich um seine Kindheit ging. Es war besser, die Erinnerungen hinten in seinem Kopf zu vergraben – und sie nie wieder hervorzuholen.

Margaret wusste, dass Philip kneifen würde, wenn Roger kam, ebenso, wie er vor seiner Heilung kneifen wollte. Und sie hatte Recht. Er lief wortwörtlich davon. Er lief aus dem Haus und die Stufen hinunter und blieb nicht eher stehen, bis er unten in einer schattigen Ecke ein Versteck gefunden hatte. Das Herz in seiner Brust schlug wie ein Hammer. Da kauerte der große Heiler und betete, dass sein Besucher aufgeben würde, auf ihn zu warten, und wieder nach Hause fuhr.

Margaret schickte Roger los, um Philip zu suchen. Sie vermutete schon, dass er in tieferen Gefilden Zuflucht gesucht hatte. Der Priester stieg die ganzen Stufen bis nach unten hinab, wobei er bei einer Gelegenheit sogar an dem Mann, den er suchte, vorbeiging, und sodann den Weg wieder hinauf, um Margaret zu sagen, dass seine Suche erfolglos geblieben wäre.

Philip drückte sich noch eine ganze Weile in der Nähe seines Verstecks herum und tat jedes Mal, wenn er auf den Stufen jemanden traf, so, als wäre er auf dem Weg hinauf oder hinunter. Es waren elende eineinhalb Stunden, die nicht enden wollten. Schließlich, mit langsamen, widerstrebenden Schritten, machte er sich auf den langen Aufstieg zurück zum Haus.

Roger war inzwischen gegangen und Margaret wirklich sauer. Was um alles in der Welt, tobte sie, hatte es für einen Sinn, jemanden zum Mittagessen einzuladen, weil man seine Hilfe brauchte, ihn den ganzen Weg von England herüberzuholen, wenn man dann wie ein ängstliches Kaninchen verschwand, sobald er auftauchte? Ganz zu schweigen von der Tatsache, fügte sie spitz hinzu, dass sie, Margaret, die Alleinunterhalterin spielen und schwächliche Erklärungen für das exzentrische Verhalten ihres Ehemannes abliefern durfte? Wollte er jetzt Hilfe oder nicht? Und wenn ja, was wollte er dafür tun?

Margaret wurde nicht oft wütend, aber wenn, dann hatte sie fast immer Recht. Philip schämte sich sehr und war sehr unglücklich. Wieder einmal, als er geglaubt hatte, dass sich die Dinge wirklich zum Besseren gewendet hatten, sah er sich einer inneren Schwachheit gegenüber, die im groben Widerspruch zu seiner Arbeit zu stehen schien. „Es tut mir wirklich Leid, Darling", sagte er mit Tränen in den Augen. „Ich konnte es einfach nicht ertragen, die Wahrheit über mich selbst herauszufinden. Ich habe wirklich keine Ahnung, was da am Ende rauskommt."

Ein oder zwei Tage später rief Roger ohne jeden Groll und mit viel Verständnis bei Philip an, um ihm zu versichern, dass er bereit wäre, eine zweite Reise nach Ventnor zu riskieren, wenn dies gewünscht wäre. Philip wusste, dass das Problem nicht gelöst würde, bevor er sich nicht tatsächlich mit Roger traf; sein eigener geistlicher Instinkt und Margarets dezente Hinweise ließen da keinen Zweifel. Er nahm also allen Mut zusammen und lud Roger noch einmal ein.

Dieses Mal schaffte er es, nicht wegzulaufen.

Alle drei, Roger, Philip und Margaret, saßen am vereinbarten Tag im Wohnzimmer des Pfarrhauses, ein wenig nervös, aber fest entschlossen, die Sache durchzustehen, was auch immer es sein mochte.

Roger salbte Philip mit Öl und betete währenddessen, dass sein Priesterkollege Frieden haben möge, um auf das zu hören, was Gott ihm durch seinen Heiligen Geist zeigen wollte. „Philip", sagte er leise, „wir müssen jetzt Jesus bitten, in die Vergangenheit hineinzugehen – in deine Vergangenheit. Wir glauben, dass das, was die Bibel über ihn sagt, dass er der Gleiche gestern, heute und für immer ist, wahr ist in jeder Beziehung. Ich kann dir versichern, dass er heilen und helfen kann bei den Dingen, die dir aus deiner Vergangenheit immer noch Probleme bereiten. Was wir jetzt tun müssen, ist ganz einfach, ein wenig über deine Kindheit reden und die Dinge, an die du dich erinnerst, die dich verletzt haben könnten. Dann wird der Herr dir die Dinge ins Gedächtnis zurückrufen, an die du dich nicht erinnerst."

Philip wollte kooperieren, aber er schaffte es einfach nicht. Es war so, als ob die schlimmsten seiner Erinnerungen irgendwie in die tragenden Mauern seiner Persönlichkeit eingebaut wären. Wenn er zuließe, dass sie entfernt – herausgeschlagen – würden, wäre es dann nicht möglich, dass das ganze Gebäude seiner Identität zusammenbrach? Er war nicht in der Lage, Roger auch nur eine Sache zu nennen. Gleichzeitig ärgerte er sich sehr über sich selbst. Es schien, als ob er seit seiner Bekehrung diese Szene immer und immer wieder gespielt hätte. Zwei Schritte vor und drei zurück. Vermeintliche Befreiungen gefolgt von der unvermeidlichen Erinnerung, dass, während Gott wundervolle Dinge durch ihn tun konnte, er als Mensch noch einen sehr langen Weg vor sich hatte.

Roger war angesichts dieser zeitweiligen Unfähigkeit, alte Erinnerungen loszulassen, nicht beunruhigt. Er legte seine Hände auf Philips Kopf und betete, dass sein Freund sich entspannen konnte und dann in der Lage sein möge, die Vergangenheit loszulassen.

Philip vertraute darauf, dass dieses Gebet erhört würde, trotz der Tatsache, dass er in Rogers Gegenwart verstummt war, und wartete mit etwas Bangen darauf, was passieren würde.

Er musste nicht lange warten. Innerhalb weniger Wochen nach Roger Pikes Besuch geschahen außergewöhnliche Dinge in Form von Bildern. Lebhaft, wie Bilder auf einem Fernsehbildschirm, blitzten ganze Sequenzen bislang nicht mehr erinnerter Erfahrungen vor seinen Augen auf. Noch dramatischer war es, wenn – wie bei der Szene mit dem Kampf im Wohnzimmer – er wieder in das Kind, das er einmal war, hineinzuschlüpfen schien und das Ereignis noch einmal erlebte, als ob es gerade geschähe. Es konnte während eines Essens passieren oder während er mit der Familie zusammen war oder in der Kirche und ihn einfach für einige Minuten in Beschlag nehmen.

Glücklicherweise begriff Margaret, was da geschah, wenn Philip so ganz abwesend schien. Sie drückte dann so lange still seine Hand, wie dieses Erlebnis andauerte, und erinnerte ihn wieder sanft daran, dass er umgeben war von Leuten, die ihn liebten, wenn er in die wirkliche Welt zurückkehrte.

Er entdeckte auch, warum es ihm so schwer fiel, Geschenke zu öffnen. Es hatte mit etwas anderem zu tun, was als Junge geschehen war.

Es war sein Geburtstag und er war ganz aufgeregt. Mama hatte ihm gesagt, dass sie für den Morgen seines Geburtstags eine besonders schöne Überraschung hatten. Schöne Überraschungen gab es in Philips Haus selten. So konnte er es kaum aushalten, als er aufwachte. Was sollte das für eine Überraschung sein? Unten aß er sein Frühstück mit übertriebener Eile und wartete dann gespannt, was jetzt geschehen würde.

Mama und Papa waren beide da. Sein Geburtstagsgeschenk, eingepackt in Geschenkpapier mit leuchtenden Farben, lag auf dem Tisch und wartete darauf, ein wenig später von ihm ausgepackt zu werden. Mama lehnte sich zurück, nahm sich eine Zigarette mit dem langen schwarzen Mundstück und zündete sie an. Sie sog den Rauch in ihren Mund und blies ihn dann in einem langen dünnen Strom Richtung Decke. Dann redete sie. „Papa geht mit dir ins Schwimmbad, Philip. Das ist die Geburtstagsüberraschung."

Philip merkte, wie das Blut aus seinem Gesicht wich. Enttäuschung und Angst wechselten sich in Schwindel erregender Geschwindigkeit ab. Ins Schwimmbad? Er hasste Schwimmen! Mama wusste doch, welche Angst er vor Wasser hatte. Vor kurzem war er erst heftig mit seinem Kopf aufgeschlagen, als jemand ihn im Schwimmbad mit einem Seil durch das Wasser gezogen hatte. Schwimmen zu gehen wäre keine schöne Überraschung, es war eher eine Strafe. Warum hatte sie sich das Schwimmbad ausgesucht? Warum? Seine Lippen bewegten sich stumm, während er nach Worten suchte. Er wollte nicht schwimmen gehen, aber wenn er das Mama sagte, würde sie wütend auf ihn sein. Sie würde ...

„Na? Was sagst du? Freust du dich nicht?"

„Ich – ich gehe eigentlich gar nicht gerne schwimmen, Mama. Muss ich schwimmen gehen?" Seine Stimme war kaum mehr als ein Flüstern.

Die Explosion, die folgte, war schlimmer als alles, was er erwartet haben mochte. Mama schrie und kreischte, er sei undankbar und egoistisch und viele andere schlimme Dinge.

Papa blieb die ganze Zeit still. Er versuchte hin und wieder, etwas zu sagen, aber er schaffte es nicht.

Philip ließ einfach alles stumm über sich ergehen. Mama wurde immer wütender, bis sie, in dem Moment, wo ihr die kränkenden Vorwürfe ausgegangen zu sein schienen, sein Geburtstagsgeschenk vom Küchentisch nahm und es ihm hinhielt. Unsicher, was zu tun sei, erhob er sich ein Stück von seinem Stuhl und zuckte mit seiner Hand nervös ein paar Zentimeter in ihre Richtung.

„Du holst dir besser dein verdammtes Geschenk ab, du undankbarer kleiner Bengel!"

Sie zog ihren Arm zurück und warf das Päckchen so fest sie konnte in Philips Richtung. Sie verfehlte ihn und das Geschenk knallte hinter seinem Kopf gegen die Wand und fiel dann auf den Boden.

„Na, dann mach es doch auf!", rief Mama. „Oder willst du das auch nicht haben? Ich weiß nicht, warum wir überhaupt noch was für dich tun sollten!"

Und ob Philip sein Geschenk wollte. Er wollte es sogar sehr. Er wusste, was es war, und er hatte sich sogar noch mehr auf sein Geschenk als auf die „schöne Überraschung" gefreut. Es war eine Armbanduhr, seine allererste. Er hatte sich vorgestellt, wie er sie trug und ab und zu einen flüchtigen Blick auf sie warf, nur um zu kontrollieren, wie die Zeit verging. Er wollte diese Uhr so sehr, dass es wehtat. Während er aufstand, murmelte er etwas, drehte sich herum und beugte sich nach unten, um das Päckchen vom Boden aufzuheben. Als er wieder am Tisch saß, fummelte er mit den Knoten und dem Papier herum, bis die Uhr offen vor ihm lag.

Sie war in viele Stücke zerbrochen.

„Das ist deine eigene dumme Schuld!", sagte Mama und zog noch einmal an ihrer Zigarette.

Philip heulte den Rest des Tages über. Obwohl das eigentliche Geschehen mit der Uhr aus dem vorderen Teil seines Gedächtnisses verschwand, fürchtete und misstraute er von jenem Tag an bunt verpackten Geschenken.

Einige Erinnerungen waren winzige, kurze Einblicke, wie Standfotos. Er sah sich, wie er als Strafe in einen dunklen Schrank eingeschlossen wurde; wie er durch die Gitterstäbe seines Kinderbettchens sah, als er noch ganz klein war, und sich so sehr wünschte, dass Mama nicht mehr böse auf ihn war und ihn hinausholen würde, um ihn an sich zu drücken; wie er mit ihr im Bett lag, als Papa draußen im Krieg war, wie er sich nach ihrer Liebe sehnte, aber furchtbare Angst hatte vor dem, was ihr der Ausdruck dessen zu sein schien; und es gab geistige Schnappschüsse von ihm als Baby, wie er seinen durchgehenden, blauen, selbst gestrickten Strampelanzug anhatte mit den weißen Knöpfen vorne dran.

Es war ein außergewöhnliches visuelles Album seines frühen Lebens. Und er wußte, dass Jesus alles kannte und hervorgeholt hatte. Er bohrte nie nach den Erinnerungen, kratzte nie den „Schorf" von den alten, versuchte nie, die neuen Offenbarungen zu analysieren oder ihre Bedeutung zu erfassen. Er versuchte nie, seine neuen Erfahrungen festzuhalten. Er ließ sie wieder fahren. Während die einzelnen Eindrücke kamen und gingen, blieb Frieden zurück, und in einem weiteren kleinen Gebiet war Heilung eingekehrt.

Zwangsläufig hatte dieser Mentoren- und Heilungsprozess Einfluss auf die Art und Weise, wie Philip anderen Menschen diente, indem er sein Verständnis für ihre Nöte vergrößerte und vertiefte und indem er seine Erwartung verstärkte, dass Gott anderen helfen würde.

Ohne Zweifel war die wichtigste Folge von Roger Pikes Gebet für Philip eine Begebenheit im Hügelland von Ventnor, als Philip den Eindruck hatte, seiner Mutter zu begegnen, und er ihr vergab. Jener Moment, als sie kurz vor ihrem Tod zusammen geweint hatten, hatte ihm viel bedeutet, aber die Worte waren nicht gesprochen worden. Mit ihrem Tod schien diese Möglichkeit vertan.

Eines Tages, etliche Monate nach dem Tod seiner Mutter, wanderte Philip zusammen mit dem Familienhund, einem Pudel namens Nicky, durch das Hügelland. Nicky war eine gutmütige Kreatur, die den Kindern nach der Mitternachtsmesse am Heiligen Abend präsentiert worden war. Sein Name war, eigentlich nahe liegend, eine Kurzform von „St. Nikolaus". Mel und Paul verliebten sich auf der Stelle in das kleine weiße Flaumbündel, und er wurde zum Liebling aller. Philip genoss es besonders, eine gute Ausrede zu haben, um regelmäßig durch die sanft geschwungene Landschaft zu wandern. Oft betete er laut und auf eine sehr persönliche Art und Weise zu Gott, während Nicky auf der Suche nach Kaninchen herumlief und -schnüffelte. Der Frieden, die Weite des Himmels über ihm und des Meeres unter ihm hatten etwas, das Dinge aus seinem Innersten zutage fördern konnte.

An diesem Tag, einem sonnigen Morgen im späten Frühling, war Philip bereits auf dem Heimweg, als er merkte, wie er laut zu seiner Mutter redete. Ein Gefühl von tiefer Traurigkeit erfüllte ihn, als er sich wieder einmal die Unvollkommenheit ihrer Beziehung vor Augen hielt. Die Worte purzelten so aus ihm heraus. „Oh Mutter, wenn wir doch nur die Zeit gehabt hätten, die Dinge in Ordnung zu bringen ... du weißt, wie gerne ich das klären wollte.

Wenn ich dir das doch jetzt nur sagen könnte – wenn ich es nur könnte!"

„Aber ich weiß es doch – ich weiß, dass du dich so fühlst ..."

Die Stimme, die Philip da geantwortet hatte, war nicht akustisch hörbar, aber sie bahnte sich ihren Weg mit solch einer Durchschlagskraft und Klarheit in sein Bewusstsein, dass er auf seinem Weg entlang der Klippen abrupt stehen blieb, fassungs- und bewegungslos, als er merkte, dass seine Mutter ihm antwortete.

Menschliche Wesen sind komische Kreaturen. In genau jenem Moment bemerkte Philip, dass Nicky sich diesen Fleck als Hundeklo ausgesucht hatte. Wenn das nicht eines heiligen Momentes unwürdig war ... Er ging auf das kauernde Tier zu, hielt aber plötzlich inne, als er merkte, wie absurd seine Reaktion war. Während er sich zur See wandte, wurde ihm bewusst, dass Tränen die weiße und blaue Tünche vor ihm zu verwischen begannen.

„Du kannst mich hören ...?"

Die Stille war warm und empfänglich. Er redete weiter.

„Du kannst mich hören, wenn ich zu dir rede und sage, wie Leid mir das alles tut – die Sachen, die du gemacht hast. Ich möchte, dass du das weißt: Ich verstehe, dass du nicht anders konntest, als du selbst zu sein, und ich vergebe dir – ich vergebe dir wirklich."

„Ich weiß, dass du das jetzt verstehst", sagte die Stimme, „und ich verstehe es jetzt endlich auch. Ich liebe dich, Philip."

„Ich liebe dich, Mama! Ich liebe dich!"

Während Philip mit Nicky nach Hause stolperte, heulte er vor Freude über eine solch unerwartete Versöhnung. Beim Frühstück erzählte er Margaret, was passiert war, und beide weinten vor Glück. Es schien, als ob Edith Ilott durch ihren Tod ermöglicht hatte, dass Philip mit ihr in einer neuen Erfahrung der Mutter-Sohn-Beziehung leben konnte. Er merkte, wie er sich enorm darauf freute, sie eines Tages wieder zu treffen.

Bedauerlicherweise war er unfähig, eine ähnliche Versöhnung mit seinem anderen, noch lebenden Elternteil zu erfahren. Philips Groll ging sehr tief. Er sah sich außer Stande, seinem Vater zu vergeben. Im Gegenteil, er hielt Abstand von ihm, eine Distanz, die nie so ganz überbrückt wurde. Seine Bitterkeit wegen der

Schwäche seines Vaters in früheren Jahren war ein Gebiet, das während jener Zeit sicherlich nicht geheilt wurde, nicht zuletzt deshalb, weil es zwischen den beiden Männern außer auf eine recht oberflächliche Art und Weise kaum einmal zu einem Gespräch kam.

Philip sprach nie mit seinem Vater über die Heilung seiner Erinnerungen, trotz des bohrenden Bewusstseins, dass er diesem sehr zurückgezogenen, einsamen Mann, der gegenüber der Familie so großzügig und gegenüber seinen zwei Enkeln so liebevoll war, möglicherweise sehr mit der Nachricht geholfen hätte, dass die Vergangenheit nicht unwiederbringlich verloren war.

Auf der anderen Seite erwähnte Philips Vater nie seine Frau, noch ging er auf irgendwelche Fragen oder Kommentare ein, die sie betrafen. Seine Trauer war sehr vielschichtig. Gelegentlich bemerkte Philip bei einem Bild oder einem Musikstück: „Das hätte Mutter gefallen, findest du nicht?", aber es kam nie auch nur die Spur einer Reaktion. Es gab keine Fotografien von Edith Ilott in dem Zimmer, das ihr Mann jetzt bewohnte; keine Andenken, keine Erinnerungen, nichts deutete darauf hin, dass sie in seinem Leben eine so große Rolle gespielt hatte. Was er in der Rückschau über seine Frau dachte, wusste niemand so genau.

* * *

Als Philip sein siebtes Jahr auf der Isle of Wight vollendete, hatte er immer noch einige spitze Stacheln in seinem Fleisch, aber es war eine sehr lohnende Zeit gewesen, besonders, was seine geistliche Entwicklung anging. Menschen wurden geheilt, Gottes Wirken war überall sichtbar und Philip erhielt endlose Anfragen. Es war belebend und spannend – sieben fette Jahre, und es schien keinen Grund zu geben, warum die nächsten sieben Jahre nicht genauso gut oder sogar noch besser werden sollten.

## 12. Kapitel

# Die „Filymead-Erfahrung"
## (1978-1981)

---

„Eins sag ich Ihnen, Pater, wenn Sie gehen, ist das, wie wenn die Gegenwart Gottes von unseren Straßen verschwindet."

Die Worte stammten von dem Postvorsteher des Dorfes. Philip war verblüfft – verblüfft und tief bewegt. Der Mann, der ihm da gerade fünf Zweite-Klasse-Briefmarken verkauft hatte, war kein Kirchgänger, und dies war das erste Gespräch, das sie je geführt hatten, das auch nur annähernd mit Religion zu tun hatte.

„Es ist sehr nett, dass Sie das sagen", antwortete er, und seine Stimme klang etwas belegt. „Ich will bestimmt nicht weg. Im Gegenteil, ich glaube, ich hätte nichts dagegen, für immer auf dieser Insel zu bleiben – ganz bestimmt . . ."

Es war die Wahrheit. Er hatte St. Alban's nie verlassen wollen, aber jetzt lag die Entscheidung nicht mehr bei ihm. Gegen Ende seines siebten Jahres auf der Isle of Wight stattete Philip der Hauptinsel einen Besuch ab, um dem Bischof von Portsmouth einen Vorschlag zu unterbreiten. Seit einiger Zeit war er von der Notwendigkeit überzeugt, irgendwo im Pfarrbezirk von St. Alban's ein Erholungszentrum für hauptamtliche Kirchenmitarbeiter einzurichten. Viele Geistliche machten früher oder später in ihrem Beruf Stresserfahrungen, und häufig war der Letzte, dem sie ihre Probleme anvertrauen wollten, eine offizielle Person oder Institution. Philip kannte das Gefühl, weglaufen zu wollen, nur zu gut, und hoffte, auf diese Weise eine Umgebung zu schaffen, in der sich seine Priesterkollegen entspannen konnten, nicht verurteilt wurden und – wenn sie wollten – professionelle Hilfe finden konnten. Er sollte der Kaplan sein. Die Idee begeisterte ihn.

Philip saß in Portsmouth im Haus des Bischofs, balancierte seine

Notizen auf den Knien und erläuterte das Projekt mit der ihm eigenen Begeisterung und Gründlichkeit.

Als er fertig war, folgte eine kurze Stille.

„Um ehrlich zu sein, Philip", sagte der Bischof, „ich dachte, Sie wären aus einem anderen Grund zu mir gekommen."

„Wie bitte?", fragte Philip völlig überrascht.

„Sie sind seit nahezu sieben Jahren in St. Alban's. Das ist länger als jeder andere Priester vor ihnen in den letzten dreißig Jahren. Ich dachte, Sie hätten mich um eine Versetzung bitten wollen."

„Nein", antwortete Philip, „ich bin wegen dieser Idee mit dem Erholungszentrum zu Ihnen gekommen. Ich möchte wirklich nicht weg. Ich bin sehr glücklich, dort, wo ich bin."

„Nichtsdestotrotz", fuhr der Bischof fort, „glaube ich, Sie sollten sich das mit dem Umzug einmal überlegen. Ich wollte Sie ohnehin bitten, mich zu besuchen, um genau diese Sache mit Ihnen zu besprechen."

Von diesem Moment an schien es Philip, als ob die Würfel gefallen wären. Es kam zu weiteren Gesprächen mit dem Archidiakon der Insel und mit Philips Kirchenrat wegen der Notwendigkeit eines Hauses für Geistliche und wegen der Tatsache, dass die Realisation einer solchen Vision recht unwahrscheinlich wäre, wenn Philip sich nicht darum kümmerte.

Aber der Druck umzuziehen wurde überwältigend.

Die Autoritäten der Kirche, beeinflusst vielleicht durch die Tatsache, dass einige Geistliche der Isle of Wight enorme Schwierigkeiten mit den Erweckungstendenzen in Philips Dienst hatten, beharrten darauf, dass für Philip die Zeit gekommen war, sich einen eigenen Pfarrbezirk zu suchen.

Vergeblich erkundigte sich Philip nach freien Stellen in der gleichen Diözese, aber es schien, als ob es keine anglo-katholischen Kirchen gab, die einen Geistlichen suchten, und erst recht keinen, der das charismatische „Paket" mit sich brachte.

Philip war wütend wegen des Zentrums für Geistliche, das nun mit höchster Wahrscheinlichkeit nie gebaut werden würde, wenn er St. Alban's verließ, und furchtbar traurig, die Pfarrei und die Insel verlassen zu müssen. Es hätte aber auch keinen Sinn gemacht, die Sache einfach schleifen zu lassen. Um seiner Pfarrei und seiner eigenen Familie willen musste er in einem anderen Teil des Landes nach einer Stellung suchen.

Er und Margaret beteten natürlich, wie sie das immer taten, um Führung, aber für beide war es im Nachhinein schwierig zu verstehen, warum Gott die drei dunklen Jahre zuließ, die nun folgten. Nachdem diese Zeit vorbei war, gaben sie ihr einen Namen. Sie nannten sie die „Filymead-Erfahrung".

Filymead war je nach Sichtweise eine kleine ländliche Stadt oder ein großes Dorf, rund viereinhalbtausend Seelen, von denen viele extrem wohlhabend waren. Es lag mitten in der herrlichen Landschaft von Sussex und bestand aus einigen ziemlich eleganten Läden, drei oder vier baumbestandenen öffentlichen Häusern, ein paar wunderschön erhaltenen Gebäuden aus warmen roten Backsteinen und einer Anzahl von recht ansehnlichen Sozialwohnungen am Rande des Dorfes.

Die Pfarrkirche war ein imposantes Gebäude, in einem guten Zustand und wunderschön gleich oberhalb der High Street gelegen, fast gegenüber von dem Pfarrhaus auf der anderen Straßenseite, das aus zwei reizenden hölzernen Landhäusern bestand, die man zusammengelegt hatte.

Der erste Eindruck des Dorfes rief bei Philip, der bereits ein eingehendes Vorstellungsgespräch in Oxford über sich hatte ergehen lassen, bevor er zu einem zweiten nach Filymead eingeladen wurde, Bewunderung hervor. Er fand es wunderschön. Während sein erster Tag im Pfarrbezirk so verging, fing er jedoch an, sich etwas Sorgen zu machen. So attraktiv das ganze Umfeld auch war, es gab kaum Zweifel, dass St. Brandon's eine Kirche war, die großes Interesse an einem geselligen Miteinander hatte, ein Ort, wo große Musikfestivals stattfanden und gemeinschaftliche Aktivitäten häufiger und bedeutender waren als geistliche. Alle Leute, denen er vorgestellt wurde, waren entweder sehr wohlhabend oder gehörten zur oberen Mittelschicht.

Philip war angesichts der Größe und der Qualität der beiden Häuser der Kirchenvorsteher wie benommen. Ihr vermögender, eleganter Lebensstil war außerhalb seiner eigenen Erfahrung, und es mochte mehr als nur ein wenig bedrohlich erscheinen, wenn von ihm erwartet wurde, dass er seinem Vorgänger nacheiferte.

Der letzte Amtsinhaber war, wie es schien, ideal gewesen; ein Mann, der mit kühler und zivilisierter Effizienz Dinner- und Cocktailpartys geben konnte. Ein hervorragender Verwalter, der starke Beziehungen zu anderen Kirchen des Dorfes geschmiedet und erfolgreich Hindernisse zwischen hochkirchlichen und evangelikalen Tendenzen in seiner eigenen Pfarrei niedergerissen hatte. Ein allein stehender Mann mit genau jener sozialen Kompetenz, die die Kirchenvorsteher bei der Person zu finden hofften, die sie an seiner Stelle ernennen würden. Dabei solle man auch bedenken, betonte einer der Vorsteher gegenüber Philip, dass der nächste Pfarrer von Filymead sehr wahrscheinlich in nicht allzu weiter Ferne zum Landdekan ernannt werden würde.

Philip hatte von Cocktailpartys keine Ahnung, er hatte keine Verwaltungsgabe und wollte auch kein Landdekan werden. Außerdem hatte er ernsthafte Zweifel, ob er diese Rolle einer Galionsfigur spielen konnte, und noch größere Zweifel, ob er das überhaupt wollte, selbst wenn er es konnte.

Dann gab es da das Transportproblem. Der Pfarrbezirk hatte eine Fläche von über 25 Quadratkilometern und Philip besaß immer noch keinen Führerschein.

„Sie können doch Auto fahren, oder?", hatten sie ihn gefragt.

„Ich selbst habe kein Auto", hatte Philip eher ausweichend geantwortet, „aber mein Vater kann mich überall hinfahren, wo ich hinmuss."

Als er an jenem Abend wieder zu Hause war, beschrieb er Margaret seinen Tag in allen Einzelheiten. Wie er es erwartet hatte, war sie von der Sache mit der Galionsfigur nicht im Mindesten beeindruckt, aber es war ja auch noch gar nicht klar, ob ihm der Job überhaupt angeboten würde.

Ein paar Tage später nahm der Bischof mit Philip Kontakt auf, um ihm zu sagen, dass die Vorsteher von Filymead ein wenig beunruhigt wären wegen einiger seiner Bemerkungen über den „Heilungsdienst" und die „Lobpreisgottesdienste" und ein oder zwei andere merkwürdige Dinge. Ob Philip versichern könne, wollte der Bischof wissen, dass er sensibel mit der Gemeinde umginge, wenn man ihm die Stelle anböte?

„Natürlich", erwiderte Philip. „Natürlich wäre ich sensibel."

Innerhalb von einer Woche erhielt er ein förmliches Angebot, der nächste Pfarrer von St. Brandon's in Filymead zu werden, sobald er in der Lage wäre, die Stelle anzutreten.

Er nahm an.

Warum hatte er sich entschieden, nach Filymead zu gehen? Das war die Frage, die Philip sich während der folgenden Jahre oft stellte. Vielleicht deshalb, weil er sich geschmeichelt fühlte? Ja, schon möglich. Er war der vierte Bewerber für die Stelle und die anderen waren alle abgelehnt worden. Jene reichen, weltgewandten Leute hatten sich entschlossen, dass er, Philip Ilott, das hatte, was man brauchte, um die gesellschaftlichen Räder in dieser besonders feinen Pfarrei am Laufen zu halten.

Dann war da die Aussicht, Landdekan zu werden. Es stimmte, Philip war eigentlich gar nicht auf Beförderung an sich aus, nicht, nachdem er wirklich Gott am Werk gesehen hatte. Aber da war noch immer genug von dem alten statusverliebten Perfektionisten in ihm, der dieser Vorstellung nicht abgeneigt war, zumal die Annahme seiner Bewerbung bedeutete, dass es tatsächlich Realität werden würde.

Sich geschmeichelt zu fühlen, spielte also tatsächlich eine Rolle. Aber es gab auch noch andere Gründe.

Zu jener Zeit benutzte der örtliche Suffraganbischof die Kirche in Filymead als sein Episkopalzentrum und hielt regelmäßig Ordinationsgottesdienste in St. Brandon's ab. Philip hatte den Eindruck, dass seine spezielle Art von Dienst für junge Leute sein könnte, die sich auf eine lebenslange Arbeit in der Kirche vorbereiteten. Auch die starke musikalische Tradition, die es in Filymead gab, übte eine starke Anziehungskraft auf ihn aus, obwohl er sich bewusst war, dass die Wurzeln und der Ausdruck dieser Tradition eher säkular als geistlich waren.

Aber weder zum damaligen Zeitpunkt noch später war es möglich, die eigentlichen Faktoren, die zu seiner Entscheidung geführt hatten, herauszufiltern. Gewollt zu sein ist natürlich in sich schon ein starker Anreiz und nicht unbedingt ein falscher. Philip war besonders erfreut über die vertrauliche Bemerkung des Bischofs am Telefon, er sei es leid, dass die Vorsteher von St. Brandon's die ganze Zeit die Bewerber abschmetterten, und er sei deshalb echt froh, dass Philip den Job bekommen hätte.

Es war Herbst, und Philip entschloss sich, Ventnor rechtzeitig zu verlassen, um in seiner neuen Gemeinde noch an den Weihnachtsfeierlichkeiten und -freuden beteiligt zu sein. Gleichzeitig konnte er so auch die Trauer vermeiden, die damit verbunden war, alte Freunde in solch einer bewegten Jahreszeit zu verlassen.

Aber zunächst einmal musste er es ihnen überhaupt sagen, dass er ging.

Am Abend vor dem Sonntag, an dem er seine Pläne bekannt geben wollte, schrieb Philip einen gleich lautenden Brief an alle Mitglieder des Kirchenrates, in dem er ihnen seine Pläne unterbreitete, ebenso Einzelheiten seiner neuen Kirche und das Datum (13. Dezember 1978), an dem er in Filymead eingeführt werden sollte. Später, als es dunkel war, bat er seinen Vater, ihn durch den Bezirk zu fahren, sodass er die Briefe verteilen konnte. An jedem einzelnen Haus der Kirchenratsmitglieder schlich Philip, Qualen der Anspannung leidend, so leise und so schnell er konnte an die Haustüre, steckte den Umschlag in den Briefkasten und lief beinahe panisch und auf Zehenspitzen zurück zum Auto, bevor irgendjemand die Türe öffnen und ihn dort vorfinden konnte.

Während des Gottesdienstes am folgenden Morgen verkündete er seine Pläne den schockierten Gottesdienstbesuchern. Die allgemeine Reaktion war gekennzeichnet von tiefer Bestürzung, und während sich die Nachricht verbreitete, wurde klar, dass der Mann in der Dorfpost keinesfalls der einzige Nichtkirchgänger war, der den Priester von St. Alban's vermissen würde. Die für Philip so charakteristische Energie und seine harte Arbeit hatten ihn mit Menschen auf der ganzen Insel in Kontakt gebracht, seine strahlende Begeisterung hatte bei jedem von ihnen einen tiefen Eindruck hinterlassen.

Die nächsten Wochen waren hart für die Ilotts. Aufgebaut durch die Liebe und das Bedauern, die ihnen als Folge der Nachricht ihrer Abreise entgegengebracht wurden, fürchteten sich Philip und Margaret doch davor, die Insel zu verlassen und woanders noch einmal ganz von vorne anzufangen. Mel und Paul, die wie die meisten heranwachsenden Kinder sowohl in ihrer Schule als auch in ihrer Umgebung fest verwurzelt waren, waren völlig am Boden zerstört, als sie hörten, dass sie zu diesem schrecklichen Ort namens Filymead ziehen und all das zurücklassen mussten, was sie kannten und was ihnen vertraut war. Philips Vater hatte sein Bestes getan, um die Sache positiv zu sehen, und bot großzügig an, das neue Pfarrhaus auf seine Kosten vollständig renovieren zu lassen. Aber auch er hatte eine Art Frieden in Ventnor gefunden und war ebenso besorgt wegen des Umzugs wie alle anderen.

Es war eine furchtbare Zeit. Philips letzter Gottesdienst, eine Eucharistiefeier mitten in der Woche, war der schwierigste von allen. Er betrat die Kirche aus der Sakristei auf der Nordseite zusammen mit den Ministranten und den Akolythen, die den Weihrauch und die Kerzen trugen. Die Menge der Leute in der Kirche ließ ihm den Atem stocken. Jeder Platz war besetzt, auf den Gängen standen die Leute, alle fest entschlossen, den scheidenden Priester durch seinen letzten Gottesdienst auf der Woge ihres guten Willens und ihrer Gebete zu tragen. Mit einiger Schwierigkeit bahnte sich Philip seinen Weg durch die Kirche. Schließlich stand er vorne und stimmte das erste Lied an: „Vorwärts! Dies sei unsere Parole …"

Dann die Predigt. Er redete von Maria, der Mutter Jesu, und wie sie ihre wahre Berufung am Kreuz entdeckt habe. Auch er würde seinen neuen Ruf am Kreuz erhalten. Er wolle nicht gehen, aber der Kelch sei nicht an ihm vorübergegangen. Mit schwacher Stimme fügte er hinzu, dass er kürzlich die äußerst unerfreuliche Nachricht erhalten habe, dass St. Alban's nun keinen eigenen Priester mehr haben würde. Der Pater von Godshill würde sich um beide Kirchen kümmern. Es war Teil eines Wirtschaftlichkeitsprogramms. So konnte man ein Gehalt einsparen …

Dann der Friedensgruß. Das Schwierigste von allem. Es war so schwer, auf das Meer von Gesichtern hinauszublicken und zum letzten Mal zu sagen: „Lasst uns einander ein Zeichen des Friedens geben." Er nahm allen Mut zusammen gegen den Schmerz, den es bedeuten würde, Lebewohl zu sagen, und ging hinab in das Schiff der Kirche, um den Menschen die Hand zu schütteln, sie zu küssen und zu umarmen, jene Menschen, die schon bald Teil seiner Vergangenheit sein würden. Überall, wo er hinging, gab es verweinte Gesichter, verwässertes Lächeln, liebevolle Arme. Irgendwie schaffte er es zurück zum Altar, ohne in Tränen auszubrechen, obwohl es knapp war.

Die ganze Familie Ilott stand nach dem Gottesdienst an der Tür und schüttelte den Besuchern beim Hinausgehen die Hand. Dann ging es hinüber zum Gemeindesaal auf der anderen Seite der Stufen zu einer Abschiedsfeier, die ebenso voll war wie der Gottesdienst. Außer den Angehörigen von St. Alban's waren Leute aus einer Vielzahl anderer Denominationen da. Pfingstler, Angehörige der römisch-katholischen Kirche, Baptisten, alle vereint durch Philips Dienst. Es gab Geschenke und Reden.

Philip war zu aufgewühlt, um viel sagen zu können, aber er musste all diesen Leuten, die zu seinem Abschied gekommen waren, etwas sagen. „Aus tiefstem Herzen danken wir Ihnen für Ihre Liebe und befehlen Sie der Liebe Gottes an, weil wir nicht wissen, wie Ihre Zukunft aussehen wird ..."

Am nächsten Morgen, dem Morgen, an dem die Ilotts nach Filymead zogen, merkte Philip beim Aufwachen, dass Gott die Isle of Wight mit einem Wolkenbruch taufte, der es mit dem aufnehmen konnte, der damals auf der Zugfahrt von Chester nach London gewütet hatte. Diesmal gab es jedoch keine süße Vorfreude, nur kaltes Grauen.

Als sie sich gerade anschickten, das Pfarrhaus zum letzten Mal zu verlassen, kam unerwarteter Besuch. Edwin Curtis, ein großer, weißhaariger Mann in den frühen Siebzigern, mit blauen, zwinkernden Augen und buschigen Augenbrauen, war Bischof im Ruhestand, ein sehr weiser und liebenswürdiger Mann. Als er an jenem Morgen mit seiner Frau zum Pfarrhaus kam, beide patschnass vom Regen, verkündete er, er sei gekommen, um noch einmal mit den Ilotts zu beten, bevor sie gingen. Während sie alle auf dem Boden des trostlosen, entblößten Flurs knieten, erhielt jedes einzelne Mitglied der Familie einen Segen von Edwin, der schließlich in ihrem Namen mit einem Gebet für die Gemeinde schloss.

Dann ging es im Auto von Philips Vater los, fünf Personen, ein Hund und einige Gerbera, Richtung Fähre. Die Überfahrt nach England war äußerst rau, weil der Sturm unvermindert anhielt. Der Regen verwischte draußen alles, einschließlich der dunklen Masse der Isle of Wight. Philip war das egal. Sieben Jahre seines Lebens lagen hinter ihm. Wenn er zurückgeschaut hätte, hätte er geheult.

Die erste Nacht in Filymead war nicht so schlimm, wie Philip befürchtet hatte. Man hatte schon die Heizung aufgedreht, sodass das Haus behaglich warm war. Die neuen Teppiche waren auch da und sahen wunderschön aus. Jemand hatte im Pfarrhaus ein weißes Alpenveilchen, eine Schachtel Pralinen und eine Flasche Wein als Willkommensgruß hinterlassen. Die Familie musste auf dem Boden schlafen, weil ihre Betten noch nicht angekommen waren, aber lieber das, als sich aufteilen und die zeitweilige Gastfreundschaft der Einheimischen annehmen, die man ihnen angeboten hatte.

Vom folgenden Morgen an wurde Philip für die nächsten drei Jahre fast ununterbrochen von der beinahe unlösbaren Aufgabe in Anspruch genommen und abgelenkt, einen Kompromiss zu finden zwischen dem, was er meinte, tun zu müssen, und dem, was die dominante, gesellschaftlich orientierte Fraktion von St. Brandon's von ihm erwartete.

Es fing sehr früh an mit dem Kirchenrat, der aus pensionierten oder noch aktiven Fachleuten wie einem Bankmanager, einem Rechtsanwalt, einem pensionierten Rektor oder einem Schulinspektor bestand, alle sehr gut gekleidet, sehr professionell und sehr selbstsicher. Philip hielt sich nicht, in einem objektiven Sinne jedenfalls, für bedeutend minderwertiger als sie, aber für ihn war das eine völlig neue Situation, und er hatte einen ständigen, zermürbenden inneren Kampf auszutragen, damit er sich nicht erdrückt und bedeutungslos fühlte.

In den ersten Tagen führte die Anspannung durch die endlosen Vorstellungen und die fast neurotische Konzentration darauf, „gebührlich" zu erscheinen, zu einer physischen Erschöpfung, die Philip umwarf. Die Leute waren gewiss herzlich und aufgeschlossen, aber es war anstrengender, sich einer Welt anzupassen, in der Sherry- oder Cocktailpartys gegeben wurden, statt bei einer Tasse Tee ein Schwätzchen zu halten oder die Stufen von St. Alban's hinaufzuklettern.

Eines Nachmittags, noch in der ersten Woche, war Philip so müde, dass er glaubte, sterben zu müssen, wenn er jetzt nicht ins Bett ginge. „Ich leg mich einen Augenblick hin, Schatz", gähnte er in Margarets Richtung. „Ich fürchte, ich habe überhaupt keine Kraft mehr."

„Tu das", ermunterte ihn seine Frau. „Es wird schon keiner kommen."

Oben angekommen, zog er sich schnell aus und ließ seinen müden Körper in das Doppelbett fallen, das inzwischen das elterliche Schlafzimmer zierte. Süßer, warm umhüllender, umarmender Schlaf setzte fast unmittelbar ein. Die Gemeinde war jetzt egal, der Kirchenrat, alles war egal. Nur schlafen. Und weg war er.

„Schatz, der Bischof ist hier! Schnell, steh auf – du musst runterkommen und ihn empfangen!"

Durch die scharfen Haken seines Schuld- und Pflichtgefühls aus der Bewusstlosigkeit gezerrt, saß Philip kerzengerade im Bett. Sein Kopf schien sich wie ein Kreisel zu drehen. Er sah auf seine Uhr. „Fünf Minuten!", stöhnte er verzweifelt. „Ich habe nur fünf Minuten geschlafen!"

„Schatz – der Bischof!", wiederholte Margaret von der Tür her, während sie wieder nach unten verschwand.

„O mein Gott!", murmelte Philip ehrfurchtslos vor sich hin, während er mühsam aus dem Bett kletterte und auf der Suche nach etwas Anzuziehen wie ein Betrunkener durch das Zimmer stolperte. „Unser erstes Treffen, und er findet mich im Bett vor! Er wird denken – meine Güte, er wird vielleicht denken, dass ich seit letzter Nacht im Bett gewesen bin."

Während er verzweifelt nach dem Hemd suchte, das er vor wenigen Minuten ausgezogen hatte, stellte er sich vor, wie der Bischof diesen Neuzugang zu seiner klerikalen Mannschaft sehen würde. Fett und aufgedunsen vielleicht; mit trübem Blick vom Schlaf und vom Alkohol; eine unrasierte, träge Schande für die Priesterschaft. Philip war so bemüht darum, diesen unzutreffenden Eindruck zu zerstreuen, dass er, während er versuchte, seine Hose anzuzerren, stolperte und mit einem Krachen auf dem Boden aufschlug. Es war so laut, dass es durch das gesamte Haus geschallt haben musste.

„Was, um Himmels willen, wird er jetzt denken?", wimmerte Philip, während er sich zu Ende anzog und die Stufen hinunterstolperte.

Er hätte sich keine Sorgen zu machen brauchen.

Peter Ball, der Bischof von Lewes, war ein sehr verständnisvoller Mann mittleren Alters mit gesundem, aber müdem Aussehen. Er war bekleidet mit einer vollen, dunkelgrauen Amtstracht. Er hatte ein charmantes, jungenhaftes Lächeln und vielleicht eine Spur von Härte in den Augen.

„Bitte entschuldigen Sie sich nicht, Philip", sagte er sanft, „ich verstehe das schon. Ich wollte nur, dass Sie meinem Namen ein Gesicht zuordnen können, und heiße Sie in dieser Pfarrei herzlich willkommen. Ich hoffe wirklich, dass Sie alle hier sehr glücklich werden."

Er holte seine Hand aus dem Umhang und überreichte Margaret eine Schachtel All Gold-Pralinen.

„Ich bete", sagte er einfach, „dass Sie auf dem Grunde Ihres Gartens Gold finden werden."

Philip und Margaret mochten Peter von Anfang an. Er wirkte warm, demütig und väterlich. Und dieser erste Eindruck täuschte nicht. Peter erwies sich später als echte Stütze und als ein verlässlicher Vater in Christus.

Dann kam der Tag von Philips offizieller Einführung in die Pfarrei. Der Gottesdienst war eine Singmesse und die Kirche war rappelvoll. Neben Philips neuen Gemeindemitgliedern waren einige Leute aus St. Alban's gekommen, um ihren ehemaligen Priester an solch einem wichtigen Tag zu unterstützen. Sie wohnten bei verschiedenen Mitgliedern von St. Brandon's, deren Reichtum ihnen glatt den Atem verschlug. Philip hatte großes Mitgefühl mit einem oder zweien von ihnen, denen es besonders schwer fiel, sich in ihrer Umgebung zurechtzufinden.

Peter Balls Predigt zielte (typisch, wie Philip mit der Zeit herausfinden sollte) untrüglich mitten ins Zentrum der wirklich wichtigen Fragen. Der Priester sei eine Geige, sagte Peter, die von dem Meister gespielt werden müsse, weil nur die Melodie des Meisters im Zusammenspiel mit jedem und allem anderen richtig klingen würde. Jede Saite der Geige, fuhr er fort, müsse exakt die richtige Spannung haben. Und die Spannung existiere und würde aufgebaut durch das, was die Menschen von ihrem Priester erwarteten, und das, was Gott von ihm wollte. Jesus sei der mit dem Bogen. Er müsse der sein, der die Musik mache, weil er so feinfühlig spiele und keine Saite reißen lasse. Der Priester sei ein zerbrechliches Instrument, schloss er.

„Ja", murmelte Philip leise vor sich hin, während er zuhörte, „so fühle ich mich – genau so fühle ich mich, wie ein ganz zerbrechliches Instrument. Ich hoffe nur, dass ich am Ende nicht wirklich zerbreche …"

„So empfange nun die Gemeinde, die dein ist und mein", sagte Bischof Peter wenige Minuten später, als er Philip ein Siegel überreichte, mit dem er symbolisch die Pfarrei in seine Hände legte.

Als er das Siegel nahm, durchfuhr Philip ein Schauer der Angst, und plötzlich wusste er, dass er zur falschen Zeit am falschen Ort war. Hier würde er nicht lange sein. Er war nur auf der Durchreise. Die Predigt hatte ihn auf einer ganz tiefen Ebene angesprochen und ihm klargemacht, wie verletzlich er war. All die Heilungen und die besonderen Einsichten, die besonderen Ereignisse und die geistlichen Feuerwerke der letzten sieben Jahre; da hatte Gott durch Philip Ilott gewirkt, nicht Philip Ilott selbst. Er war zerbrechlich und vielleicht würde er zerbrechen. Wie Johannes der Täufer im Gefängnis zweifelte er an der Botschaft, die sein eigener Mund und seine eigenen Hände noch vor kurzem unmöglich für sich hätten behalten können.

Der Augenblick verstrich und der Gottesdienst ging zu Ende. Nun war er Pfarrer von Filymead. Es gab kein Zurück mehr, er konnte nur stehen bleiben oder weitergehen.

Noch am gleichen Tag ergriff er eine Gelegenheit und stellte Bischof Peter eine Frage. „Pater", fragte er, „was, glauben Sie, ist meine erste Aufgabe hier?"

„Schicken Sie sie in den Schlamm, Philip", war die Antwort des Bischofs. „Schicken Sie sie so bald wie möglich in den Schlamm!"

Es war eine rätselhafte Antwort. Philip wusste nicht, was Peter damit sagen wollte. Das einzige Bild, das dieses Wort bei ihm hervorrief, waren Schweine, die sich im Modder suhlten und wälzten.

Als er dann seinen Bezirk besser kennen lernte, merkte er, dass das Wort des Bischofs ein wirkliches Verständnis von dem Besten und Schlechtesten offenbarte, was das kirchliche Leben in Sussex zu bieten hatte. Es verdeutlichte die allgemeine Tendenz der anglikanischen Kirche, erfolgsorientiert zu bleiben und gegenüber den Armen ein leicht überhebliches Wohlwollen an den Tag zu legen.

Positiv hingegen war, dass St. Brandon's perfekt organisiert, gut besucht und wirklich integriert in einen großen Teil der örtlichen Gesellschaft war. Das Potenzial war groß, aber die Aufgabe war enorm. Es ist leichter, überlegte Philip, einem Menschen, der in dunkelste Sünde verstrickt ist und noch nie eine Kirche von innen gesehen hat, wahre Geistlichkeit zu vermitteln, als jemanden zu erreichen, der es sich in seiner Ortsgemeinde behaglich eingerichtet hat und dort ein gewisses Ansehen hat, aber nicht weiß, dass er Jesus braucht.

Es hätte nicht viel gefehlt und die „Filymead-Erfahrung" hätte die Ilotts zerstört. Aufgrund seiner Lage mitten im Zentrum eines relativ kleinen Gemeinwesens waren das Pfarrhaus und das Leben derer, die in ihm wohnten, auf eine schreckliche Art und Weise den Einblicken anderer ausgeliefert.

Wie ein klerikaler Goldfisch war Philip ständig der Öffentlichkeit preisgegeben. Manchmal war das Gefühl, in der Falle zu hocken, unerträglich. Man konnte eigentlich nirgendwo in Filymead hingehen. Und das Pfarrhaus zog Besucher an, wie Pfarrhäuser dies immer tun.

Wenn Philip sich angenommen gefühlt hätte, wäre das alles nicht so schlimm gewesen, aber das tat er nicht. Während das erste Jahr dahinkroch, fühlte er sich zunehmend inkompetent, weil so ziemlich jeder Aspekt seines Dienstes und seines persönlichen Lebensstils kritisiert wurden.

Die Predigten waren ein bevorzugtes Ziel für Angriffe, besonders solche, in denen er versuchte, die Leute auf einer persönlichen Ebene anzusprechen.

Eines Sonntags sprach Philip über das Thema „Annahme". Er deutete auf das Ostfenster von St. Brandon's und bat seine Versammlung, die Anordnung des viktorianischen Schöpfers zu betrachten. „Was wir hier sehen", sagte er, „ist, dass Jesus, unser auferstandener Herr, im Zentrum des Bildes ist, und um ihn herum, als Teilhaber seines Sieges, alle möglichen gewöhnlichen Leute: Bauern, Hirten, Soldaten, all die Leute, die zusammen die wahre Kirche ausmachen."

Er redete weiter über Filymead und darüber, dass die geistliche Einheit über Erwägungen der Klassenzugehörigkeit oder des Einkommens herrschen müsse. Er erwähnte auch das Sozialviertel und fragte, warum nur so wenige Leute von dort in der Kirche wären. Und was, fragte er, sollen wir tun, damit das anders wird?

Zu seiner Verwunderung erhielt Philip im Laufe der nächsten Tage einige kritische Briefe, in denen die Schreiber ihre Auffassung zum Ausdruck brachten, dass die Wahl seines Predigtthemas erheblich zu wünschen übrig lasse. An seinem Schreibtisch sitzend, zerriss er diese Briefe ärgerlich in kleine Stücke und warf sie in den Papierkorb, wobei er durch seine Zähne etwas brummte von den „Vollidioten, die jeden Sonntag nur akademische, geschwollene Belanglosigkeiten hören wollen".

Nicht nur das Thema der Predigt kam unter Beschuss. Aufgebrochene Infinitive, Präpositionen an der falschen Stelle und andere grammatische Fehler ebenso wie groteske Interpunktionsfehler in Philips Artikeln im Pfarrbrief wurden ihm vorgehalten, üblicherweise von den Kirchenvorstehern. Predigen und Schreiben waren bisher immer seine starken Seiten gewesen, Gebiete, in denen er etwas zustande brachte. Hier in Filymead begann er jedes Mal, wenn er versuchte, eine Predigt vorzubereiten oder den monatlichen Beitrag für den Pfarrbrief zu schreiben, fast so etwas wie Panik zu empfinden. Da Philip wie die meisten Menschen darauf angelegt war, erst auf Zuspruch hin zu gedeihen, fand er sich jetzt in einer Lage wieder, in der er Prosa produzierte, die sich allzu oft lediglich ihrer grammatischen Makellosigkeit wegen rühmen konnte, bei deren öffentlicher Präsentation er sich aber immer wieder einmal verhaspelte. Predigten wurden so etwas wie ein wöchentlicher Albtraum – bereits dienstags oder mittwochs lösten sie mit zermürbender Regelmäßigkeit wieder Sorgen aus.

Philips Versuch, einen Heilungsdienst in Filymead einzuführen, hatte einen recht viel versprechenden Start. Einer der allerersten Besucher im Pfarrhaus war der römisch-katholische Priester Eric Flood, ein charmanter Mann, der Philip lächelnd erzählte, wie sehr er ihn um seinen Status als verheirateter Mann beneide, besonders, nachdem er Margaret kennen gelernt hatte.

Die beiden Männer hatten viel gemein, einschließlich des Verlangens, dass der Heilungsdienst seinen angemessenen Platz in der Kirche bekommen sollte. Philips selbst ernannte Mentoren hatten absolut nichts dagegen, als sie von den Plänen der beiden Männer hörten, einen regelmäßigen gemeinsamen Heilungsgottesdienst einzuführen. Schließlich war dies die Art von gemeinschaftsfördernder Aktivität, für die ihr Pastor da war. Der Aspekt der Heilung, so schien ihre Reaktion anzudeuten, war ein gut geeigneter Haken, an dem man solch eine Aktion aufhängen konnte.

Die Heilungsgottesdienste wurden tatsächlich eingeführt, aber sie überlebten nicht sehr lange. Zuerst verließ Eric Flood Filymead, um Priester in einer anderen Kirche zu werden. Sein Nachfolger hatte an solchen Sachen kein Interesse. Dann lud Philip einen bekannten Evangelisten mit einer Heilungsgabe als Redner zu einem der Treffen ein. Dieser Mann, voller Begeisterung und Glauben, aber vielleicht mit einem Mangel an Einfühlungsvermögen und gesundem Menschenverstand, redete bis zur Erschöpfung der Zuhörer. Was er sagte, war ja voll und ganz in Ordnung und deckte sich mit Philips Ansichten, aber die schiere Länge seiner Rede und die ausschließliche Verwendung einer stark religiösen Sprache führten dazu, dass die Leute, die da waren, abgestoßen wurden. Die meisten schworen sich, nie wieder zu kommen. Die Besucherzahlen und das Interesse gingen von jenem Tag an zurück.

Schließlich starben die Treffen einen sehr stillen Tod. Soweit Philip wusste, war nicht eine einzige Person geheilt worden.

Selbst die Wahl seines Transportmittels gab Anlass zu erhitzten Kontroversen. Einige Zeit lang baute Philip auf die Hilfe seines Vaters, aber nachdem er seinen Führerschein gemacht hatte, wurde ihm mitgeteilt, dass einige Leute aus der Gemeinde ein neues Auto kaufen und es ihm zur Verfügung stellen wollten. Alles, was Philip zu tun hatte, war, sich ein Fahrzeug auszusuchen. Dankbar für solch praktische Unterstützung entschloss er sich, dass ein Renault 4 für seine Zwecke völlig ausreichte. Führende Mitglieder des Kirchenrates waren entsetzt. Ein Renault 4? Ein kleines, zweitüriges Auto? Noch dazu ein ausländisches Auto? Das war undenkbar! Wonach er Ausschau halten sollte, war ein englisches Auto mit vier Türen, etwas Solides und Anständiges. Wie wollte er den Bischof in einem R4 vom Bahnhof abholen und ihn nach Filymead bringen?

Es gab ein paar Punkte, wo Philip nicht klein beigab, und dies war einer von ihnen. „Wenn Jesus auf einem Esel reiten konnte", erwiderte er ihnen standhaft, „dann kann der Bischof auch in einem Renault 4 fahren."

Diesmal hatte er gewonnen.

Aber er verlor weit häufiger, als er gewann.

Er hatte beispielsweise versucht, am Gründonnerstag eine Gebetswache in der Kirche einzurichten. Philip hängte einen Zeitplan auf, auf dem sich die Leute eintragen konnten. Die Idee war, dass bis Mitternacht permanent jemand beten sollte.

Die Reaktion war schwach. Ein Gemeindemitglied, das die recht nackte Liste sah, sprach mit Philip in einem Tonfall, als ob dieser versucht hätte, eine Liste für den Stuhldienst zusammenzustellen. „Wie ich sehe, sind da nicht gerade viele Namen auf Ihrer Liste, Pater", flüsterte er geheimnisvoll am Ausgang der Kirche. „Ich werde mich jetzt nicht eintragen, aber wenn Sie wirklich Schwierigkeiten haben, rufen Sie mich an. Okay?"

Als der Tag gekommen war, fanden sich Philip und Margaret nach den ersten zwei Stunden noch immer alleine.

Was die Zahl der Besucher anging, waren auch die Versuche,

einen „Holy Hour"-Gottesdienst einzurichten, nicht erfolgreicher. Die „Heilige Stunde" war die Zeit, in der das Brot für das Abendmahl auf dem Altar ausgestellt wurde, während die Leute zu Jesus beteten. Philips Aufgabe hierbei war es, ein paar einfache Gebete zu sprechen.

Eines Tages, als die Heilige Stunde mit den Parlamentswahlen zusammenfiel, war er verblüfft, als er drei überzeugte „Morgengottesdienstler", einen Mann und zwei Damen, zur Kirche hereinkommen und zum Gebet vor dem Altar niederknien sah. Als die Stunde zu Ende ging, begab er sich zur Türe und begrüßte seine unerwarteten Besucher, von denen nicht einer, da war er sich ganz sicher, die geringste Ahnung hatte, was „zu Jesus beten" hieß. Trotzdem war es gut, dass sie gekommen waren.

„N'Abend, Pfarrer", sagte der Mann mit rauer Stimme. „Wir geh'n jetzt wählen."

„Oh", antwortete Philip. „Nun, ich war sehr froh, dass Sie heute Abend bei der Holy Hour dabei waren."

„Schätze, wir haben keine Ahnung, worum es bei dem Gottesdienst überhaupt geht", dröhnte der Mann, „aber wir haben gesehen, dass hier in der Kirche was los war, und so dachten wir … Na ja, irgendwie müssen wir diese sozialistischen Saukerle doch loswerden. Also sind wir reingekommen, um zu beten …"

Die Spannung zwischen dem Weltlichen und dem Geistlichen war allgegenwärtig. Philip brachte oft das Abendmahl zu Leuten, die ans Haus oder ans Bett gefesselt waren. Als ein Mitglied des Kirchenrates eines Nachmittags zu Besuch kam, war Philip genau aus diesem Grund gerade nicht da.

Der Mann schüttelte Margaret gegenüber skeptisch den Kopf. „Ich weiß nicht", sagte er finster, „ich finde, es wäre viel nützlicher, wenn er für diese Leute vielleicht einkaufen oder etwas anderes Praktisches machen würde."

Wenn Margaret Philip verteidigte, so tat sie dies nie halbherzig, besonders, wenn er Recht hatte. „Das sehe ich überhaupt nicht so", sagte sie energisch. „Es gibt ohne Ende Laien in der Kirche, die die ganzen erforderlichen Einkäufe erledigen können. Aber nur Philip kann diesen Leuten das Abendmahl bringen. Wenn das nicht wichtig ist, dann weiß ich wirklich nicht, was noch wichtig sein sollte!"

Philip brachte auch weiterhin das kostbare Brot und den Wein zu jedem, der auf diese Weise Jesu gedenken wollte, es aber aufgrund von Alter oder Krankheit nicht konnte. Während seiner gesamten Zeit in der Gemeinde gab es heftigen Widerstand dagegen, aber die, die Philip besuchte, liebten ihn dafür.

Es war allgemein anerkannt, selbst von seinen schärfsten Kritikern, dass Philip eine ganz besondere Gabe hatte, Trauernden Trost und konstruktive Unterstützung zukommen zu lassen. Seine Fähigkeit, frei und unverkrampft ins Zentrum ihres Leids vorzudringen, war wirklich außergewöhnlich. Jahre später noch kam ihm zu Ohren, dass viele Leute sich noch daran erinnerten, wie Pater Philip ihnen die Liebe Gottes gebracht hatte, als sie ganz am Boden waren. Zumindest jene Leute schienen das so nützlich zu finden, wie wenn jemand ihre Einkäufe erledigt hätte.

Philip gab sein Bestes, den Ratschlag von Peter Ball zu befolgen und die Leute in seiner Pfarrei „in den Schlamm" zu schicken. Aber es war eine Furcht erregende Aufgabe: Diese Leute, von denen seine Mutter so beeindruckt gewesen wäre – besonders die Mitglieder des Kirchenrates –, mochten keinen Schlamm. Sie wollten da nicht hinein. Und erst recht wollten sie nicht von ihrem neuen Pfarrer dort hineingezogen werden, einem Pfarrer, dessen primäre Aufgabe es war (wie es eine jener einflussreichen Persönlichkeiten ausgedrückt hatte), auf Frühstückstreffen, Basaren und Blumenpräsentationen gesehen zu werden.

Der Anordnung seines Bischofs am nächsten kam Philip während jener Zeit, in der Restaurierungsarbeiten am Kirchengebäude durchgeführt werden mussten. Der Dreck und das Durcheinander waren furchtbar und die Arbeiten sollten einige Wochen in Anspruch nehmen.

Einer der Kirchenvorsteher begutachtete das Chaos, das die Bauarbeiter nach der ersten Woche zurückgelassen hatten, und schüttelte den Kopf auf eine Art und Weise, die schon bald auf deprimierende Weise bezeichnend für ihn werden sollte. „Tja, da werden wir hier morgen unmöglich einen Gottesdienst abhalten können", sagte er. „Es ist besser, wenn wir die Schulkapelle oben an der Straße benutzen."

„Das ist gar nicht nötig", antwortete Philip. „Dies hier ist unsere Kirche und hier werden wir unseren Gottesdienst abhalten."

„Aber der Dreck . . ."

„Wir räumen ihn weg", sagte Philip schlagfertig. „Wir werden jeden Samstag hierher kommen und für die Gottesdienste am Sonntag putzen. Genau, so werden wir das machen."

Das war vielleicht das Beste, was während seiner Zeit in St. Brandon's passierte. Am Anfang war die Bereitschaft ungefähr so stark wie bei dem Gründonnerstagsgebet, aber allmählich wuchs die Zahl der Freiwilligen, bis schließlich, gegen Ende der Restaurierungsarbeiten, jeden Samstag etwa 20 Leute aufkreuzten, die sich gegenseitig bei der Aufgabe, die Kirche für den nächsten Tag benutzbar zu machen, unterstützten.

Der Anblick von Philip und Margaret in Jeans, wie sie Putzmaterial vom Pfarrhaus über die High Street in die Kirche trugen, wurde am Wochenende zu einem gewohnten Bild in Filymead. Mehr als einmal wechselte ein Vorbeigehender die Straßenseite, um nicht im Gespräch mit solch unangemessen gekleideten Personen gesehen zu werden, aber alles in allem waren die Aufräumaktionen ein Erfolg. Harte Arbeit, Seite an Seite unter schwierigen Bedingungen, das war so gut wie eine Predigt über Liebe.

Die Anspannung, die durch Philips Versuche, Oberwasser zu behalten, entstand, ließ nicht nach. Sie wurde schlimmer. Glücklicherweise gab es in Filymead ein paar Leute, mit denen er sich gut verstand und in deren Gegenwart er entspannt sein konnte. Die zwei Leute, die ihn am meisten mit ihrer Freundlichkeit und Demut beeindruckten, kamen, ironischerweise vielleicht, von den beiden entgegengesetzten Enden der sozialen Leiter.

Mr. Clout war ein Einheimischer, der im Garten des Pfarrhauses nach dem Rechten sah. Die Ilotts erbten den Kirchenbediensteten, als sie nach Filymead kamen. Jim Clout mähte einmal in der Woche den Rasen und kümmerte sich ganz allgemein um den alten, durch eine geziegelte Mauer eingefassten Garten, der hinter dem Haus lag.

Irgendwie sickerte durch, dass Jim noch nie im Pfarrhaus gewesen war, und Margaret musste ihm schon gut zureden, bevor er hereinkam, um seinen Morgenkaffee zu trinken. Er entspannte sich aber bald, besonders, weil sein Morgen im Pfarrhaus mit dem Tag zusammenfiel, an dem Margaret ihre Wäsche machte. Während er inmitten des Durcheinanders saß, nippte er an seinem Kaffee und plauderte gelassen über seine Arbeit und seine Familie. Oft brachte er Pflanzen oder Blumen aus seinem eigenen Garten mit und überreichte sie Philip und Margaret mit einer Art nervösen Vergnügens.

Seine Frau half in der Sonntagsschule mit, Jim selbst dagegen ging nicht zur Kirche. Die Art und Weise, wie er über solche Dinge redete, schien zu zeigen, dass er sich selbst nicht zu den „oberen Zehntausend" zählte, die zu jener Welt Zugang hatten. Er hatte eine große Ehrfurcht vor den „wichtigen" Leuten.

Jim Clout wäre erstaunt gewesen, wenn er erfahren hätte, wie wichtig er für den neuen Pfarrer und seine Frau war. Philip und Margaret liebten seine Freundlichkeit, seine Schlichtheit und seine Bescheidenheit, und sie schätzten ihre Freundschaft mit ihm, die für sie wie ein warm glühender Holzscheit auf einem ansonsten sehr kalten Rost war. Philip dachte oft daran, wie sehr Gott seinen kirchenfernen Gärtner lieben musste.

Dann war da noch Sir John Glubb, ein Ex-Militär von höchstem Rang, berühmt-berüchtigt für seine Heldentaten als Anführer der arabischen Truppen im Fernen Osten. Inzwischen hatte sich der große Mann mit seiner Frau Rosemary in einem großen Haus am Rande von Filymead zur Ruhe gesetzt. Die Glubbs besuchten die Mette, einen der Morgengottesdienste in St. Brandon's.

Eines Tages rief Sir John Philip an und bat ihn, ihn zu Hause zu besuchen, da es da etwas gebe, das er mit ihm besprechen wolle. Philip ließ den Mut sinken, als er den Hörer auflegte. Was nun? Er hatte kaum mehr als ein paar Worte mit dieser berühmten Persönlichkeit gewechselt, deren Anwesenheit eine Feder auf dem gesellschaftlichen Hut Filymeads war. Wahrscheinlich irgendeine Beschwerde, ein weiterer hoch zivilisierter Angriff auf seine Rede oder seine Grammatik oder seine Kleidung oder seine Theologie oder die Art und Weise, wie er seine Haare kämmte. Es konnte alles Mögliche sein.

Das Haus von Sir John Glubb erwies sich als sehr dunkel. Als Philip durch die Seitentür hineinging, kreischte ein Hirtenstar „Hallo!" in seinem Käfig auf der Veranda. Innen hingen die Wände voller Bilder und Fotografien, die Sir John in einer arabischen Tracht zeigten, während Gegenstände, die nicht zum alltäglichen Gebrauch gehörten, auf eigenartige Weise eingehüllt waren.

Sir John, umgeben von einigen Katzen, begrüßte Philip. Er war ein kleiner Mann, nicht größer als 1,68 m, der fast immer einen Regenmantel mit abfallendem Saum trug und glänzend polierte schwarze Schuhe.

Nachdem sie sich mit einem Drink in dem dunklen Wohnzimmer niedergelassen hatten, tauschten die beiden Männer kleine Nettigkeiten aus. Dann kam Philips Gastgeber auf den Punkt: „Pater Philip, ich habe da ein Problem."

Philip rüstete sich. Jetzt geht's los, dachte er.

„Wie Sie wissen, bin ich ein Mann der Mette. War ich eigentlich immer."

„Ja, Sir John", sagte Philip und fragte sich, was denn nun kommen würde.

„Nun, die Sache ist die – die Besucherzahlen sind zurückgegangen, die Besucher geschwunden, sozusagen, und ich habe mich gefragt ..."

„Aber der Besuch bei den Eucharistiefeiern hat zugenommen", unterbrach Philip, quasi zu seiner Verteidigung.

„Nun, ganz richtig", stimmte Sir John zu. „Vollkommen richtig. Sehen Sie, ich will es mal so ausdrücken, Pater. Wie ich schon gesagt habe, ich war immer ein Mann der Mette, aber eigentlich, wissen Sie, muss ich da sein, wo die Leute sind, wo ich wirklich von Nutzen sein kann. Wenn ich überhaupt von Nutzen sein kann", fügte er etwas besorgt hinzu.

„Ich verstehe nicht ..."

„Also, was ich von Ihnen brauche, ist ein kleiner Rat. Was sollte ich Ihrer Meinung nach tun? Sollte ich weiter zu den Metten gehen und die Minderheit unterstützen, oder sollte ich hinüber zur

Mehrheit wechseln und so zeigen, dass ich – na ja, dass ich sozusagen Teil des Ganzen bin? Sie sind der Fachmann, Pater, was soll ich tun?"

Einen Moment lang war Philip zu verblüfft, um zu reden. Bei all der Ablehnung und den Konflikten, die er bereits erfuhr, schien es kaum möglich, dass von all den Leuten ausgerechnet dieser Mann hier seinen Rat haben wollte.

Nach einer längeren Diskussion entschloss sich Sir John, dass die Singmesse der Gottesdienst für ihn war, und er und Philip verabschiedeten sich sehr herzlich.

Von diesem Tag an war Sir John Glubb eine der wenigen Quellen der Ermutigung für Philip. Er war ein wahrhaft demütiger Mann mit einem echten Interesse an seiner Umgebung. Häufig und großzügig drückte er seine Wertschätzung für Philips Predigten aus und ließ ganz allgemein den neuen Pfarrer seine Annahme erfahren. Er hatte die Angewohnheit, bei den Gottesdiensten am Rande der Bank zu sitzen und ein Bein leicht in den Mittelgang hinausragen zu lassen. Philip, der die Kirche aus der Sakristei im hinteren Teil betrat, freute sich immer über diese Extremität mit dem auf Hochglanz polierten Schuh, die da so beruhigend vor ihm herausragte.

Manchmal dachte er darüber nach, wie schrullig es war, dass er wahrscheinlich der einzige Mensch auf der Welt war, dem Sir John Glubbs Bein Trost spendete.

Wenn Philip das einzige Mitglied seiner Familie gewesen wäre, das durch die Probleme in St. Brandon's betroffen war, dann wäre die „Filymead-Erfahrung" vielleicht nicht so verheerend gewesen. Aber sie alle litten, jeder auf seine eigene Weise.

Philips Vater fühlte sich von Anfang an unwohl und ungewollt. Jeden Sonntag ging er um acht Uhr über die Straße zur Kommunionsfeier und kehrte jedes Mal wieder zurück, ohne dass auch nur einer seiner Mitkommunikanten ein Wort mit ihm gewechselt hätte. Er war natürlich auch kein Mensch, der leicht Freunde fand, und während die Monate vergingen, wurde er schrecklich einsam, sodass er sich mit einer Verzweiflung an Philip und die Familie klammerte, die höchst klaustrophobische Züge annehmen konnte.

Jede Woche, an Philips freiem Tag, tauchte er morgens in der Küche auf und stellte die Frage, die Philip buchstäblich (in Margarets Worten) „die Haare zu Berge stehen" ließen: „Was machen wir denn heute …?"

Die Kinder hassten Filymead. Sie hassten es, weil es nicht Ventnor war, und sie hassten es, weil es so war, wie es war.

Weil er auf eine staatliche Schule ging, fand Paul nur wenige Freunde unter den Söhnen der anderen Gemeindemitglieder, von denen die meisten in Privatschulen unterrichtet wurden. Und obwohl Paul in der Schule außerordentlich gut war, wollten Philips Kritiker immer nur wissen, ob es denn wirklich „die richtige Schule" sei und ob er später nicht einmal auf den „Namen einer guten Schule" zurückblicken wolle.

Selbst Pauls Kleidung war nicht in Ordnung. Das Geld war zu knapp, als dass Margaret ihm einen Anzug für die Kirche hätte kaufen können, und so wurden Bemerkungen über seine Freizeitkleidung gemacht. Und auch über Margarets Kleidung redete man.

Es war Paul, der für Philip den Namen „Rev" erfand. Philip fühlte sich mit dem zwanglosen Charakter der Anrede „Papa" nicht wohl, und Paul und Mel waren fest entschlossen, ihren Vater niemals wie die Mehrheit der Gemeindemitglieder als „Vater" anzureden. Also fingen sie auf Pauls Initiative hin an, ihn „Rev" zu nennen. Und dabei blieben sie.

Zwischen Philip und Mel herrschte inzwischen etwas, was nur als offener Kriegszustand beschrieben werden kann. Mel kam gerade in ihre Teenagerjahre, als die Familie nach Filymead zog, und zwischen ihr und ihrem Vater hatte es bereits einige Spannungen gegeben.

Mel spürte, dass ihre Entwicklung weg von guten schulischen Leistungen und hin zu einem jungenhaften Verhalten stark von Philips Erwartungen abwich. Er wollte, dass das kleine Mädchen, das er so sehr liebte, in die traditionelle feminine Rolle hineinwuchs. Paul schien in allen Dingen, die ihr Vater für wichtig hielt, erfolgreich zu sein, während die Dinge, die sie machte und sagte, häufig Ärger bis hin zu heftigem Zorn bei ihm auslösten. Sie war eine sehr dominante junge Frau, der natürlich nicht bewusst war, dass ihr Vater die meiste Zeit seines Lebens mit dem Versuch verbracht hatte, den mentalen und emotionalen Klauen jener noch dominanteren Frau zu entkommen, die ihn geboren hatte.

Bereits während der Zeit in Ventnor war es zwischen den beiden zu einigen harten und verletzenden Wortwechseln gekommen. Zum Beispiel war es (bevor Philip von der Episode mit der zertrümmerten Armbanduhr erfuhr) zu einem Vorfall gekommen, in dem Mel ihren Vater unablässig damit plagte, dass er ein Weihnachtsgeschenk immer noch nicht aufgemacht hatte, bis er schließlich so aufgestachelt war, dass er die Beherrschung verlor und dem Kind in ihm erlaubte, sie anzuschreien, dass er sie hasste. Natürlich hasste er Mel nicht. Er liebte sie. Das Problem war, dass sie Stellen in ihm aufdeckte, die noch wund und unreif waren. Sie reagierte auf seine unzulängliche menschliche Seite, nicht auf seine Priesterschaft.

Filymead trieb all diese Spannungen auf die Spitze.

Mel verabscheute Filymead vom Scheitel bis zur Sohle. Sie verabscheute die, wie sie es sah, Heuchler, die sich sonntags für die Kirche in ihre Pelzmäntel schmissen, aber ihre Mutter wochentags in der High Street übersahen. Sie hasste die Tatsache, dass da ständig jemand im Pfarrhaus war, der das Tippen erledigte oder eine Versammlung abhielt oder irgendwas mit dem Pfarrer besprach oder auf einer Wein- und Käseparty rumstand. Immer jemand, zu dem man höflich sein musste, immer jemand, der einen größeren Anspruch auf die Zeit ihres Vaters hatte als sie selbst. Sie hasste die Tatsache, dass sie seine Predigten nicht mochten und dass es sie nicht interessierte, dass er Jugendarbeit machte. Sie hasste all die piekfeinen Leute, weil sie piekfein waren und nicht wie die netten gewöhnlichen Leute in St. Alban's. Sie spürte die Ablehnung gegenüber ihrer Familie, die in Wellen von den „Eingebildeten" über sie hereinbrach, und glaubte, dass die Leute auf sie besonders herabblickten. Sie hasste es, sich in der Schule dumm vorzukommen, und hatte keine Freunde, weil, wie in Pauls Fall, die zu weit weg wohnten.

Und wozu sollte das alles gut sein? Warum brachte ihr Vater so viel Zeit und Kraft dafür auf, mit diesen grässlichen Leuten klarzukommen, die nur an ihren wunderschönen Häusern und an ihren blöden Cocktailpartys interessiert waren und an ihren feinen Kindern in den feinen Schulen und an ihren langweiligen, teuren Autos? Sie wollten eigentlich gar nicht hören, was er zu sagen hatte, und sie rümpften die Nase über seine Frau und seinen Vater und seinen Sohn und seine Tochter. Warum sollte man ihnen all die Zeit und das Lächeln und die Arbeit und die Aufmerksamkeit geben? Warum?

Wie viele Pfarrerstöchter zuvor und seitdem reagierte Mel heftig auf die Situation, in der sie sich wiederfand. Natürlich hängt die Art der Reaktion immer vom Temperament der Person ab. Manche Mädchen ziehen sich zurück und werden sehr still, andere rebellieren öffentlich und schlagen über die Stränge. Mel tat das Letztere. Und sie machte keine halben Sachen.

„In Ordnung!", sagte sie sich entschlossen. „Wenn es schon so sein muss, dann gebe ich ihnen wirklich etwas, was sie kritisieren können!"

Gesagt, getan. Sie freundete sich mit den Dorfpunks an und brachte sie dazu, sich gut sichtbar vor dem Pfarrhaus zu versammeln. Sie fing an zu rauchen. Sie färbte ihre Haare pink und grün und in jeder anderen Farbe, auf die sie Lust hatte. Sie trug den kürzesten Minirock, den man je in Filymead erblickt hatte, und die knappsten Oberteile, in die sie sich hineinzwängen konnte. Ihr Make-up variierte von exotisch bis bizarr und ihre Multicolor-Socken waren psychedelisch. Oft blieb sie bis in die frühen Morgenstunden aus, gelegentlich kam sie auch nicht vor dem nächsten Tag wieder. Ihrem eigenen, späteren Eingeständnis nach machte sie sich daran, alle Leute so viel sie nur konnte zu provozieren. Es gibt kaum Zweifel, dass sie erfolgreich war.

Philip konnte damit überhaupt nicht umgehen. Die ständige, starke Anstrengung, die nötig war, um als Pfarrer in dieser entsetzlichen Pfarrei auch nur zu überleben, ließ wenig Raum für irgendetwas oder irgendjemanden sonst. Seine ganze Zeit und Kraft gingen dabei drauf, zu reden, zu scherzen, zu erklären, Kompromisse zu machen und taktvoll zu sein zu Leuten, die ihn überhaupt nicht verstanden. Wenn er erfolgreich war, liebte er den Erfolg zu sehr.

Es war ein Erfolg nach der Art seiner Mutter. Wenn er versagte, war er untröstlich.

Warum machte Mel alles so schwierig? Seine eigenen Jahre als Teenager waren schon recht merkwürdig gewesen, aber von dem, was er so mitbekommen hatte, sollte man in Mels Alter normalerweise in der Schule gut mitarbeiten, nach Hause kommen und im Haus helfen, dann lesen oder vergnügt spielen, bis es Zeit war, ins Bett zu gehen. Warum setzte sie alles daran, ihn bloßzustellen und ihm das Leben schwer zu machen in einer Zeit, in der er die Unterstützung seiner Familie so dringend brauchte wie nie zuvor?

Und warum brachte sie diese Leute mit nach Hause? Warum? Beim ersten Mal hatte er sie kommen sehen, als er am Esszimmerfenster stand und nach draußen sah. Er wäre fast verrückt geworden. Was würden die Mitglieder seiner Gemeinde sagen, wenn sie sahen, dass die Tochter des Pfarrers die örtlichen Raufbolde zum Abendessen mitbrachte? Im Jugendkreis, ja – da hätte er sie willkommen geheißen – aber nicht hier, nicht mit seiner Tochter!

Margaret überredete ihn, dass sie alle hereinkommen und sich in die Küche setzen sollten. „Das sind die einzigen Freunde von Mel, wir müssen sie willkommen heißen", hatte sie gesagt. Er hatte zugestimmt, aber das hieß nicht, dass er es akzeptierte. Er kochte und raste vor Zorn. Mel brachte sie auch mit zur Kirche. Er hätte sich darüber freuen sollen, aber er konnte es nicht. Es machte ihn wütend und es beunruhigte ihn. Manchmal dachte er, er müsste platzen.

Manchmal platzte er auch.

Es gab schreckliche Auseinandersetzungen mit Mel. Ein furchtbar boshaftes Hin und Her von verletzenden Angriffen und Gegenangriffen.

„Du bist ja sowieso nicht mein richtiger Vater!"

„Wenn du wirklich meine Tochter wärst, würdest du dich nicht so benehmen!"

„Du redest ja nie mit mir – du predigst nur! Warum gehst du nicht und predigst zu deinen Heuchlern?"

„Zumindest setzen die nicht alles daran, mich bloßzustellen wie du. Ich schäme mich für dich und für alles, was du tust!"

Diese verbalen und manchmal auch physischen Ausbrüche waren sicherlich hart für Mel, aber Philip hätten sie beinahe zerstört. Mels Rebellion führte dazu, dass gefährliche negative Kräfte in ihm freigesetzt wurden. Mit den Ansprüchen und Erwartungen der Pfarrei fertig zu werden, während solch zähneknirschende Wut und Frustration in ihm herumwirbelten, war so schwierig, dass er gelegentlich kaum noch atmen konnte, solch eine Spannung war in seiner Brust. Wie konnte er andere Leute als Heuchler verurteilen, wenn seine wöchentlichen Predigten über Liebe und Annahme vor dem Hintergrund einer fast vollständig zusammengebrochenen Beziehung zu seiner eigenen Tochter geschrieben wurden?

Manchmal, wenn die stechende Qual in seinem Herzen fast zu einem physischen Schmerz wurde, sehnte er sich nach einem Unterschlupf, wo er einfach nur sein konnte, ohne direkt bevorstehende übermäßige Ansprüche oder Ablehnung oder Konflikte. Das Innere der Kirche war, wenn alle Türen fest verschlossen waren, der einzige Ort, wo er wahrhaft alleine sein konnte. Wenn er einmal drinnen war, legte er sich mit ausgestreckten Armen auf den Boden der Marienkapelle wie ein menschliches Kreuz und heulte sich die Augen aus dem Kopf für Mel und den Rest der Familie, für die Pfarrei und für sich selbst. Es war kein Gebet – oder vielleicht war es die reinste Form des Gebets: ein völliges Loslassen der tiefsten Gefühle. Der Heilungsdienst, die Heilung der Erinnerungen, all die Begebenheiten, in die Gott ihn während seiner sieben fetten Jahre auf der Isle of Wight geführt hatte, schienen sich vorübergehend in den Tränenströmen aufzulösen, die er in jenen einsamen Stunden in St. Brandon's vergoss.

Eines Sonntags, während Philip in der Kirche die gesungene Eucharistiefeier abhielt, besorgt, weil Mel gerade durch eine noch schwierigere Phase als sonst ging, schien er etwas zu sehen, das offenbar hinten in der Kirche mitten in der Luft schwebte. Der Gegenstand fing an, sich in Richtung Altar zu bewegen, bis er nahe genug war, dass er ihn erkennen konnte: Er war ein Baby, eingehüllt in einen Umhang. Es schwebte über dem Brot und dem Wein, bis es direkt vor ihm lag, sodass er sein Gesicht sehen konnte. Es war Mel als Baby. Mitten im Zentrum seiner Arbeit und seiner Priesterschaft, dort auf dem Altar selbst, zusammen mit dem Leib und dem Blut Jesu, war die kleine Mel mit ihrem Bedürfnis nach Liebe. Es wurde ihm schlagartig klar: Nun, da Mel ein zorniger, verwirrter Teenager war, brauchte sie seine Liebe genauso, wie sie sie gebraucht hatte, als sie vor all den Jahren zum ersten Mal zu Philip und Margaret nach Hause gekommen war.

Als Philip nach Hause kam, erzählte er Margaret, was er morgens in der Kirche gesehen hatte. Sein Vater, der gerade zuhörte, fing an zu weinen. Auch ihn nahm die ganze Sache mit Mel mit. Während der Jahre in Ventnor waren Mel und ihr Großvater sehr vertraut geworden. Nun hatte die Beziehung einen Tiefpunkt erreicht. Es war eine der wenigen Zeiten, in denen sich die beiden Männer wirklich verbunden fühlten.

Philip verstand die Vision mit dem Baby. Er wusste, dass er hinter die rauen Symptome von Mels Rebellion sehen musste und das verletzliche Kind in ihr weiter lieben und sich um sie kümmern musste, das Kind, das ebenso wie Paul und Margaret Teil seiner selbst war. Er wusste, dass er das tun sollte, aber er konnte es nicht – noch nicht. Und sie machte es ihm sicherlich nicht gerade leicht. Später, unter anderen Umständen, sollte es ihm gelingen, aber aus Gründen, die ebenso dramatisch wie unvorhergesehen waren.

Die letzte und vielleicht geduldigste Leidtragende war Margaret. Sie musste häufig als Schiedsrichter und Friedensstifter in den Konflikten zwischen Mel und Philip fungieren. Ihre Kleidung, die Kleidung ihrer Kinder, die Fähigkeiten ihres Mannes und sein Dienst, Pauls Schule und so ziemlich alles, was Mel betraf, war seit ihrer Ankunft ständig kritisiert worden. Noch bitterer machte sie die Art und Weise, wie, aus ihrer Sicht, der Stil von St. Brandon's ihre Kinder der Kirche entfremdet hatte. Aber Margaret nahm ihre göttliche Berufung sehr ernst und sie liebte jedes Mitglied ihrer Familie hingebungsvoll und unvoreingenommen. Wie Mel es später einmal ausdrückte: „Mama war immer da. Wir mussten uns nie ihrem Leben anpassen – sie baute ihr Leben um uns herum."

Warum war Filymead solch eine unglückliche Zeit für Philip

und den Rest der Familie? Warum ließ Gott sie dorthin gehen? War es ein Fehler? Wenn ja, wessen Fehler war es? Welchen Sinn hatten die ganzen Ereignisse auf der Isle of Wight, wenn alles auf der anderen Seite des Kanals zu Bruch ging? War Philip wirklich zur falschen Zeit am falschen Ort?

Das waren die Fragen, die Philip sich immer wieder stellte, während die Zeit verging und die Dinge immer schlimmer wurden. Es gab keine leichte Antwort. Die Diskrepanzen zwischen Mel und ihm wären zu einem gewissen Grad überall aufgetreten, wo die Familie hingezogen wäre. Aber dieser spezielle Ort hatte sie verschärft, da gab es keinen Zweifel. Vielleicht, dachte er, hätte ich mich um eine andere Pfarrei bemühen sollen. Es hatte da zum Beispiel eine Kirche in Birmingham gegeben, die er ernsthaft in Betracht gezogen hatte. Sie war ganz anders als St. Brandon's. Soweit er sich erinnern konnte, war es eine Art Stiftshütte aus Blech, mitten in irgendeiner Industriewüste. Vielleicht hätte er da dranbleiben sollen. Auf der anderen Seite konnte man auch sagen, dass all diese negativen Erfahrungen nur Teil eines Lernprozesses waren, etwas, durch das man sich durcharbeiten musste und von dem man später auf eine Art profitieren konnte, die ihm noch lange Zeit verborgen bleiben würde. Es machte eigentlich gar keinen Sinn zu spekulieren. Es war so einfach, „wenn" und „vielleicht" zu sagen. Möglicherweise würde er nie erfahren, warum Filymead so schief gelaufen war.

Achtzehn Monate nach dem Einführungsgottesdienst kam Bischof Peter noch einmal zu einem Besuch ins Pfarrhaus. Man hatte ihn nicht erwartet, aber dieses Mal war Philip aufgestanden und Margaret einkaufen.

„Wie stehen die Dinge?", erkundigte sich Peter ohne Vorrede.

„Wollen Sie es wirklich wissen, Pater?", fragte Philip traurig.

„Ich schätze, ich weiß es schon", sagte der Bischof sanft. „Sie gehen durch eine Krise, nicht wahr?"

„Ja, in gewisser Weise schon", räumte Philip, seinen Zustand stark verharmlosend, ein.

„Ich ahnte schon bei Ihrer Einführung", fuhr Peter fort, „dass Sie das Gefühl hatten, zur falschen Zeit an den falschen Ort gekommen zu sein. Mit Gottes Gnade ist zwar alles möglich, aber vielleicht hatten Sie Recht."

Der Same für Philips Entscheidung, Filymead frühzeitig zu verlassen, wurde während jenes Gesprächs gesät. Im folgenden Jahr wurde eine Pfarrstelle in einer Stadt am Meer in der Nähe von Hastings frei, etwa 45 Kilometer südöstlich. Philips Bewerbung wurde sehr wohlwollend aufgenommen. Als er das Angebot erhielt, Pfarrer in der St.-Barnabas'-Kirche in Bexhill-on-Sea zu werden, nahm er sofort an.

Im September 1981 verabschiedete sich die Familie Ilott, packte ihre Sachen und leckte, während sie sich auf den Weg nach Süden machte, die Wunden der vergangenen drei Jahre. Viele Probleme waren immer noch nicht gelöst, aber am Tag ihrer Abreise teilten sie alle ein überwältigendes Gefühl. Sie waren leidenschaftlich froh, dass die „Filymead-Erfahrung" vorbei war.

## 13. Kapitel

# Bexhill –
# Durch die Tür des Leids
## (1981-1989)

---

Er träumte wieder.

Vor ihm, in einer Backsteinmauer, war eine kleine hölzerne Tür. Es war eine wunderschöne Tür, ein wenig wie die in Holman Hunts Light of the World, aber nur halb so groß und ohne Dornen oder Hecken darum herum.

Während Philip die Erscheinung vor sich betrachtete, bemerkte er zwei Dinge. Erstens, die Tür war gerade hoch und breit genug, um ihn mit seinem Rollstuhl hindurchzulassen. Zweitens, an dem dunklen, knorrigen Holz war keine Klinke angebracht. Es gab wohl ein großes Schlüsselloch aus schimmerndem Messing, aber weit und breit keinen Schlüssel. Er fühlte sich sehr zu der Türe hingezogen und war äußerst neugicrig, was wohl auf der anderen Seite sein würde. Während er seinen Rollstuhl ein wenig näher rollte, sah er zufällig hoch. Auf dem Mauerwerk über der Tür war ein einziges Wort in großen Kapitalen geschrieben: VORSICHT.

„Vorsicht vor was?", fragte sich Philip. „Aber ich kann ja sowieso nicht durch. Ich habe keinen Schlüssel."

Als er sich plötzlich bewusst wurde, dass ihn ein hohes Gefüge überschattete, drehte er seinen Kopf und entdeckte, dass der Ort, an dem sein Rollstuhl stand, am Fuße des Kreuzes Jesu war, und dort, auf dem Boden unter dem Kreuz, lag ein großer Schlüssel. Er wusste, dass es der Schlüssel zu der Tür war, und er wusste, dass er die Freiheit hatte, ihn zu nehmen und zu gebrauchen oder ihn am Fuße des Kreuzes liegen zu lassen, ganz wie er es wollte. Er zögerte einen Moment, blickte noch einmal zurück zu dieser Warnung, die da deutlich lesbar in die Mauer eingeprägt war. Um dem, was auch immer auf der anderen Seite der Mauer lag, begegnen zu können, würde er all seinen Mut brauchen.

Er drehte sich um und langte über die Seite seines Rollstuhls hinunter, um den Schlüssel aufzuheben. Es stellte sich heraus, dass dieser, obwohl so klein, furchtbar schwer war, so schwer, dass er seinen Rollstuhl ganz herumschwenken und beide Hände benutzen musste, um ihn vom Boden aufheben zu können. Endlich, unter großer Anstrengung, schaffte er es, den Schlüssel ins Schloss zu stecken. Er ließ sich überraschend leicht drehen, und während die Türe langsam aufging, fuhr er auf die andere Seite. Dort blieb er abrupt stehen, gelähmt durch das Bild, das sich ihm bot. Es war ein Garten voller Leute, die alle litten. Verkrüppelt oder behindert durch Sorgen und Nöte, richteten sie inständig bittende Blicke in Philips Richtung. Einige streckten ihre Hände in stummem Flehen aus, während Tränen über ihr Gesicht rannen und sie um Heilung bettelten. Er bewegte sich auf sie zu ...

Philips Einsetzung als Pfarrer von St. Barnabas' in Bexhill-on-Sea wurde im Rahmen einer Eucharistiefeier vollzogen, die von Bischof Peter am „St. Michael und aller Engeln"-Tag geleitet wurde. Diese Eucharistie der Engel, an der Gabriel, Michael und Raphael gedacht wird, war eine aufregende Sache für Philip. Was er bis jetzt von seiner neuen Gemeinde gesehen hatte, ließ ihn glauben, dass er bald wieder zu seinem hyperaktiven Arbeitsstil zurückkehren, alle Gedanken an Filymead hinter sich lassen und die positiveren Stränge seiner Erfahrungen in Ventnor wieder aufnehmen könnte.

Dieser Gottesdienst sollte endlich den Beginn besserer Zeiten markieren.

Während des folgenden Monats starb Philips Vater an einer Krankheit, die schon ausgebrochen war, bevor die Familie Filymead verlassen hatte. Er blieb bis zum Ende ein einsamer Mann, aber ebenso wie bei seiner Mutter konnte Philip auch seinem Vater das Sakrament spenden, in einer Intimität und einer emotionalen Nähe, die alles überstieg, was sie zuvor erlebt hatten. Der Graben zwischen ihnen war jedoch nicht völlig überbrückt. Philip hatte seine Gefühle gegenüber seinem Vater immer für unlogisch und unfair gehalten, aber diese Gefühle gingen sehr tief und Gott konnte noch nicht an sie heran.

Philips Beziehung zu Mel war immer noch sehr angespannt, aber beruflich war sein erstes Jahr in St. Barnabas' so befriedigend, wie er es gehofft hatte. Die Weihnachtsgottesdienste liefen gut, und das anspruchsvolle Programm der Karwoche war so anstrengend, aber auch so aufregend dramatisch wie immer, wobei vielleicht Philips Lieblingsgottesdienst der war, der als die „Verehrung des Kreuzes" bezeichnet wird. Am Anfang des Gottesdienstes wurde dabei das Kreuz in die Kirche getragen und die Gestalt Christi hoch über die versammelte Gemeinde erhoben, während sie die gleichen Worte dreimal sangen:

Sehet an das Kreuz; sehet an das Holz des Kreuzes,
an dem der gekreuzigte Herr hängt.
Kommt, lasst uns anbeten ...

Nachdem sie diese Prozession dreimal durchlaufen hatten, wurde das Kreuz nach vorne gebracht. Dann kam die Versammlung nach vorn, Psalmen und andere geistliche Lieder singend, und jeder Einzelne kniete vor Jesus nieder, der für ihn gestorben war. Philip war in seinem Element, physisch erschöpft von den Unterredungen, Beichten und den Vorbereitungen für die Gottesdienste, die Ostern immer schon zu einer anstrengenden Zeit gemacht hatten, aber froh, wieder anerkannt zu sein von einer Kirche, deren Tradition der seinen so ähnlich war.

Bis zum Mai unterrichtete Philip genügend Firmlinge, sodass im darauf folgenden September ein besonderer Gottesdienst einberufen werden konnte. Es sollte das erste Mal seit siebenundzwanzig Jahren sein, dass St. Barnabas' dem Bischof einen Anlass für einen Besuch geben konnte, und Philip war zu Recht stolz. Es sollte ein großartiges Erlebnis werden.

Aber noch etwas anderes passierte im Mai.

Philip erwachte eines Morgens und stellte fest, dass er seinen Kopf nicht mehr bewegen konnte. Er fühlte sich an, als wäre er in einer Position festgeklemmt. Außerdem fühlte er sich sehr, sehr

krank. Der Hausarzt wusste sich keinen Rat und rief einen Spezialisten. Der kam zu Philip nach Hause und diagnostizierte eine Oh-
renentzündung. Die Steroide, die er verschrieb, halfen, aber Philip
hatte immer noch unsägliche Kopfschmerzen, so, als ob etwas in
seinem Schädel einen enormen Druck erzeugte. Dann verschwand
sein Hörvermögen auf dem linken Ohr völlig. Wieder ging er zu
dem Facharzt. Es war die Rede von einer Hörhilfe, es wurde viel
diskutiert über mögliche Prognosen, und schließlich entschloss
man sich für weitere vierzehn Tage Steroide, die wiederum etwas
Erleichterung brachten. Als die Ilotts sich im August auf den Weg
in ihren Sommerurlaub machten, waren sich die Ärzte inzwischen
einig, dass Philip an einer Virusinfektion litt, die eine Entzündung
seines Stammhirns hervorgerufen hatte.

Die Reise nach Torquay war heiß und ungemütlich. Nachdem er
den ganzen Tag gefahren war, war eine Dusche das, wonach Philip
sich am meisten sehnte. Sie erzeugte ein warmes Prickeln auf der
Haut, wie Duschen dies so an sich haben. Aber diesmal ging das
Prickeln nicht weg. Es blieb während des ganzen Urlaubs. Sein
linkes Bein fühlte sich besonders unangenehm an.

Als sie am Ende eines nicht allzu erholsamen Urlaubs wieder
nach Bexhill zurückkehrten, hatte Philip extreme Beschwerden.
Er litt noch immer an unsäglichen Kopfschmerzen und schleifte
nun das betroffene Bein mehr oder weniger hinter sich her, wenn
er ging. Der Spezialist war nicht klüger als zuvor. War das Problem
mit dem Bein ein Anflug von Ischias? Er war sich nicht sicher. Er
verschrieb mehr Steroide.

Als im September der Zeitpunkt für die Konfirmation gekommen war, sah Philip bereits sehr krank aus. Die Behandlung mit
den Steroiden hatte zu einer starken Gewichtszunahme geführt
und inzwischen schwitzte er sehr stark. Außerdem war er aufgrund
der Reizung seiner Beine nicht mehr in der Lage, länger als nur
einige Sekunden still auf einer Stelle zu stehen.

Während der Herbst so dahinzog, schlug Philip seinem Arzt vor,
dass er, statt darauf zu warten, dass ihn der öffentliche Gesund-
heitsdienst zu weiteren Untersuchungen zulassen würde, doch in
das St.-Luke's-Krankenhaus für Kirchenbedienstete am Fitzroy

Square gehen könne, dorthin, wo er Pater John Crisp bei seiner ersten Beichte besucht hatte. Der Doktor war einverstanden.

Im St. Luke's bekam er ein Einzelzimmer, sehr gutes Essen und seinen eigenen Fernseher, alles unter den wachsamen Augen einer sehr dominanten Oberin, die ihre Bekanntschaft mit den entschlossenen Worten einleitete: „Nun, Pastor, wenn Sie Schmerzen haben, will ich das wissen. Wir wollen hier keine Märtyrer!"

Erst am Ende seiner zehn Tage im St.-Luke's-Krankenhaus wurde Philip von einem Neurologen aufgesucht. Der ließ ihn den Flur hoch- und runtergehen und untersuchte ihn dann gründlich.

„In Ordnung", sagte der Neurologe, während er seine Untersuchungen abschloss, „ich möchte, dass Sie möglichst bald in mein Krankenhaus kommen, damit ich Sie weiter untersuchen kann."

„Aber was habe ich denn?", fragte Philip.

„Ich bin mir noch nicht sicher", erwiderte der Neurologe.

Im folgenden Jahr ging Philip fünfmal ins Krankenhaus, wobei jeder Besuch mehrere Wochen ausgedehnter und manchmal auch demütigender Untersuchungen beinhaltete. Einmal musste er eine halbe Stunde lang nackt mit dem Kopf nach unten auf einem fahrbaren Gestell liegen, gut sichtbar für die anderen Patienten, die zur Tür herein- und hinausgingen und auf die gleiche Untersuchung warteten. Einige Untersuchungen, wie die Injektionen in sein Rückgrat, waren einfach unglaublich schmerzhaft.

Die neurologische Abteilung war ein sehr deprimierender Ort. Zu den Patienten gehörten auch einige junge Männer, die an Krankheiten wie Parkinson oder an Tumoren im Gehirn oder am Rückgrat litten. Es war nicht ungewöhnlich, dass ein Patient einen Brief von seiner Frau oder Freundin bekam, die sich nicht mehr in der Lage sah, den Druck und die Komplikationen, die voraussichtlich mit jenen Krankheiten einhergehen würden, auszuhalten. Die Trauer, die daraus folgte, konnte einen zur Verzweiflung treiben.

Viele von Philips Leidensgenossen öffneten ihm ihr Herz, wenn sie mitbekamen, dass er Priester war, ohne in ihrem Elend zu merken, welche Sorgen er selbst hatte.

Die Untersuchungen gingen weiter: Blutuntersuchungen, Augenuntersuchungen, Ultraschalluntersuchungen, zwei Lendenpunktionen – alles, was nur untersucht werden konnte, wurde untersucht.

Zwischen den einzelnen Besuchen im Krankenhaus arbeitete Philip weiter auf seiner Pfarrstelle, aber wegen der enormen Schmerzen, die er inzwischen hatte, war es ihm nicht mehr möglich, sich mit ganzer Kraft einzusetzen. Insgeheim war er überzeugt, einen Tumor an seinem Rückgrat zu haben.

Als die unerbittliche Batterie von Untersuchungen endlich zu Ende war, wollte Philip nur noch wissen, was er hatte – egal, was es war. Nach der zweiten Testphase hatte man ihm gesagt, dass es wahrscheinlich eine durch einen Virus hervorgerufene Gehirnentzündung war, etwas, das wieder von selbst weggehen würde, wenn er nur ausreichend ruhte. Doch nun wartete er vergeblich auf eine definitive Diagnose. Er müsse noch warten, sagten sie, und schauen, ob es sich nicht wieder legen würde.

Das Leben wurde für Philip und seine nächsten Angehörigen unerträglich. Er verlor seinen Gleichgewichtssinn und fiel auf Stufen oder Treppen. Er verlor sein Gefühl in den Fingerspitzen und ließ Gegenstände fallen. Er machte sich ständig Sorgen und war sehr niedergeschlagen. Er verlor die Beherrschung in seiner Familie, besonders gegenüber Mel. Seine Beziehung zu ihr hatte nun wahrhaft einen Tiefpunkt erreicht. Später merkte er, wie sehr Mel als Sündenbock für seine Wut auf sich selbst und auf seine Krankheit hergehalten hatte, obwohl ihr Verhalten gelinde gesagt auch nicht gerade zur Entspannung beitrug.

In der Kirche Gottesdienste abzuhalten wurde zunehmend schwieriger. Er verließ sein Haus und fühlte sich krank. Er kam an der Kirche an und fühlte sich noch schlechter. Für Philip, der immer so stolz auf seinen öffentlichen Dienst gewesen war, war es, als würde er jeden Sonntag gekreuzigt. Er wusste nicht mehr, an welcher Stelle er im Ablauf des Gottesdienstes war, sprach Gebete mehrfach und ging mit den Gegenständen so ungeschickt um, wie er es seit den schlimmsten Tagen in Filymead nicht mehr getan hatte.

Zum Höhepunkt kam es an einem Sonntagmorgen während der Messe. Als Philip seine Hand ausstreckte, um den Becher mit dem geweihten Wein zu ergreifen, verlor er den Halt und zuckte nach vorne. Er traf den Kelch mit seiner halb geöffneten Hand und stieß ihn um, sodass sich der Wein in einer purpurnen Woge über das weiße Altartuch ergoss.

Philip stand da und sah mit tranceartigem Entsetzen, wie sich das Blut Christi in einem langsam ausweitenden Fleck über den Altar verteilte und dann auf den Boden tropfte. Er war da mit drin, er selbst und sein Leben wurden da weggeschüttet – aufgezehrt von einer Krankheit, deren Namen er noch nicht einmal kannte. Für ihn schien es eine tiefere Bedeutung, eine Enthüllung, ein Stigma in diesem simplen Unfall zu geben. Er konnte den Becher, der ihm dargereicht worden war, nicht mehr annehmen oder halten. Die Pfarrei, die Familie, alles, was je eine Bedeutung für ihn gehabt hatte, entglitt ihm aus seinen tauben Fingern. Er sah alles, was er geliebt und worum er sich gekümmert hatte, durch einen Dunst aus Schmerz und Verzweiflung und schierer Erschöpfung. Nichts war mehr real – alles, was er tat, schien so enorm viel Kraft zu kosten. Zu Hause wurde er still und deprimiert, eine brütende Gegenwart, ganz beherrscht von dem, was er als sein völliges Versagen in jedem Bereich seines Lebens ansah.

Aus Furcht, ein emotionaler Zusammenbruch könnte dem physischen Verfall dicht auf den Fersen sein, ging Philip noch einmal zu seinem Arzt und bat schlicht darum, wieder ins Krankenhaus überwiesen zu werden, bis eine definitive Diagnose gestellt werden konnte. Innerlich wusste er, dass ihn das Ergebnis, wenn es käme, aus der Bahn werfen würde.

Er beschloss, die Wochen, die bis zu seiner Wiedereinlieferung ins Krankenhaus noch blieben, als eine Art konstruktive Vorbereitung zu nutzen. Roger Pike fiel ihm ein. Roger hatte nun eine Pfarrei in Cowes auf der Isle of Wight. Als Philip ihn anrief, war er sehr gern bereit, seinen alten Freund so lange bei sich aufzunehmen, wie dieser bleiben wollte.

Philip war überhaupt nicht klar, was er von dem Besuch erwartete. In seinem verwirrten und negativen Zustand war er nicht in der Lage, allzu optimistisch zu sein. Aber es war Rogers Gebet gewesen, das seine Heilung von der Epilepsie vorangetrieben und all jene lange vergessenen Erinnerungen ausgelöst hatte. Er fuhr hinunter zur Isle of Wight ohne eine klare Vorstellung und auch ohne eine Ahnung, wie wichtig jene paar Wochen sein würden.

Philip führte während seines Besuchs ein Tagebuch, eine tägliche Aufzeichnung dessen, was ihm im Verlauf von Rogers Dienst offenbart wurde.

... Roger feierte heute Abend die Eucharistie. Die Kollekte (ein kurzes Gebet) sprach mich sehr an. „Sogleich verließ er seinen Vater und alles, was er hatte, und war gehorsam dem Ruf Jesu Christi." Eine Kollekte zum Thema „Loslassen". Es war die Wiederbelebung der Eucharistie für meine Mutter und meinen Vater, meine Großeltern und meine Vorfahren, um mich von der Fessel zu lösen, die ich in meiner Bindung an sie empfunden hatte, diese Zwangsgedanken, Ängste und Verbote, die ich durch den Kontakt mit meinen Lieben geerbt habe. Roger gewährte mir den Dienst der Befreiung. Ich hatte meiner Mutter vergeben, aber ich hatte es noch nie bewusst in der Eucharistie getan. Ich wurde gebeten, meine Mutter loszulassen und Margaret nicht mehr als Mutterfigur in meinem Leben zu sehen. Ich bat Jesus, meiner Mutter noch einmal zu sagen, dass es mir Leid täte – dass ich ihr vergeben und sie in Jesus loslassen würde. Ich entband mich von ihr in Jesus. Ich ließ meinen Vater los. Ich bat Jesus, ihm zu sagen, dass es mir Leid täte und dass ich ihm vergebe, dass er sich meiner Mutter gegenüber nicht behauptet hat, dass er nicht der Vater war, den ich haben wollte. Ich ließ ihn los in Jesus. Ich entband mich selbst von ihm in Jesus. Ebenso von meinen Großeltern, besonders von meiner Großmutter und meinem Großvater mütterlicherseits, ebenso von meinem französischen Urgroßvater. Während ich das tat, während Jesus uns gegenseitig freisetzte, sah ich, dass wir uns zeitweilig gegenseitig ignoriert hatten aus Angst voreinander. Schweigen, das verletzt hatte. Ich sah, wie sich das in meinem eigenen Leben fortgesetzt hatte, in meinen eigenen Beziehungen mit meiner eigenen Familie während der Zeiten, wo ich mich abgesondert hatte. Die Sünden der Väter, die bis in die dritte und vierte Generation reichen. Roger forderte mich auf, St. Alban's loszulassen. Meine erste Eucharistiefeier hatte an einem 25. Juli stattgefunden, am gleichen Tag wie diese Eucharistie – ein Jubiläum. Dann Filymead, die Vorwürfe und die Verletzungen. Ich musste sie loslassen. Dann Melanie und meine Sorgen um sie. Dann Margaret als eine Figur, zu der ich in der falschen Art und Weise aufgeschaut habe. Die zwanghaften Strukturen in meinen Beziehungen, die ich durch die Einstellungen meiner Eltern zu mir und von mir zu meiner Mutter geerbt habe, die mich jetzt versklavten. Dass ich Margaret richtig als Ehefrau lieben kann und frei von dem Verlangen werde, die Zwänge meiner Mutter und ihre Besitzergreifung von mir in Margaret noch einmal zu durchleben. In letzter Zeit habe ich gedacht, dass ich wie mein Vater werde. Daran hatte ich noch nie gedacht. Es hat mich schockiert. Ich war tatsächlich wie mein Vater gegenüber Margaret. Die Erfahrung, wie Jesus zwischen meinen verstorbenen Lieben und zwischen mir und ihnen Versöhnung wirkt, war tief ergreifend. Ich fing an zu weinen, als die Bänder zwischen uns gelöst wurden. Zu meiner Mutter – die Nabelschnur endlich durchgeschnitten. Das Gleichnis mit dem Samenkorn. Das Weizenkorn stirbt im Boden. Die Erde war Christus. Roger redete davon, mit der Vergangenheit zu brechen – dem alten Familiengeschlecht und der Knechtschaft.

Das Blut. Emotionen im Blut. Die Versorgung durch die Plazenta, lange bevor sich das Nervensystem entwickelt. Und da war das Blut Christi, seine Sühne – in der Eucharistie – die Versorgung durch Christus.

Zusammen mit Roger habe ich mir meine Neigungen zu Klaustrophobie und Agoraphobie vor Augen gehalten. Er erklärte, dass das Geburtserfahrungen seien, Enge im Geburtskanal selbst, die Ängste meiner Mutter, weil sie mich nicht wollte, der Schmerz meiner Mutter, der sich auf mich übertragen hat, während ich aufwuchs. Kann mich dem nicht stellen – fühle mich wie in der Falle – finde keinen Weg hinaus. Sicher im Inneren und doch gefangen im Inneren.

Ein paar Tage später, noch in der gleichen Woche, rief Roger mich in sein Arbeitszimmer und redete über die Heilung meiner Erinnerungen. Im Mutterleib hatte ich mich gefürchtet – allein im

Dunkeln. Ich konnte es mir alles vorstellen – Geschrei und Konflikt. Ich konnte spüren, wie ich mir die Ohren zuhielt, um das Geschrei nicht zu hören – Lärm in meinem Kopf – woher kam er? – Brenda, Rogers Frau, sagte, dass sich im Alter von fünf Wochen der Kopf formt. Es war wohl der Moment, die Zeit, als meine Mutter erfuhr, dass sie schwanger war. Es hat wahrscheinlich Unmut und Abneigung gegeben, Streitereien und Konflikte – ja, all das spürte ich. Ich konnte hören, wie Papa sagte, dass er stolz sei. Meine Mutter fühlte überhaupt keinen Stolz.

Das war der Ort der Heilung für mich, bei der Eucharistie. Ich musste den Schmerz und die Panik meiner Mutter mit mir im Mutterleib aufgeben, ich, der ich nicht rauskommen wollte, und meine Mutter, die nicht wollte, dass ich rauskomme. Die Preisgabe meiner Geburt – mich selbst an Jesus abzugeben, der sagte: „Ich war da bei deiner Geburt. Ich kannte dich, bevor du geboren wurdest. Ich war da im Mutterleib."

Papa hat alles für mich getan während der ersten Monate meines Lebens. Die ersten liebevollen Berührungen kamen von meinem Vater, ein männlicher Kontakt. Gott in meinem Vater. Sehnsucht nach einer Beziehung zu meinem Vater. Sehnsucht nach meinem Vater und seiner Liebe – aber Papa musste weg in den Krieg, also war ich allein mit meiner Mutter, die mich in Abwesenheit meines Vaters in ihr Bett holte. Der Liebe eines kleinen Jungen war sie gewachsen.

Ich weiß, dass sie mich belästigt hat. Ich erinnere mich ziemlich deutlich daran. Ich schätze, ich weiß, wie sie empfunden hat, aber ich habe es gehasst. Ich musste es loslassen. Es hat mich krank gemacht. Ich hatte sogar eine Abneigung gegen den Geruch von Frauen.

Ich kann mich so deutlich daran erinnern, dass ich meine Mutter gehasst habe für das, was sie von mir wollte, aber nicht von meinem Vater. Meinem Vater musste ich vergeben, weil er meine Mutter nicht so geliebt hat, wie sie es gebraucht hätte.

Herr Jesus, bitte sag meiner Mutter, dass es mir Leid tut, dass sie solche Angst hatte, dass sie mich nicht wollte, mich nicht annehmen konnte – eine schwere Zeit mit mir hatte bei meiner Geburt.

Bitte sag ihr, dass ich ihr vergebe, ich sie löse und mich von ihr löse. Ich liebe sie und ich verstehe.

Ich liebe meinen Vater und ich verstehe ihn. Bitte, Jesus, hilf mir, nicht wieder in die Muster zurückzufallen, die wie ein Band auf mein junges Denken aufgenommen wurden: in der Falle zu sitzen und nirgendwo hinzugehören – Panik, wenn ich anderen begegne, und die Orte und Reisen, die noch mehr Schmerz bedeuteten – alles Symptome meiner Geburtserfahrung. Hilf mir zu begreifen, dass Jesus da war. Danke für die Zugreise – das Bild von der Kreuzigung in dem Traum vor langer Zeit und für meine Bekehrung – für die Versuche, mir zu zeigen, dass das Opfer Jesu mir die Liebe gibt, die ich immer gebraucht, aber nicht verstanden habe.

Die Eucharistie, der Höhepunkt meines Priesterdaseins, war das Geschehen, bei dem ich wusste, wohin ich gehöre. Er zeigte mir, dass er bei meiner Geburt war – als ich Liebe wollte und doch sterben wollte. Jesus zeigte mir einen Ausweg – wie ich von neuem geboren werden konnte. Jesus heilte mich in der Messe – mein Leib und sein Leib wurden in der Messe geweiht – zusammengehalten. Meine Kindheit wurde hochgehalten, genauso, wie das Brot hochgehalten wird. Mein Blut, sein Blut – mein Leben mit meiner Familie wurde endlich abgebrochen und in Jesu Familie aufgenommen. Gott sei Dank! Gott sei Dank!

Johannes vierzehn: viele Wohnungen. Ich gehe hin, euch eine Stätte zu bereiten. In meines Vaters Haus sind viele Ruheorte. Und Plätze zum Anhalten – Wanderwagen am Straßenrand, Schuppen entlang der Durchgangsstraße, wo Reisende sich von ihrer Reise ausruhen können. Im Osten ist es Sitte, dass Reisende jemanden vorausschicken zur Vorbereitung von Rastplätzen auf dem Weg, sodass sie es bequem haben und Schutz finden. Unser Herr war der, der vor mir gezogen ist. Er beschreitet den Weg des Glaubens vor uns her und bereitet sich darauf vor, uns willkommen zu heißen. Wir haben eine lange Reise von vielen Tagen vor uns, bevor unsere Pilgerfahrt zu Ende ist, aber es gibt, durch Gottes Gnade, viele Plätze zum Anhalten – welchen Sinn hätte sonst das Versprechen unseres Herrn, uns eine Stätte zuzusagen? Der Herr ruft uns und zeigt uns, hier und jetzt, was für jeden Einzelnen die nächste Etappe ist – der nächste Platz zum Anhalten auf dem Weg zur Vollkommenheit. Indem wir ihm folgen, finden wir ihn dort, wie er uns willkommen heißt und uns zu sich führt. Wenn ich gehe, euch eine Stätte zu bereiten, werde ich wiederkommen und euch zu mir nehmen, bis die letzte Etappe erreicht ist. Bleibt dran, sagt der heilige Paulus.

Ich bin wieder bei Roger im Arbeitszimmer. Ich bin ein Baby im Kinderwagen. Mein Vater trägt mich. Meine Mutter kann ich nirgendwo entdecken. Mein Vater scheint mich zu lieben, aber er hat Angst, sich völlig an mich zu binden. Meine Mutter will seine ganze Aufmerksamkeit. Meine Großeltern kommen und meine Mutter eilt die Treppe hinauf. Mein Großvater nimmt mich aus dem Kinderwagen und entschließt sich dann doch wieder zu gehen. Ich werde meinem Vater übergeben. Ich habe Angst, bin gespalten. Wer liebt mich? Ist Liebe immer mit Schmerz verbunden? Ich bin wieder im Kinderwagen und eine Hand schaukelt mich. Unser Herr ist da. Ich kann sein Gesicht nicht sehen, aber nun bin ich in seinen Armen, wann immer ich alleine bin. Ich sehe einen herrlichen, mit Blumen eingefassten Garten. Er bewegt sich in die Ferne und ich höre eine Stimme, die sagt: „Ich habe das alles aus Liebe gemacht. Es gehört mir. Es gehört alles dir."

Ich weiß, wo er ist, und dorthin gehöre ich. Er ist mein wahres Zuhause. Er zeigt mir die Herrlichkeit, mit der die Materie überkleidet ist. Das ist wahre Realität, die einzige Realität, die zählt.

Mein Vater liebt mich. Für meine Mutter bin ich ein Eindringling in ihre Welt der Ordnung und der erdrückenden Genauigkeit – ich bin ein Baby, das Unordnung und Chaos bringt. Ich erfordere Aufmerksamkeit und meine Mutter kann damit nicht umgehen. 1940 geht mein Vater. Ich bin fast vier Jahre alt. Die Aufmerksamkeit meiner Mutter für die nächsten sechseinhalb Jahre richtet sich ganz auf mich. Ihre Zärtlichkeiten und ihre Zwänge, ihre Angst und ihre Bedürfnisse. Ich spüre das und fürchte mich. Es stößt mich ab, und doch, wie die Motte vor dem Licht, kann ich nicht widerstehen. Es ist alles, was ich kenne. Es ist die einzige Liebe, die ich kenne. Das Mutterbild, von dem ich befreit werden möchte, respektiert keine Intimsphäre und hemmt meine sexuelle Entwicklung zum Mann. Ich sehne mich danach, dass mein Vater nach Hause kommt, nach seiner Berührung und seiner Sanftheit, die keine Forderungen stellt. Jesus ist da in seiner Sanftheit.

Mein Vater ist fort und ich bin an die Stricke meiner Mutter gebunden. Ich empfinde Panik und fühle mich so, als ob ich ersticke, und wenn Vater aus dem Krieg zurückkommt, nimmt er meinen Platz ein. Ich ärgere mich darüber, schon wieder im Hintergrund zu stehen, obwohl ich frei sein wollte von den sexuellen Annäherungen meiner Mutter. Ich vermisse jene Berührungen, die mich in dem Moment, wo sie mir zuteil wurden, unrein fühlen ließen. Komisch, aber so habe ich das empfunden. Ich suchte meinen Vater. Ich brauchte seine Liebe so dringend. Keine Intimsphäre. Tiefe Frustration – Zorn und Groll, es ist alles wieder da. Panik in der Dunkelheit, in die Mutter mich steckt. Die gleiche Angst, die ich im Mutterleib hatte, habe ich in dem Schrank unter der Treppe, in den sie mich steckt. Nirgendwo gehörte ich hin. Kein richtiges Schlafzimmer – kein Ort zum Spielen. Nur ein Schuppen im Garten. Manchmal wurde ich dort eingesperrt, durfte nicht rauskommen, und doch, merkwürdig, da war Frieden.

Selbst jetzt noch finde ich in einem abgeschlossenen Zimmer, wenn niemand eindringen kann, vorübergehend Frieden.

Dann kommt das wunderbarste blassblaue Licht – ein warmes Leuchten. Es erfüllt meine Augen und es erfüllt den Raum. Roger ist bei mir und fühlt es auch. Wir reden darüber – es ist das Blau Unserer Lieben Frau selbst – dieselbe Schönheit, die ich schon einmal gesehen und verstanden hatte, als ich krank war.

... Ich bekam Margarets Brief, in dem sie von ihrer Vision in Walsingham erzählt. Als sie aufwachte, hatte sie ein überwältigendes Gefühl von innerem Leiden – furchtbar und unbeschreiblich für sie. Ist jemand krank? Es wurde immer intensiver. Sie fing an zu weinen, ohne zu wissen, warum. Sie öffnete ihre Augen, und das Licht von draußen leuchtete vor ihr und formte ein großes Kreuz aus den alten Balken, die die Decke stützen. Sie rief laut: „Oh nein, Herr! Nicht Philip! Bitte nicht Philip!" Dann eine Stimme: „Aus seinem Leiden wird Sieg erwachsen." Margaret bat Maria, eine Mutter für mich zu sein, die Mutter, die ich nicht gehabt habe. Sie hatte dies schon oft von Unserer Lieben Frau für Melanie erbeten. Margaret ging mit Frieden, der Schmerz war vollständig verschwunden. Es war eine wunderbare Bestätigung für den Willen unseres Herrn und die Art des Dienstes, die ich erhalten habe. In meinen Pilgerfahrten nach Walsingham hatte ich die Gegenwart Marias so deutlich gespürt.

Ein Mitglied von Rogers Gemeinde, Joyce Patterson, eine wunderbar ungezwungene und offene Dame, kam nach der Messe zu mir mit einer Prophetie, die seit fast zwei Wochen auf ihrem Herzen lag. Es erforderte einigen Mut von ihr, mir das zu sagen: „Philip, Sie werden durch Leiden gehen – der Herr sagt: ,Ich habe dir so viel gegeben. Ich habe dich geliebt, aber es wird noch mehr kommen – mehr Leid. Dieses Leid wird dein Heil sein. Du wirst zu deiner Frau zurückkehren und sie als deine Ehefrau lieben. Sie wird nicht mehr deine Mutter sein.'"

Woher wusste sie das? Sie kannte mich nicht und Roger hatte nichts gesagt.

„Sie werden definitiv von Ihrem inneren Durcheinander geheilt werden. Wie sehr Gott Sie liebt und sich danach sehnt, dass Sie andere lieben! Sie haben so viel, was Sie anderen weitergeben können. Das wird durch Ihre Leiden geschehen. Ich spüre, dass Ihnen Ihre Leiden in gewisser Weise Beschränkungen auferlegen werden. Und doch werden gerade diese Beschränkungen Ihre Freiheit sein. Ich glaube nicht, dass Sie wieder ein Priester mit eigener Pfarrei sein werden. Da ist irgendwo ein Haus in dem allem. Ein Haus, wo geistlichen Nöten begegnet wird. Das erfordert viel Weisheit von Ihnen. Sie müssen treu darin bleiben."

Ich bin losgelöst aus der Blutbahn meiner Mutter hinein in die Blutbahn Jesu, ich erlange das Heil, indem ich das Blut Christi in der Eucharistie empfange. Ich bin nun in der Blutbahn Jesu. Ich kann rein werden ...

Philip kehrte nach Bexhill zurück. Sein gesundheitlicher Zustand war so schlecht wie zuvor, vielleicht noch schlechter. Die Wahrheiten, die er auf der Insel gelernt und durchlebt hatte, waren nun in ihm, echte Erfahrungen, von denen er hoffte und betete, dass sie ihm für das, was kommen sollte, Kraft geben würden.

In gewisser Weise war es einfacher, ins Krankenhaus zurückzukehren, als das durch Versagen bestimmte Ethos von Zuhause und der Arbeit zu ertragen. Dafür musste er wieder all die Untersuchungen über sich ergehen lassen. Ausgehend von der vorläufigen Hypothese, dass Philip an einem operablen Tumor in seinem Rückgrat litt, untersuchte das Krankenhaus jeden Aspekt seines physischen und neurologischen Zustands. Wieder auf die gleiche deprimierende Abteilung eingewiesen, wo emotionale Traumata ständig physische Krankheiten verschlimmerten, gab Philip sein Bestes, um seine Leidensgenossen zu ermutigen und sich von ihnen ermutigen zu lassen, während er auf das endgültige Ergebnis wartete.

Es war Herbst, als er es erfuhr, die Jahreszeit, in der sich die Natur anmutig, aber mit einer bittersüßen Traurigkeit darauf einlässt zu sterben, sodass später der Frühling wiederkommen kann – Philips liebste Jahreszeit.

Der Doktor eröffnete ihm die Neuigkeit unter Umständen, die auf fast groteske Weise denen ähnelten, in denen er im Charing-Cross-Krankenhaus von seiner Epilepsie erfahren hatte. Auch dies war ein Lehrkrankenhaus und die meisten Schlüsselmomente wurden von einer Schar weißbemantelter Wissbegieriger beobachtet, eine sehr verständliche und notwendige Sache, ohne Zweifel, aber manchmal doch sehr hart für die Patienten. Sie versammelten sich an jenem Morgen um den Spezialisten, der sich neben Philips Bett gesetzt hatte, und warteten und beobachteten, wie er reagierte, wenn er hörte, was mit ihm nicht in Ordnung war.

„Pfarrer Ilott, wir haben jetzt endlich etwas, was wir Ihnen berichten können", sagte der Arzt und lehnte sich vor, um Philips Hand ergreifen zu können. „Es tut mir sehr Leid, dass ich Ihnen sagen muss, dass Sie an disseminierter Sklerose leiden."

Es gab eine kurze Pause.

„Ist das das Gleiche wie multiple Sklerose?", fragte Philip mit dünner, ruhiger Stimme.

„Ja, das ist es", antwortete der Spezialist. „Genau das Gleiche."

Er erklärte, dass die Ursache für die Krankheit der Verfall der Myelinschicht sei, die außen um die Nervenfasern herumliege. Wenn die beschädigten Stellen wund würden, würden die Informationen in den Nerven nicht mehr richtig transportiert, sodass sie verfälscht würden oder ganz verloren gingen. Befehle an die einzelnen Körperteile würden so unterbrochen.

Philip nickte. Er hatte schon Leute mit MS kennen gelernt, aber es war immer eine Beschwerde gewesen, an der andere gelitten hatten, nichts, was er einmal am eigenen Leib erfahren würde. Doch jetzt war dem so.

„Es ist eine sehr launische Krankheit", fuhr der Fachmann fort, „auf und ab, stabile und labile Phasen – es kann besser werden oder zu Rückfällen kommen. Es ist sehr schwer, Vorhersagen für den Einzelnen zu treffen."

In Philip machte sich ein Gefühl der Erleichterung breit. Zumindest wusste er jetzt Bescheid! Er wusste, was los war. Sie wussten, was los war. Es würde Medikamente geben und Behandlungsmethoden . . .

Doch die nächsten Worte des Spezialisten durchschnitten seinen Optimismus. „Die nächste Frage ist: Was werden Sie beruflich machen? Wissen Sie, es ist ausgeschlossen, dass Sie mit Ihrer Arbeit fortfahren, wenn Sie MS haben. Man kann nie ganz sicher sein, wie sich die Krankheit entwickelt."

Einen Moment lang war Philip wieder in Newport, bei einem anderen Spezialisten, aber mit ganz ähnlichen Worten. Der Schock, gesagt zu bekommen, dass sein Priesterdienst zu Ende sei, war heute nicht geringer, als er damals gewesen war. Die Epilepsie war geheilt worden, sodass er seine Pfarrstelle behalten konnte. Würde das Gleiche nun mit der MS geschehen? Und warum war er geheilt worden, wenn er die ganze Sache noch einmal durchmachen musste? Was machte Gott da?

Er schaffte es, seine Stimme zu kontrollieren. „Was soll ich denn Ihrer Meinung nach tun, Herr Doktor?"

„Nun", kam die Antwort, „ich werde Ihrem Bischof schreiben und ihn ins Bild setzen. Dann wird man Entscheidungen treffen müssen. Wohin Sie gehen werden, welche Arbeit Sie noch ausführen können, so in der Richtung. Aber was auch immer das sein wird, ich fürchte, es wird nicht das sein, was Sie bisher gemacht haben. Es wäre unfair von mir, Ihnen da etwas vorzumachen. Welche Absicherung hält die Kirche im Krankheitsfall für Sie bereit?"

Philip schüttelte langsam den Kopf. Er hatte keine Ahnung. Darüber hatte er sich noch nie Gedanken gemacht.

„Sie werden einige Entscheidungen fällen müssen", sagte der Fachmann. „Nicht sofort, aber Sie müssen anfangen, sich Gedanken über Ihre Zukunft zu machen."

Später kam Margaret zu Besuch. Sie küsste Philip und setzte sich neben ihn. „Gibt es etwas Neues, Schatz?"

„Ja", sagte Philip wie ein Kind. „Ich habe multiple Sklerose. Ich kann kein Priester mehr sein, Margaret."

Nach vielen Tränen und kummervollen Worten kehrte Margaret mit einem Brief des Arztes an den Bischof wieder nach Bexhill zurück. Am gleichen Abend unterrichtete sie die Kirchenvorsteher von der Situation und hängte einen Zettel an der Kirchentür auf, auf dem sie bekannt gab, dass man bei Pfarrer Ilott multiple Sklerose diagnostiziert hatte. Über die Zukunft könne man noch keine Angaben machen. Für den Augenblick würde er seine Position aufrechterhalten, hieß es, und sobald weitere Entscheidungen getroffen worden wären, würde man die Gemeinde unterrichten.

Philip wurde aus dem Krankenhaus entlassen. Er konnte mit Hilfe von Krücken gehen, aber nur mit großen Schwierigkeiten. Der Weg zu Fuß vom Pfarrhaus zum Meer und zurück war lang und schmerzhaft, und ihm graute davor, in solch einem angeschlagenen, geschwächten Zustand Mitgliedern aus seiner Gemeinde zu begegnen.

Inzwischen war es Spätherbst, und nur die Spritzen, die ihm von der Bezirkskrankenschwester gesetzt wurden, hielten die MS noch einigermaßen unter Kontrolle.

Eines Tages, während Philip und Margaret sich in Eastbourne aufhielten und versuchten, ihre Zukunftspläne zu durchdenken, schlug Margaret vor, dass sie vom Roten Kreuz einen Rollstuhl mieten sollten, um Philips Mobilität zu verbessern. Philip, der dies als eine zeitweilige Maßnahme ansah, war einverstanden, weil es seiner „Rekonvaleszenz" zuträglich sein könnte. Beinahe freute er sich über die Erlösung von dem Schmerz und der Belastung. Es war allerdings ein ziemlich altes, schweres Beförderungsmittel. Für Margaret war es wirklich harte Arbeit, obwohl es ihr nichts ausmachte, den Rollstuhl zu schieben. Unglücklicherweise (angesichts seines Redens von Rekonvaleszenz) verlor Philip innerhalb der nächsten zwei Wochen völlig die Beherrschung über seine Beine und war nun ganz auf den Rollstuhl angewiesen.

Wie es der Spezialist gesagt hatte, war es an der Zeit, Entscheidungen zu treffen. Es gab absolut keinen Druck von Seiten der Kirche oder des Bischofs. Sie alle waren durchaus freundlich und geduldig, wussten sie doch, was für einen harten und ungewollten Weg Philip einzuschlagen hatte. Gemeindearbeit wurde nun fast unmöglich. Sie beinhaltete so viele verschiedene Aufgaben, für die er zum Teil zu Örtlichkeiten reisen musste, die nicht für Rollstuhlfahrer zugänglich waren. Oft musste er seine Anwesenheit bei Sitzungen oder Gottesdiensten im letzten Moment absagen, weil er zu große Schmerzen hatte oder sich nicht wohl fühlte. Obwohl sich die Leute scharenweise und in herzerfrischender Weise um ihn kümmerten, war die Lage doch alles andere als befriedigend.

Aber wie kann man sich dazu entschließen, seine Kunst hinter sich zu lassen, sein Talent, das, was man als Glück empfindet, die Erfüllung, das Einssein mit der Schöpfung, den umfassendsten Ausdruck seiner selbst? Philip schaffte es einfach nicht. Dann erinnerte er sich an Walsingham, den Wallfahrtsort in Norfolk im Osten Englands. Während der letzten Jahre war er ein paarmal zu diesem ungewöhnlichen Dorf gereist und hatte dort immer Frieden und geistliche Erfrischung empfunden. Er würde dorthin reisen, entschloss er sich, und Maria fragen, was er tun sollte.

Zwei Damen aus seiner Gemeinde, selbst regelmäßige Pilger, hatten, nachdem sie von Philips MS gehört hatten, angeboten, ihm zu helfen, wo immer sie konnten. Sie erklärten sich bereit, Philip mit nach Walsingham zu nehmen und für seine physischen Bedürfnisse zu sorgen. Ein ziemlich heldenmütiges Angebot, weil er inzwischen ins Auto und wieder herausgehoben werden musste, ebenso in den Rollstuhl. Er musste an- und ausgezogen werden und bedurfte wegen seiner Behinderung auch der eher intimen Pflege. Margaret blieb mit Melanie in Bexhill. Es war eine sehr schmerzliche Trennung.

Philip verbrachte die meiste Zeit des Tages in der „Schreinskirche Unserer Lieben Frau" von Walsingham, die an einer Stelle erbaut worden war, die seit tausend Jahren ein Ort der Heilung und des Gebets war.

Im Hauptschiff der Kirche stand innen ein kleines gemauertes Gebäude in der Form eines Hauses, das das Haus, in dem Jesus in Nazareth aufgewachsen war, darstellen sollte. Es wurde als das „Heilige Haus" bezeichnet. Seine Wände und die Decke waren durch den Rauch der unzähligen Kerzen, die die Pilger über die Jahre angezündet hatten, geschwärzt. Über dem Altar auf der Ostseite stand eine Statue von Maria mit dem Jesuskind auf ihrem Schoß.

In den engen, spärlich erleuchteten Begrenzungen dieses Ortes saß Philip Stunde um Stunde in seinem Rollstuhl, entspannte sein Denken und seinen Geist, in der Hoffnung, Trost für seine Seele zu finden und Weisheit für seine Entscheidungen. Mit Sicherheit fühlte er sich sehr schnell umgeben von der Liebe und Fürsorge Gottes, und Marias Gegenwart in dem kleinen Haus schien realer zu sein als das, was man gemeinhin als Realität bezeichnet. Es war gut, eine kurze Zeit lang in dieser anderen Welt auszuruhen, wo die Last seiner persönlichen Umstände einfach abfiel und es ihm möglich war, frei auf den rhythmischen Wogen einer geistlichen Liebe zu treiben, die den physischen Raum um ihn herum zu erfüllen schien.

Dann, gegen Ende seines Aufenthalts in Walsingham, fing eine Erinnerung an, sein Denken zu erfüllen. Sie kehrte immer wieder, während er still im Halbdunkel saß. Es war keine vergessene Erinnerung und sie war nicht aus seiner Kindheit. Es war etwas, das einmal mitten in der Nacht geschehen war, als er auf der Isle of Wight gewohnt hatte, bevor er von der Epilepsie geheilt worden war. Er hatte gerade einen Anfall gehabt, einen ziemlich schlimmen, und befand sich, als er wieder zu sich kam, im Bett, während Margaret friedlich neben ihm lag. Aber es war noch jemand dort, eine glühende Gegenwart, die er unmittelbar erkennen konnte, vielleicht durch den gleichen speziellen Sinn wie der, den der kleine Harry benutzen würde, als er auf seiner Geburtstagsfeier ein oder zwei Jahre später Philip wiedererkannte.

Sie redete mit ihm. „Philip, wirst du noch mehr Leiden ertragen? Es gibt noch eine Sache, die von dir gefordert wird, und sie wird nicht weggehen."

„Ich kann das nicht – ich kann nicht ...", antwortete Philip kraftlos.

„Um meines Sohnes und der Welt willen – du kannst."

Später erfuhr Philip, dass Margaret wach gewesen war und gehört hatte, was er redete, während er da im Bett saß, aber von seiner heiligen Besucherin hatte sie nichts gesehen oder gehört.

Jetzt, in Walsingham, verstand er diese Erfahrung, diesen Traum oder diese Vision so, dass seine Krankheit und der Verlust seiner Gemeinde die Erfüllung von Marias Worten bedeutete. Kaum hatte sich diese Einsicht in seinem Geist eingenistet, als eine andere Erinnerung seine Aufmerksamkeit auf sich zog. Der Traum seiner Kreuzigung, der ihn nach seiner Bekehrung in Deutschland so verwirrt und beunruhigt hatte, kehrte in jedem einzelnen Detail zurück, so klar, wie er in jener Nacht gewesen war, in der er ihn geträumt hatte.

Es war ein Ruf zum Gehorsam und eine Antwort auf seine Frage. Während er die beiden Erinnerungen bewegte und sich von ihnen unterrichten ließ, wusste Philip, dass die Zeit zum Kämpfen vorbei war. Er musste seine Gemeinde loslassen und, wenn nötig, auch seine Priesterschaft – nicht aufgeben, aber loslassen. Das war es, was jetzt von ihm gefordert wurde, das Kreuz, das er tragen musste um Jesu und um der Welt willen. Es war absolut keine dramatische Erkenntnis. Im Gegenteil, die Art und Weise, wie das Wissen in sein Herz sickerte, hatte etwas Stilles und etwas sanft Unerbittliches.

In jener Nacht entschloss er sich, seinen Rücktritt anzubieten, sobald er wieder in Bexhill war.

Der folgende Tag war der „Tag des Waffenstillstands". Nach dem morgendlichen Gottesdienst nahm eine der Ladys Philip in seinem Rollstuhl mit auf einen Spaziergang in Walsingham. Fast jeder, den sie trafen, trug eine Mohnblume als Zeichen der Trauer für die Gefallenen der zwei Weltkriege. Philip fühlte sich an diesem hellen Herbstmorgen neu mit ihnen verbunden, während die Räder seines Rollstuhls durch Haufen von toten Blättern auf dem Bürgersteig pflügten, Blätter, die sanft und ohne Widerstand von den Zweigen der halb nackten Bäume gefallen waren.

Zwei überwältigende Fragen standen immer noch aus, als Philip zu Ostern 1984 seinen Rücktritt erklärte. Wo würden die Ilotts leben und was würde Philip tun? Die Amtspersonen der Kirche, sowohl geographisch als auch von ihrem Mitgefühl her weit entfernt, wollten auf jeden Fall mit Philip wie mit einem uralten Mann umgehen, der in Kürze sterben würde. So meinten sie beispielsweise, ein großes Haus sei nicht mehr nötig, da es ja „an der Zeit" sei, dass die Kinder auszögen und sich ihr eigenes Heim suchten. Ganz offensichtlich, so konnte man aus ihrem Verhalten schließen, glaubten sie, Philip und Margaret wollten sich still in eine Wohnung zurückziehen und für den Rest ihres Lebens fernsehen.

Sie hatten ihre Rechnung ohne Gott und Margaret gemacht!

Ohne dass Philip zu jener Zeit etwas davon wusste, schrieb Paul in Margarets Namen einen Brief an die Pensionskasse der Kirche, in dem sie sehr klar und deutlich ihre Haltung zum Ausdruck brachte, dass sich die Familie wegen Philips Krankheit nicht auflösen würde und dass Philip in Sachen Dienst sehr wohl noch etwas zu geben hätte und es sehr hilfreich wäre, wenn sich die Damen und Herren von der Pensionskasse mit den Tatsachen des Falles befassen würden, anstatt nach den Richtlinien zu verfahren. Der Brief führte zu dem Erkundungsbesuch eines Vertreters der kirchlichen Pensionskasse, der sehr bald feststellte, dass Philip kein alter verschrobener Kauz war, den man mal so eben loswerden konnte. Die Pensionskasse bot ihm einen Zuschuss für ein solideres Haus an und Philip und Margaret begannen mit der Suche nach einem neuen Zuhause.

Ein Haus nach dem anderen wurde besichtigt, aber keines von ihnen schien wirklich geeignet zu sein, bis sich das Paar eines Tages während seines täglichen Spaziergangs in einer hübschen Wohn-straße namens Albany Road wiederfand. Philips Herz schlug bei dem Namen direkt höher. Er fühlte sich zu seinem alten Gefährten aus dem Schuppen immer noch sehr hingezogen.

„Wäre es nicht phantastisch", sagte er, während sie langsam auf dem Bürgersteig die Straße entlanggingen, „wenn es hier ein Haus gäbe, das zum Verkauf stünde?"

„Und das geeignet wäre", fügte Margaret praktisch hinzu.

Kurz darauf erblickten sie ein „Zu verkaufen"-Schild und be-schleunigten ihren Schritt ein wenig, um zu sehen, was für eine Immobilie dort angeboten wurde. Es war ein sehr schönes Haus, von außen jedenfalls. Und es gab da noch etwas.

„Sieh mal, Darling", sagte Philip, „sieh dir mal den Namen an. Es heißt Albany Haus. Das ist es!"

Am folgenden Tag nahm der Baugutachter der Pensionskasse vier Häuser unter die Lupe, eins davon das Albany Haus. Später besuchte er die Ilotts, um ihnen seine Vorschläge zu unterbreiten. „Ich fürchte, Herr Pfarrer", sagte er, „dass nur eins davon für Sie geeignet ist, und das ist das Haus in der Albany Road ..."

Vierzehn Tage später untersuchten Philip und Margaret gründ-lich ihr neues Heim, wobei Philip die Treppen mit Hilfe eines spe-ziellen Stuhls hochgetragen wurde. Man würde Rampen, Pendeltü-ren und einen Aufzug einbauen müssen, aber sonst war es perfekt. Philips Arbeitszimmer (Margaret bestand darauf, dass Philip ein Arbeitszimmer haben müsste) würde das große, nach vorne gele-gene Zimmer im ersten Stock sein. Hier konnte er seinen neuen Dienst verrichten, der, wie Margaret unnachgiebig betonte, seinen alten Dienst ablösen würde.

Philip war sich da nicht so sicher. Er hatte seine Pfarrei aufgege-ben, weil er wusste, dass es richtig war. Aber er hatte keine Ah-nung, was an ihre Stelle treten würde – und ob überhaupt. Außer-dem hatte er sich auch noch nicht richtig mit seinem Status als ein an einen Rollstuhl gebundener MS-Kranker abgefunden. Er war sehr enttäuscht von der Reaktion seiner Pfarrkollegen und Kir-chenleiter. Viele hatten zu Margaret gesagt: „Wir würden ja kom-men, aber was um Himmels Willen sollen wir denn sagen?", so, als ob es um eine Art Aufmunterungsübung ging. Philip wollte, dass die Leute mit ihm weinten, einstimmten in sein Wehklagen und mit ihm trauerten. Er wollte weder Mitleid noch Aufmunterungen.

Bemerkenswerte Ausnahmen für die obige Regel waren unter anderem Peter Ball, der ein enger Freund Philips wurde, und ein im Ort lebender Priester namens Graham Bryant, der relativ regelmäßig vorbeikam, um Philip die Hände aufzulegen. Einmal war Graham so überwältigt von der Situation, dass er sich seinem Priesterkollegen gegenübersetzte und einfach wie ein Baby heulte. Philip half das sehr. Er hatte in jener Zeit große Schwierigkeiten, für sich selbst zu weinen, und spürte, dass Graham ein Stück seiner Trauer auf sich nahm und dabei etwas aus seinem Innersten aufdeckte, das er selbst nicht loslassen konnte.

Philip schätzte Grahams Dienst und seine Freundschaft sehr und vermisste ihn immens, als dieser später in eine Pfarrei nach Cheltenham zog.

Einer von Philips Assistenzpriestern aus St. Barnabas' spendete ihm zu Hause die Sakramente. Philip brachte es nach seinem Rücktritt nicht übers Herz, wieder in die Kirche zu gehen, zum Teil wegen der damit verbundenen Verlustgefühle, aber auch wegen seines hilflosen Zustands. Die schmerzhafte Tatsache, dass er ein gebrochener Priester ohne Aufgabe war, war über alle Maßen demütigend. Er hatte es schon gehasst, die Schlagzeile auf der Frontseite der Lokalzeitung lesen zu müssen, die hinausposaunte: „Ortspfarrer – Tragödie schlägt zu".

Margaret unterstützte und ermutigte ihren Mann so beständig und so warmherzig wie immer, aber die anderen Leute, die er traf, bemitleideten ihn nur allzu oft oder behandelten ihn wie ein Kind. Philip wusste instinktiv, dass er seine Krankheit und seine körperliche Abhängigkeit nur dann wirklich annehmen könnte, wenn er als der angenommen wurde, der er war.

Aber was war er denn? Und was sollte aus ihm werden?

Es gab drei Dinge, die besonders dazu beitrugen, Philip (im streng übertragenen Sinne) wieder auf die Beine zu stellen.

Das Erste war sein Traum mit der Tür und der großen Menge von bedürftigen Menschen, die auf der anderen Seite auf ihn warteten. Wenn der Traum von Gott war (und das glaubte er), dann schien das zu bedeuten, dass tatsächlich ein neuer Dienst auf ihn wartete, so wie Margaret das immer betont hatte. Wie genau der aussehen oder wann er beginnen würde, das war nicht klar, aber es war das Versprechen einer Zukunft mit Form und Bedeutung. Das machte ihm Hoffnung.

Die zweite Sache, etwas, das kurz nach dem Traum passierte, war eine ganz kurze Begegnung in einem nahe gelegenen Laden. Es war das erste Mal, dass Philip mitsamt seinem Rollstuhl in die Stadt gefahren war. Margaret hatte ihn alleine in einem Warenhaus gelassen, damit er eine Geburtstagskarte kaufen konnte. Ein paar Minuten studierte er das Regal, nahm die eine oder andere interessant aussehende Karte heraus, legte sie aber alle wieder zurück, weil keine von ihnen so ganz passend war. Wenn es um Karten oder Geschenke für Leute ging, die ihm nahe standen, gab er sich bei der Auswahl immer große Mühe. Dann sah er sie – die Karte, die er wollte, oben in der obersten Reihe des Regals. Die wäre genau richtig. Er fuhr seinen Rollstuhl ein wenig näher und streckte seine Hand so weit aus, wie er nur konnte, um das Stück seiner Wahl herunterzuholen. Er kam nicht dran. Seine Finger berührten soeben die Karte, aber bekamen sie nicht zu fassen.

„Verfluchter Rollstuhl!", dachte er und streckte sich noch einmal vergebens, „verfluchte Krankheit – alles verflucht!"

Plötzlich merkte er, dass neben seinem Stuhl ein kleiner Junge stand. Er blickte zu ihm hin und die zwei studierten einen Moment lang ihre Gesichter. Dann lächelte der Junge, streckte seine Hand zu der Karte in der obersten Reihe aus und überreichte sie Philip wortlos. Es blieb noch nicht einmal Zeit, danke zu sagen, als die kleine Gestalt um das Kartenregal herumschlich und verschwand. Aber etwas in diesem flüchtigen Erlebnis sprach deutlich zu Philip. Das wunderbar natürliche Vergnügen und die Begeisterung in der Hilfsbereitschaft des kleinen Jungen hatte ihn an ein Wort Jesu erinnert: „Wenn ihr nicht werdet wie ein kleines Kind ..."

In diesem Augenblick, kurz nachdem sich ihre Augen auf mehr oder weniger der gleichen Höhe getroffen hatten, hatte er von einem kleinen Kind einen Dienst angenommen, zu dem er selbst nicht in der Lage war. Verletzlich zu sein und wie ein Kind zu sein – war es das, was all diese verwundeten Leute auf der anderen Seite der Türe in ihm suchten? Könnte es sein, dass jemand, der so zerbrochen und von Leid gezeichnet und körperlich beschränkt war wie er, gerade den Schutzraum anbieten konnte, nach dem Verzweifelte suchten? Konnte er so verletzlich und so weitherzig sein, dass er „ja" sagte zu dem, was Gott mit seiner MS tun konnte? Er war sich nicht sicher, aber er hoffte es. Es klang wie ein Abenteuer.

Oft hielt er Ausschau nach dem kleinen Jungen, wenn er in der Stadt war, aber er sah ihn nie wieder. Manchmal fragte er sich sogar, ob an jenem Tag nicht ein Engel im Kaufhaus gewesen war ...

Das dritte und wichtigste Element auf Philips Reise zur Annahme seiner Krankheit war keine Sache – es war eine Person, jemand, der genau die Eigenschaften hatte, die er brauchte.

Es war Mel.

Der Umzug nach Bexhill hatte zu kaum einer Verbesserung der Beziehung zwischen Philip und Mel geführt. Als die Symptome der zu diesem Zeitpunkt noch nicht diagnostizierten MS begannen, Philips Leben immer stärker zu beeinträchtigen, erreichte sie ihren absoluten Tiefstand. Mel empfand so negativ für ihren Vater, dass sie ihn mehr als sechs Monate kaum noch zu Gesicht bekam. Im Krankenhaus besuchte sie ihn nur einmal, und das auch nur, weil ihre Mutter sie dazu überredete. Als die multiple Sklerose dann schließlich diagnostiziert wurde, sah sie sie nur als eine weitere Last für ihre Mutter an, die ohnehin schon mit so vielem fertig werden musste.

Mel hatte alles beobachtet. Sie sah, wie Philips Mobilität immer mehr abnahm, nachdem er nach Hause gekommen war. Zuerst klappte es noch mit Hilfe eines Gehgestells. Dann, als er die Treppe nicht mehr benutzen konnte, war er gezwungen, im Erdgeschoss zu schlafen. Schließlich konnte er seine Beine nicht mehr bewegen und war von da an auf den Rollstuhl angewiesen. Sie bemerkte auch andere Dinge: wie schwierig es Philip fand, sich auf seinen neuen Lebensstil einzulassen, und wie die Leute ihn zu hätscheln schienen. Sie hoben zum Beispiel Gegenstände auf, die er fallen gelassen hatte, bevor er überhaupt die Möglichkeit hatte, es selbst zu probieren. Gleichzeitig merkte sie, wie er anfing, ihr nicht mehr egal zu sein.

Mel weigerte sich, ihn zu verwöhnen oder seiner Krankheit mit großer Ehrfurcht zu begegnen. Sie baute stattdessen im Garten einen Hindernisparcours, auf dem „Rev" mit seinem Rollstuhl üben konnte. Sie nahm ihn mit in die Stadt, um mit ihm an Ladeneingängen, Zebrastreifen und all den anderen Stellen zu trainieren, die ihn nun, da er seine Beine nicht mehr gebrauchen konnte, so entmutigten.

Eines Tages, noch zu Beginn seiner Krankheit, hob Mel ihr Arbeitslosengeld ab und kaufte ihm einen Stock mit einem Messingkopf in Form eines Adlers. „So, Rev", sagte sie, „damit du besser gehen kannst."

Philip hütete diesen Stock wie einen Schatz.

Ironischerweise waren es genau jene Eigenschaften Mels, die Philip in der Vergangenheit so wütend gemacht hatten, die jetzt solch eine notwendige Ermunterung und Unterstützung für ihn bedeuteten. Während seiner ganzen Krankheit holte sie ihn durch ihre scherzhafte Art, mit seinen neuen Problemen umzugehen, aus seinem Selbstmitleid heraus. Jovial und unbeschwert, wie sie war, bestand sie darauf, dass Philip alles ausprobierte und nie aufgab. Weg mit dem Rest der Welt und was sie dachten. Sie und „Rev" würden es schaffen, und damit basta. Sie war Tochter, Mutter und Antreiberin für Philip und niemand anders hätte es so machen können wie sie.

Gleichzeitig begann Mel, einige Dinge bei ihrem Vater zu bemerken, die ihr völlig neu schienen. Auch ihre Freunde bemerkten das.

„Ich mag deinen Vater. Er ist 'n lustiger Typ."

Aus Mels Sicht war Philip seit dem Beginn seiner Krankheit viel weitherziger geworden. Er redete jetzt mit ihr, anstatt sie anzupredigen. Er schien ein neues Verständnis dafür zu haben, dass andere Leute ein Recht hatten, ihren eigenen Weg zu gehen, ohne nach seiner Sicht der Dinge zu fragen. Er war insgesamt ruhiger und freundlicher. Sie führte es auf die Medikamente zurück, die er jetzt nahm, und vermutete, dass viele der Schwierigkeiten in Filymead und seitdem ihre Wurzeln in den frühen Auswirkungen der MS hatten. Dabei war sie sich völlig im Klaren, dass ihr eigenes Verhalten nichts zu seiner Genesung beigetragen hatte.

Ob sie nun Recht hatte mit den Medikamenten oder nicht, sicher war, dass zwei tief greifende Veränderungen eingetreten waren. Erstens: Mel und Philip hatten mehr miteinander zu tun als seit vielen Jahren. Dabei lernten sie am anderen Seiten kennen, die in der Vergangenheit nur für andere außerhalb ihrer Beziehung reserviert gewesen waren. Beide mochten viel von dem, was sie fanden. Zweitens (und weit wichtiger): Mel hatte endlich einen Weg gefunden, wie sie im Leben ihres Vaters von Bedeutung und Wert sein konnte, zu einer Zeit, wo er sie am dringendsten brauchte. Später überlegte Philip, dass er sich vielleicht nie an seinen neuen Lebensstil gewöhnt hätte, wenn Mel ihm in seinem ersten „Rollstuhljahr" nicht so geholfen hätte. Ihre Beziehung war, gelinde gesagt, immer noch sehr „lebendig", aber der Bund, der früher geschmiedet worden war, als Mel ein winziges Baby und Philip alles war, was sie hatte, war wieder entdeckt und gefestigt worden.

Es gab keinen Zweifel, dass Philip sich tatsächlich verändert hatte. Mit der Zeit schien die Annahme seines eigenen Zustands Arme der Liebe und des Trostes auszustrecken, um jene Menschen in Not zu umschließen, die bereits kurz nach seinem Einzug in die Albany Road angefangen hatten, ihren Weg an seine Haustüre zu finden. Das, was ihm während jener letzten Sitzung mit Roger Pike offenbar geworden war, schien nun endgültig Gestalt anzunehmen in einer wirklichen Lösung der Probleme, die ihn seit seiner Kindheit verfolgt hatten. Er wurde befreit zu einer viel verletzlicheren Verfügbarkeit für die Bedürfnisse anderer. Diese ungewöhnliche Kombination aus physischer Hilflosigkeit und geistlicher Stärke war unwiderstehlich für jene, die Lasten mit sich trugen, die sie nie irgendjemandem sonst offenbart hätten, weil sie zu groß oder zu schlimm oder zu beschämend gewesen wären.

Viele Leute sollten in der Sicherheit und Abgeschiedenheit von Philips Arbeitszimmer im ersten Stock zusammenbrechen und weinen, wenn sie, oft zum ersten Mal, dem zutiefst entwaffnenden

Mitleid und der Warmherzigkeit begegneten, die Gott ihnen durch seinen an den Rollstuhl gefesselten Diener zuteil werden ließ. Philip hatte in seinem Leben zu viel gelitten, als dass er jemals anderen Leid zufügen konnte. Nie kam es zu Verurteilungen. In Philip gelangte Jesus in den persönlichen Bereich eines jeden Einzelnen, der kam. Nicht, um zu richten, sondern um zu zeigen, wie sehr er die wertschätzt, die leiden, und wie weit er gegangen ist und zu gehen bereit ist, um ihnen Frieden zu bringen.

Viele von denen, die zu Philip in die Seelsorge kamen, brauchten mehr als alles andere das Gefühl, von Gott in den Arm genommen zu werden. Wieder die Gewissheit zu bekommen, dass sie nicht abgeschnitten in der Dunkelheit zorniger Ablehnung waren. Probleme jeglicher Art kamen zum Vorschein, von physischen Gebrechen über alle möglichen emotionalen und sexuellen Schwierigkeiten bis hin zu ziemlich ernsthaften Geisteskrankheiten.

Die Gaben des Heiligen Geistes, die in Ventnor so wichtig gewesen, während der letzten Jahre aber aufs Abstellgleis gestellt worden waren, begannen von neuem, Philips Dienst zu beleben und zu erfüllen, und bisweilen schockierte es ihn und die, denen er diente, wie zutreffend oder wie passend die Offenbarungen oder die Ratschläge waren. Es kam auch zu Heilungen. Menschen wurden getröstet und ihr Denken und Verstehen in neue Bahnen gelenkt. Vor langer Zeit vergrabene Sünden wurden ausgegraben und bekannt. Das Leiden der Einsamen wurde ein wenig gelindert. Die Liebe Gottes, die durch Philip lächelte, brachte vielen verzweifelnden Herzen neue Hoffnung.

Einige der unglücklichsten Besucher in jenen frühen Tagen waren homosexuelle Christen, von denen viele leitende Positionen in der Kirche innehatten. Häufig waren sie verheiratet und fanden – wiederum meist zum ersten Mal – einen Platz, wo sie den Schmerz, die Verwirrung und die Qualen herauslassen konnten, ohne Angst vor oberflächlicher Seelsorge oder gedankenloser, kaum verhüllter Verurteilung haben zu müssen. In der Überzeugung, dass die Kirche als Ganzes sich schlicht weigerte, dieses Thema anzugehen, entschloss sich Philip, dass, zumindest in seiner kleinen Ecke des Königreiches, diese Leute die Freundlichkeit Gottes inmitten ihrer

Schwierigkeiten erleben sollten. Mit der Zeit wurde dies ein zunehmend wichtiger Teil seiner Arbeit, besonders, weil es keine einfachen Patentlösungen für solche komplexen emotionalen Schwierigkeiten gab.

Alle Sorgen, dass die MS Philip seiner echten priesterlichen Funktion berauben könnte, waren völlig unbegründet. Im Laufe der nächsten Jahre nahmen die Anfragen stetig zu, nicht nur im Bereich der persönlichen Seelsorge. Genauso, wie die Leute zu dem „Haus auf dem Hügel" in Ventnor geströmt waren und Philip damit in einen umfassenderen Dienst auf der Isle of Wight gestellt hatten, so wirkte nun der Geist so offensichtlich in ihm, dass es zu einer Nachfrage nach seinem Dienst an den verschiedensten Orten und der verschiedensten Art kam. Dazu gehörten Engagements als Prediger oder Redner in Gemeinden und Kirchen aller möglichen Denominationen, die Leitung von Retraiten und Konferenzen für Laien oder Pfarrer und sogar ein regelmäßiger Auftritt in einem Spätabendprogramm namens Company des Fernsehsenders TVS, in dem jeden Abend ein paar Leute in zwangloser Umgebung geistliche oder aktuelle Themen diskutierten. Die Zuschauer mochten Philip sehr. Er fesselte sie mit seiner Tiefe und seiner herzlichen Art. Die anderen Teilnehmer der Sendung waren genauso von dem „Mann in dem Rollstuhl" beeindruckt, einschließlich eines ziemlich verwirrten Teammitglieds namens Adrian Plass, der selbst gerade durch eine äußerst schwierige Zeit gegangen war.

Philip redete im Fernsehen ganz offen über seine Krankheit und den Dienst, der entstanden war, seit er gezwungen war, seine Pfarrei aufzugeben. Die Dinge, über die er redete, regten zum Nachdenken an und waren manchmal fast nicht zu glauben. Er berichtete beispielsweise von einer Begebenheit auf der Isle of Wight, wo kürzlich ein junger amerikanischer Bekannter von ihm namens Darryl die Nachricht empfangen hatte, dass sein Freund Jon bei einem Flugzeugunglück irgendwo in Amerika ums Leben gekommen war. Jon war kein Christ. Philip, der während dieser Zeit eine Retraite auf der Insel leitete, schlug vor, dass der örtliche Priester, der zu dieser Zeit gerade Roger Pike war, ein Requiem für den toten Jungen feiern sollte.

Während des Gottesdienstes – es waren nur Philip, Roger und Darryl anwesend – waren sich sowohl Roger als auch Darryl der Gegenwart einer vierten Person neben ihnen bewusst, aber als die Worte „Jesus, hier ist Jonathan – Jonathan, hier ist Jesus" gesprochen wurden, konnte Philip tatsächlich die Gestalt eines jungen Mannes sehen, der vor ihm stand und sehr konzentriert am Gottesdienst teilnahm. Später, als er diesen unerwarteten Besucher in allen Einzelheiten beschrieb, teilte der stark erschütterte Darryl Philip mit, dass die Person, die er da beschrieben hatte, sein Freund Jon war.

Die Reaktionen auf die Geschichte hätten kaum unterschiedlicher ausfallen können. Einige Zuschauer waren der Auffassung, dass sie an eine Irrlehre grenze und gefährlich sei. Andere begnügten sich damit, an dem Geheimnis eines so seltenen und kostbaren Geschehens teilhaben zu können. Philips Spiritualität verursachte auf jeden Fall ziemliche Verwirrung, genauso, wie sie es in Ventnor getan hatte. Bekehrung, sakramentale Beichte, physische Heilung, die Taufe im Geist, die Heilung der Erinnerungen – alles Teil des Lebens und der Erfahrungen eines einzelnen Christen. Einige Leute, hauptsächlich „Hardliner" von beiden Enden der Kirche, hatten große Schwierigkeiten damit. Aber was keiner leugnen konnte – auch nicht die Dame, die in einem Brief schrieb: „... wenn er wirklich vertrauen würde, würde er das Gebet des Glaubens sprechen und aufstehen" – war die sichtbare, glühende Qualität des Lebens in ihm.

\* \* \*

Die Kosten für Philips neuen Dienst sind enorm.

Für Margaret bedeutet er nie endende, harte physische Arbeit und Fürsorge und für Philip schieres körperliches Leiden. Wenn er eine Woche lang einen Missionseinsatz oder eine Retraite geleitet hat, breiten sich Schmerzen als Folge von Erschöpfung oft qualvoll von seinem Kopf und seinem Hals in beide Arme und Hände sowie über sein gesamtes Rückgrat aus, bis sie fast unerträglich werden. Nur längere und wiederholte Massagen können bei solchen Gelegenheiten das Gefühl und die Bewegungsfähigkeit seiner Arme und Hände wieder herstellen. Ein Grippeanfall oder jeder andere Virus hat die gleichen Folgen. Diese körperlichen Leiden werden normalerweise begleitet von geistiger Verwirrung und einer Unfähigkeit, sich zu konzentrieren. Leid zu erfahren ist nie angenehm, aber Philip hat es gelernt, Gott an einem Ort zu begegnen, der ihm näher ist als die Dunkelheit des Schmerzes.

Philip Ilott liebt und genießt seine Familie und seine Freunde, aber es gibt Zeiten, wo er sich danach sehnt zu sterben. Einfach den Schmerz hinter sich zu lassen und nach Hause zu Jesus zu gehen. In solchen Zeiten erinnert er sich jedoch daran, dass das Wort VORSICHT sehr groß über der Tür in seinem Traum geschrieben stand und dass er die Wahl hatte, den Schlüssel, der die Türe öffnen konnte, aufzuheben oder ihn dort auf dem Boden liegen zu lassen.

Er entschloss sich, ihn aufzuheben, und so geht die Arbeit auch weiter.

Philips Leben war bis heute eine Mischung aus Ruhe und Sturm. Der Heilige Geist hat stark in ihm und mit ihm gearbeitet. Er ist weit davon entfernt, vollkommen zu sein, aber für viele, viele Menschen, die im Herzen oder im Geist oder am Körper leiden, ist er der lebende, Mut machende Beweis, dass dort auf dem Angesicht Gottes ein Lächeln ist.

## 14. Kapitel

# Ein unerwartetes Nachwort

Ein völlig überraschender Anruf machte dieses Nachwort erforderlich.

Es war ohnehin schon sehr schwierig, das Buch abzuschließen. Gegen Ende des Jahres 1988 fing Philip an, in eine tiefe Depression abzugleiten. Die Verbindung aus seiner Krankheit und vier oder fünf Jahren ununterbrochener Arbeit zum Wohle anderer war großenteils verantwortlich dafür. Vielleicht hatte auch die emotional anstrengende Aufgabe, die ganzen Erfahrungen seines Lebens noch einmal für diese Biographie zu durchleben, ihren Teil dazu beigetragen.

Meine Frau Bridget nahm die Veränderungen bei ihm wahr. Während sie zusammen einige Spätabendprogramme fürs Fernsehen produzierten, erwähnte Philip ihr gegenüber, wie niedergeschlagen er sich fühlte. Wie, wenn er morgens aufwachte, jeder einzelne Tag dunkel schien, egal, was er beinhaltete. Zum ersten Mal in seinem Leben klagte er Gott für seine innere Trostlosigkeit an und entwickelte solch einen Hass auf seinen Rollstuhl, wie er ihn noch nie verspürt hatte. Im Laufe des Jahres wurde es nur noch schlimmer. Der Strom der Leute, die seine Hilfe brauchten, riss nicht ab. Aber Philip merkte, wie er sich jetzt in seiner eigenen Kraft mühte. Schließlich wies ihn sein Arzt an, die Arbeit einzustellen und sich selbst ein Sabbatjahr ohne Verpflichtungen zu verordnen, um sich zu erholen.

Ich persönlich reagierte auf diese Wende auf zwei Ebenen. Erstens, als Philips Freund war ich sehr beunruhigt. Soweit ich wusste, waren die Schwere und die Art seiner Depression mit nichts zu vergleichen, was er bisher erlebt hatte. Bridget und ich machten uns ununterbrochen Sorgen um Margaret und Philip. Wir fanden es schwer zu glauben, dass ihnen schon wieder eine dunkle Zeit bevorstand.

Zweitens, als Schriftsteller mit einer Frist, die bereits überschritten war, gab es für mich auch noch andere Probleme. Der Arbeitstitel für mein Buch über Philip lautete „Das Lächeln Gottes". Ursprünglich war es ein sehr passender Titel gewesen, aber inzwischen nicht mehr. Ich hätte ihn wohl kaum in „Der ziemlich deprimierte Gesichtsausdruck Gottes" abändern können. Eine zweite Frist verstrich und ich zerbrach mir immer noch den Kopf, wie ich das Buch zu Ende bringen sollte.

Im April besuchte Philip die Quarr-Abtei auf der Isle of Wight, um sich zurückzuziehen und in dem, was ihm widerfuhr, Gott zu suchen. Am 25. April besuchte ich ihn für einen Tag und fand ihn überraschend gut aufgelegt vor. Die Disziplin der Retraite sorgte für eine sehr hilfreiche Struktur für seine Gedanken und Gebete. Ein neuer Optimismus fing gerade an, in ihm Fuß zu fassen. An diesem Tag kamen wir überein, dass das Buch mit einer ehrlichen Beschreibung von Philips jüngsten Problemen enden sollte. Es ist besser, so glaubten wir, seinen Lebensbericht offen und ungeschminkt zu lassen, als den Eindruck zu erwecken, dass alle losen Enden nun zusammengeknüpft und alle Schwierigkeiten gelöst wären.

Wenige Monate später stattete Philip der Quarr-Abtei einen zweiten Besuch ab und erlebte zum ersten Mal ein unverfälschtes Glück in der abgeschiedenen Gemeinschaft mit Gott. Er lernte noch viele andere Dinge, aber das war seine größte Entdeckung, dass es eine sichere und frohe Sache ist, mit seinem himmlischen Vater allein zu sein. Und doch fragte er sich immer noch, was aus ihm werden würde.

Was machte Gott da mit seinem Leben?

Ich konnte das Buch immer noch nicht zu Ende bringen. Mein geduldiger Lektor verlängerte die Frist auf Ende September und ich rüstete mich, die Aufgabe bis dahin zu vollenden. Ich vereinbarte ein Treffen mit Philip für den Abend des 25. Septembers, einen Montagabend, um das Projekt noch einmal abschließend zu besprechen. Am Freitagabend vor unserer Verabredung klingelte gegen acht Uhr das Telefon. Es war Philip. Das Gespräch verlief etwa folgendermaßen:

Philip: „Willst du das Neueste hören?"

Ich (ziemlich mürrisch): „Nur, wenn's was Gutes ist – ich kann im Moment auf schlechte Nachrichten verzichten."

Philip: „Ich schätze, du würdest es als was Gutes bezeichnen."

Ich: „Gut! Was ist es?"

Philip: „Ich kann wieder gehen."

(Langes, fassungsloses Schweigen)

Ich: „Was hast du gesagt?"

Philip: „Ich kann wieder gehen. Ich gehe wieder!"

(Noch längeres, fassungsloses Schweigen)

Ich: „Das ist ... das ist ... unglaublich!"

Philip erzählte mir, wie ihm plötzlich zwei Tage vor dem Zypernurlaub, den er gerade mit Margaret erlebt hatte, etwas widerfahren war, das er als neuen „körperlichen Schwung" bezeichnete. Zu Margarets Überraschung fuhr er mit seinem Rollstuhl zu einem Laden, um noch ein Paar Spazierstöcke für den Urlaub zu kaufen. Am Morgen der Abreise kam noch ein Brief aus Amerika an. Er war von Philips altem Freund Darryl. Er berichtete darin von einem Traum, den er in der letzten Nacht gehabt hatte, in dem Philip normal gehen konnte. Darryl war sicher, dass Philip geheilt werden würde.

In Zypern hievte sich Philip an seinen beiden Stöcken hoch und wankte mit ihrer Hilfe umher, wurde nach und nach immer stärker und sicherer, bis er innerhalb einer verblüffend kurzen Zeit mehr oder weniger normal gehen konnte. Der Höhepunkt des Urlaubs für Philip war, als er während eines Ausflugs auf das Festland im Jordan stand und spürte, wie die Fische an seinen Zehen knabberten.

Er konnte Margaret jetzt auch wieder die Tür aufhalten – eine kleine Geste der Höflichkeit, aber eine, die ihm jahrelang verwehrt gewesen war. Und er verteidigte sie gegen riesige Küchenschaben, die erste Galanterie, seit er an seinen Rollstuhl gefesselt war.

Als sie wieder zu Hause in Bexhill waren, nahm er einen Hammer und nagelte ein Barometer, das er als Souvenir aus Zypern mitgebracht hatte, an die Wand. Er tat es im Stehen und er lächelte dabei.

Später holte er dann in seinem speziell angefertigten Auto Mel und ihre kleine Tochter von einer Krabbelgruppe ab. Mel wusste noch nichts von der neuen Mobilität ihres Vaters und ging, als sie wieder in der Albany Road waren, ins Haus, um seinen Rollstuhl zu holen. Als sie wieder herauskam, fiel sie beinahe in Ohnmacht, als sie auf Philip traf, der direkt vor der Türe auf seinen eigenen Füßen stand. Es war eine der wenigen Gelegenheiten, bei denen Mel ihrem „Rev" erlaubte, sie in den Arm zu nehmen.

Kaum hatte er die Neuigkeit gehört, eilte Paul mit seiner Familie aus dem Norden herunter, um es mit eigenen Augen zu sehen. Als er ankam, warf er seine Arme um seinen Vater, nicht nur einmal, sondern immer wieder.

Es war eine große Freude.

Der Höhepunkt kam zwei Tage später, an dem Samstag, als in St. Barnabas' aus Anlass des fünfundzwanzigjährigen Priesterjubiläums von Pater Timothy Van Carrapiett, dem momentanen Pfarrer, eine Eucharistie gefeiert wurde, bei der Philip dabei sein sollte.

Als Philip Pater Timothy am Freitagabend anrief, um ihn zu warnen, dass er in die Kirche gehen würde, war dieser außer sich vor Freude. Er bat Philip, ihm bei der Verrichtung der Eucharistie am folgenden Tag zu assistieren.

Es sollte ein sehr bewegendes Ereignis werden.

Die Kirche war zum Bersten voll mit Laien und Pfarrern, die gekommen waren, um Pater Timothy die Ehre zu erweisen. Während Philip in seinem Talar die Kirche der Länge nach durchschritt, drehten sich die Köpfe, und die Augen weiteten sich vor Erstaunen, als die Anwesenden den Priester, der eigentlich in einem Rollstuhl sitzen sollte, erkannten. Zweihundert Leute empfingen in diesem Gottesdienst Brot und Wein und Philip war zwei Stunden lang auf seinen Füßen. Zwei herrliche Stunden ...

Die Ärzte waren verblüfft. Sie redeten vom Nachlassen der Krankheit, ohne erklären zu können, wie es nach fünf Jahren im Rollstuhl zur Wiederherstellung solch einer normalen Bewegungsfähigkeit kommen konnte.

Philip selbst dankt Gott einfach dafür, dass er wieder gehen kann, und betet, dass es so bleibt. Die Wärme der Mittelmeerländer hat sicher in Philips speziellem Fall geholfen, und nach Auskunft eines Malteser Arztes, der auf MS spezialisiert ist und den Philip vor kurzem getroffen hat, gibt es in bestimmten Felsen, die in jenen Gegenden verbreitet sind, eine Substanz, die positive Auswirkungen auf den Krankheitsverlauf haben kann. Aber solche Überlegungen sind in gewisser Weise irrelevant. In Philips Leben ereignen sich die Dinge normalerweise nicht einfach zufällig. Was auch immer die unmittelbaren Ursachen gewesen sein mögen, Gott hat etwas getan, und ein neues Kapitel wird in der Ilott-Geschichte aufgeschlagen. Es ist wirklich aufregend.

Am Montag nach unserem Telefongespräch spazierte Philip durch unsere Haustüre und wedelte exzentrisch mit einem seiner Beine, um zu demonstrieren, wie sehr er wieder „in Ordnung" sei. Es war das erste Mal, dass ich ihn nicht im Rollstuhl sah. Oft, wenn ich während des letzten Jahres oder so an meinem Schreibtisch saß und die Tonbandniederschriften, die meine Frau angefertigt hatte, durchging und dabei versuchte, etwas zu schreiben, das annehmbarer Prosa nahe kam, habe ich mich in Gedanken respektlos an Gott gewandt.

„Wenn du irgendeinen Sinn für Dramatik hättest", sagte ich, „würdest du ihn in Kapitel 14 wieder auf die Beine stellen."

Genau das hat er getan.

Philip an jenem Tag auf seinen Füßen zu sehen, war wunderbar. Ich weiß nicht, ob Gott gelächelt hat – ich jedenfalls habe es.